Forças Armadas e política no Brasil

José Murilo de Carvalho

Forças Armadas e
política no Brasil

Edição revista e ampliada

todavia

Prefácio a esta edição 7
Prefácio à primeira edição 9

Parte I. Forças Armadas e política: 2019
1. Uma República tutelada 15

Parte II. História
2. As Forças Armadas na Primeira República:
o poder desestabilizador 29
3. Forças Armadas e política: 1930-45 95
4. Vargas e os militares: aprendiz de feiticeiro 149
5. *Fortuna* e *virtù* no golpe de 1964 171
6. Juarez Távora e a modernização pelo alto 183
7. Euclides da Cunha e o Exército 188

Parte III. Política
8. Os militares, a Constituinte e a democracia 207
9. Militares e civis: um debate para
além da Constituinte 214
10. Intervenção militar começou no Império 235
11. O Exército e os negros 239
12. "Eu chamo o Velho!" 242
13. 1964 visto por um araponga 246
14. O cólera das legiões 251
15. Luz amarela 254
16. General Figueiredo, pai 256

Parte IV. Guerras
17. Brasileiros, uni-vos! **265**
18. Um voluntário na Guerra do Paraguai **270**
19. A guerra da Guerra **274**
20. Diário de um pracinha da FEB **281**

Conclusão de 2006 **285**

Notas **291**
Publicações originais **317**

Prefácio a esta edição

Publicado pela Editora Zahar em 2005, com segunda edição em 2006, este livro reunia estudos sobre Forças Armadas e política no Brasil escritos entre 1977 e 2004. Os avanços na economia e na inclusão social observados nos governos de Fernando Henrique Cardoso e Luís Inácio Lula da Silva, acoplados à estabilidade institucional, reduziram o interesse do público, e do autor, pelo tema das Forças Armadas. A editora decidiu não fazer reedições.

Como é do gosto da história, e da praxe do Brasil, o panorama político transformou-se rapidamente desde 2013 e agravou-se depois do início da Operação Lava-Jato contra crimes de corrupção e após a grave crise fiscal verificada no governo de Dilma Rousseff. A crise culminou no impeachment da presidente, na prisão do ex-presidente Lula e na fragorosa derrota eleitoral dos dois partidos que tinham dominado a política do país desde a redemocratização. A origem militar do presidente eleito em 2018, amplamente alardeada por ele próprio, e a inédita e massiva presença de militares em postos-chave do novo governo fizeram ressurgir em alguns setores da população o receio de regresso a uma nova ditadura militar. Justificado ou não, o temor trouxe de volta o interesse pelo tema da relação entre Forças Armadas e política.

Daí ter eu aceito a oferta da Editora Todavia de reeditar o livro. Nesta edição foram feitas pequenas alterações no texto anterior, provocadas por comentários da professora Heloisa

Starling, a quem agradeço. Houve também a exclusão de um texto ("ECO verde-oliva") e a inclusão de dois textos novos ("Euclides da Cunha e o Exército" e "Luz amarela"). Esta edição inclui ainda um novo capítulo (Parte I), "Forças Armadas e política: 2019". Sua finalidade é atualizar, de modo sucinto, a discussão do tema, passados catorze anos da primeira edição. Além da atualização, e mais relevante do que ela, é uma nova, e mais pessimista, interpretação do papel das Forças Armadas na história de nossa República e na construção de nossa ainda claudicante democracia.

Prefácio à primeira edição

Um choque de realidade política nos sonhos de juventude me levou a estudar os militares.

Foi em 31 de março de 1964. Era aluno do curso de sociologia e política da Faculdade de Ciências Econômicas da antiga Universidade de Minas Gerais. A atividade política estudantil era intensa, embora estreitamente colada ao estudo. O que se lia nos livros era testado na rua e o que se fazia na rua era problematizado nos livros. Não havia também distância entre a atividade estudantil e o cenário político nacional. Discutiam-se amplamente a natureza do governo Goulart, as reformas de base, o nacionalismo, o conflito de classes, a validade da democracia representativa, o papel das Ligas Camponesas de Francisco Julião e dos grupos de esquerda, como o Partido Comunista, a União Nacional dos Estudantes, a Ação Popular, a Juventude Universitária Católica, a Política Operária, o Grupo dos Onze de Leonel Brizola. Dentro da faculdade, chocavam-se os grupos, sobretudo o Partido Comunista e a Ação Popular. Mas todos eram contra os congregados marianos da TFP — Tradição, Família e Propriedade.

Militava na AP e usava os fins de semana para organizar sindicatos rurais com o apoio do Movimento de Educação de Base, criado pela Conferência dos Bispos do Brasil. Achávamos que o país estava às vésperas de grandes transformações sociais e seríamos participantes ativos como agentes da história. O socialismo estava ao alcance de nossas mãos.

De repente, o choque. O movimento militar, apoiado por políticos e por manifestações religiosas e anticomunistas da classe média, derrubou o governo com uma simples movimentação de tropas. O governo, os generais do povo, os sindicatos, os partidos e movimentos de esquerda, todos desapareceram, evaporaram, não ofereceram resistência. À primeira surpresa acrescentou-se outra: os militares não passaram o poder a seus aliados políticos, como era a praxe. Vieram, viram, venceram e ficaram.

Acostumado na escola a ligar ação a pensamento, perguntei-me logo: como foi possível que ninguém tivesse previsto aquele tipo de golpe, embora todos falassem, e muitos pensassem, em golpe? Como foi possível ignorar as mudanças por que passara esse ator político, responsáveis por sua nova postura? As respostas que me ocorreram são discutidas em um dos capítulos deste livro. Registro aqui apenas a perplexidade e a decisão de tentar corrigir a falha dos analistas políticos buscando estudar a história de nossas Forças Armadas. Descobri que quase não havia entre nós estudos acadêmicos sobre o tema. Era necessário começar quase do nada. Ainda em 1964, escrevi uma memória de final de ano intitulada "Um modelo para as relações civil-militares no Brasil". Obra de juventude, o projeto era excessivamente ambicioso e apenas uma parte foi redigida, a que se referia diretamente às Forças Armadas. Lendo hoje essa parte, fico surpreso com sua ênfase na construção teórica de um modelo explicativo. O movimento de 64 quase não é mencionado.

Quando aluno de doutorado nos Estados Unidos, escrevi uma versão ampliada do texto, em inglês, que circulou restritamente em 1970. O aprofundamento histórico da análise tornou-se possível logo depois, quando Boris Fausto me pediu um artigo sobre a participação dos militares na Primeira República para fazer parte da *História geral da civilização brasileira* que passara a dirigir, sucedendo a Sérgio Buarque de Holanda. O texto foi inicialmente publicado em 1974 em revista acadêmica e só em 1977 apareceu no segundo volume do tomo III da HGCB.

A celebração do cinquentenário da Revolução de 1930 forneceu ocasião para expandir a análise dos militares até 1945, exercício feito quando eu trabalhava no Centro de Pesquisa e Documentação de História Contemporânea (CPDOC), da Fundação Getúlio Vargas. Um aprofundamento da análise das relações entre os militares e Getúlio Vargas permitiu levar a análise até 1954. Esses três estudos formam o grosso dos estudos históricos reunidos na primeira parte deste livro e fornecem o que me parece ser a base explicativa do movimento de 1964. Uma curta análise do golpe, também incluída na primeira parte, apenas tangencia o papel dos militares. Não cheguei a escrever com minúcia sobre 1964 e os anos subsequentes, embora tenha acumulado razoável base de dados, entre os quais algumas entrevistas reveladoras. Uma das razões para a decisão foi o fato de que a penúria anterior relativa aos estudos sobre militares começou a ser superada pela publicação de vários depoimentos, memórias e análises.

Durante os 21 anos de governos militares e os anos subsequentes da redemocratização, havia uma agenda política a enfrentar, ao lado do esforço de compreensão histórica. Tanto quanto entender as Forças Armadas, tratava-se de lutar pela redemocratização do país. Alguns lutaram com armas nas mãos, outros pela ação política, outros pela palavra escrita. Alguns textos de debate político foram reunidos na segunda parte. O mais extenso deles busca compreender as razões das dificuldades de entendimento entre militares e civis. Outros enfrentam temas conjunturais em torno do mesmo assunto.

Finalmente, reúno na terceira parte alguns breves estudos sobre dois temas que me fascinam, a Guerra da Tríplice Aliança e a campanha da FEB na Itália. São indicações de temas que gostaria de desenvolver. Da guerra interessa-me, sobretudo sua dimensão social — o voluntariado, o recrutamento, a vida no front, a relação com o inimigo, a volta para casa — e cultural — o patriotismo, a identidade nacional, o uso dos símbolos nacionais. A FEB interessa-me em parte por ter tido um pracinha na família. Seu diário e os depoimentos de outros pracinhas e oficiais subalternos revelam o mundo do front às vezes muito distante daquele que é mostrado nos relatos de comandantes.

Reservo para a conclusão comentários a respeito da relevância dos estudos políticos sobre militares nos dias de hoje, quando a democracia parece caminhar no sentido de maior consolidação.

Parte I
Forças Armadas e política: 2019

I.
Uma República tutelada

No dia 3 de abril de 2018, às vésperas do julgamento pelo Supremo Tribunal Federal de pedido de habeas corpus a favor do ex-presidente Luís Inácio Lula da Silva, o comandante do Exército, general Eduardo Villas Bôas, postou em seu twitter a seguinte frase: "Asseguro à nação que o Exército brasileiro julga compartilhar o anseio de todos os cidadãos de bem de repúdio à impunidade e de respeito à Constituição, à paz social e à democracia, bem como se mantém atento às suas missões institucionais". A manifestação era grave porque, embora falasse de respeito à Constituição, na realidade a agredia porque pressionava um dos três poderes da República, quando a Carta Magna manda que as Forças Armadas os garantam. Ela teve apoio imediato de outros generais da ativa e da reserva, entre os últimos o do general Augusto Heleno, que ganhara justa notoriedade no comando da missão das Nações Unidas no Haiti, a Minustah. Na contramão, o comandante da FAB, brigadeiro Nivaldo Rossato, declarou: "Não é o momento de impor nossa vontade". O comandante da Marinha não se pronunciou. Meses depois (11 de novembro de 2018), em entrevista à *Folha de S.Paulo*, o general Villas Bôas justificou sua declaração dizendo que a situação estava no limite e podia fugir ao controle. A explicação agravou o sentido de sua declaração, pois indicou que ele agira em decorrência de pressões internas de membros da corporação.

A declaração do comandante do Exército, considerado um moderado, não foi um raio em céu sem nuvens: havia nuvens políticas turvando os céus. Já tinha havido mesmo manifestações políticas de militares. Em 2015, o general Hamilton Mourão, então à frente do Comando Militar do Sul, já fizera declarações políticas, atitude repetida dois anos depois, quando responsável pela Secretaria de Economia e Finanças do Exército. Em 2015, publiquei no jornal *O Globo* um artigo, incluído nesta edição, sobre as declarações desse general com o título de "Luz amarela", querendo dizer com isso que se quebrava a prática seguida pelos militares da ativa desde a redemocratização de não fazerem declarações públicas sobre política. Nesse período, as Forças Armadas não abdicaram de interferir em alguns temas, principalmente no que dizia respeito à liberação de documentos sobre repressão exercida durante os governos militares, liberação, aliás, defendida pelo general Mourão. Fora isso, abstiveram-se de ingerência na política por meio de declarações e manifestos, como era comum nos anos que antecederam o golpe civil-militar de 1964. Nem mesmo a crise do impeachment de Collor de Mello provocou manifestações de militares da ativa. Mas a declaração do general Villas Bôas era mais grave por ser ele comandante do Exército e por configurar uma clara pressão sobre o Supremo Tribunal Federal.

A situação agravou-se quando, no mesmo ano de 2018, um capitão reformado do Exército, que não escondia suas simpatias pela farda, que negava ter havido ditadura militar no Brasil, que proclamara herói um coronel do Exército notoriamente envolvido em tortura e que se dizia próximo do general Villas Bôas, ganhou as eleições presidenciais realizadas em clima de guerra política, tendo como vice o já mencionado general Hamilton Mourão. Como se não bastasse, o presidente eleito cercou-se, inclusive em postos-chave, de dezenas de auxiliares oriundos das Forças Armadas, sobretudo do Exército. Nem mesmo durante os governos militares se verificara tal concentração de militares no governo. Foi inevitável que ressurgisse em parcelas da população, principalmente nas de mais alta escolaridade e nas que tinham sofrido mais as durezas do regime militar, o fantasma da volta de um governo militar com o consequente retrocesso democrático.

No parágrafo final do livro que agora se republica, escrevi: "Corremos o risco de sermos surpreendidos pelos acontecimentos como em 1964. Por falta de vontade política, de competência, de capacidade de antecipação, de *virtù*, como dizia Machiavel, podemos ser novamente atropelados pelas rodas da fortuna". Estaríamos correndo esse risco agora? Haveria motivo para temor? É a pergunta que muitos se fazem e que não tem resposta fácil. Na tentativa de fornecer subsídios para melhor entendimento do problema, apresento adiante algumas observações pertinentes ao problema.

Começo retomando parte do balanço feito em 2005 para registrar algumas melhorias nas relações civil-militares havidas depois da redemocratização. Da parte das Forças Armadas, havia a não interferência em questões políticas, exceto no caso da documentação sobre as vítimas da ditadura. O fim da União Soviética e, consequentemente, da Guerra Fria reduzira as tensões internacionais e eliminara o alardeado perigo comunista, um dos principais argumentos (ao lado da corrupção), usados como justificativa do golpe civil-militar de 1964 e dos governos militares que o seguiram. As novas gerações militares, sobretudo da Marinha e da Aeronáutica, pareciam dedicar-se cada vez mais às tarefas profissionais, sem cogitar um envolvimento político. Da parte civil, o sistema democrático de governo parecia consolidar-se, sobrevivendo a um processo de impeachment e à vitória da oposição em eleições presidenciais.

Mas restavam alguns pontos negativos dos dois lados. Do lado militar, continuava a insistência em não reconhecer os abusos praticados durante a ditadura e a resistência em abrir os arquivos pertinentes à repressão. A atitude contrastava com as das Forças Armadas do Chile e da Argentina, que tinham pedido desculpas públicas pelos excessos cometidos e levado à Justiça os acusados de prática de crimes. Do lado civil, persistia a postura oportunista dos políticos no que se refere à recusa de se envolverem no debate e nas decisões sobre problemas de defesa nacional e a hostilidade dos que guardavam más lembranças da ditadura.

No período posterior a 2005, sobrevieram melhoras adicionais nas relações entre civis e miliares. Uma delas foi a progressiva aceitação pelas três Forças do Ministério da Defesa, criado em 1999. Embora ainda longe de ter a capacidade de centralizar as decisões no campo da defesa, tanto estratégicas como orçamentárias, o ministério tinha sido responsável por iniciativas positivas. Destacava-se entre elas a criação, em 2005, em convênio com a Capes, do Programa de Apoio ao Ensino e à Pesquisa Científica e Tecnológica em Defesa Nacional (Pro-Defesa). O programa, ainda em vigor, tinha como objetivo financiar pesquisas acadêmicas sobre o tema da defesa. No mesmo ano, criou-se a Associação Brasileira de Estudos da Defesa (Abed), congregando pesquisadores civis e militares. Dessas iniciativas resultou o ingresso de militares em universidades e de civis em instituições militares de ensino e pesquisa. Como fruto da cooperação já surgiram pesquisas sobre os militares, suas carreiras, seus valores, suas ideias, sua concepção do papel que lhes cabe na sociedade.

Dito isso, listo alguns pontos que me parecem relevantes para a avaliação da situação atual.

O primeiro deles é que não se pode deduzir do fato da inédita presença de militares no governo a existência de um governo militar que se pareça com o que vigeu entre 1964 e 1985. Esses militares trazem consigo, sem dúvida, valores e práticas típicas dos quartéis, mas não representam suas corporações. A preocupação em distinguir os indivíduos da instituição foi mesmo verbalizada por chefias militares que perceberam o perigo óbvio de que um eventual fracasso do governo seja jogado na conta das Forças Armadas. Ironicamente, os quatro primeiros meses do atual governo têm mostrado que o pouco de sensatez e equilíbrio em meio a posturas radicais e desastrosas do presidente, incentivado por seus apoiadores mais fanáticos, inclusive da própria família, tem sido devido aos generais em posições-chave, inclusive, para a surpresa de todos, do general vice-presidente.

O segundo é que a presença militar no governo é desigualmente distribuída entre as três Forças. Há evidente predomínio da presença de oficiais do Exército. Juntando-se esse fato ao já mencionado de que as manifestações políticas anteriores às eleições se deveram exclusivamente a membros dessa Força, chega-se à conclusão de que é hoje necessário, em se tratando de eventual militarização do governo, levar em conta que ela provavelmente não teria a adesão geral.

O terceiro é que não se deve supor que as Forças Armadas de hoje sejam exatamente as mesmas que derrubaram o governo de João Goulart em 1964 e que governaram o país por 21 anos. É levar em conta que sua composição social, seu treinamento, seus valores, suas posições políticas se modificaram, sobretudo nas gerações mais novas. Os oficiais-generais de hoje ingressaram na carreira antes da redemocratização, mas os oficiais de escalões mais baixos já tiveram experiência distinta.

Exemplifico.

Pesquisas feitas em 1998 e em 2004 entre oficiais alunos da Escola de Guerra Naval revelaram dados importantes. Na pesquisa de 2004, por exemplo, a maioria (60%) dos oficiais apoiou a proposição de que a participação de militares na política devia ser nenhuma ou pouca. Apenas 6,5% deles se consideravam de direita e nenhum de esquerda. A grande maioria, 91%, declarou-se de centro-esquerda e centro-direita. Pesquisa mais recente entre oficiais do Exército detectou mudanças na composição social do quadro de oficiais no sentido de maior diversificação possibilitada pela inclusão de mulheres e de representantes de setores sociais de baixa renda, assim como expansão da complexidade organizacional da instituição devida à criação de novos quadros e serviços, geralmente ocupados por oficiais que não passaram pela Aman e que têm perspectivas distintas de carreira.

O quarto ponto relativiza um pouco os anteriores. As pesquisas têm revelado também a persistência de aspectos negativos nas relações entre civis e militares. Uma queixa geral dos oficiais refere-se à situação financeira das Forças Armadas, que, segundo eles, vem se deteriorando desde a década de 1990. Outra reclamação, comum aos militares da Marinha e do Exército, e que creio ser compartilhada pelos da Aeronáutica, embora não conheça nenhuma pesquisa a respeito, aponta para uma das maiores dificuldades enfrentadas no esforço de criar um relacionamento cooperativo entre civis e militares. Trata-se da percepção entre os últimos de que há hostilidade às Forças Armadas por parte de alguns setores importantes da sociedade, quais sejam os intelectuais, artistas, jornalistas, políticos. Na pesquisa da Marinha, esses setores somam 78% do grupo apontado como crítico. No Exército, 34% dos oficiais colocam entre os problemas das Forças Armadas o revanchismo, a incompreensão, o desprestígio social e o pouco interesse do Congresso. Em contraste, há entre os oficiais das duas Forças a convicção de que o povo em geral tem visão positiva dos militares. Essa visão é confirmada por pesquisas de opinião pública. Uma delas, feita pelo Datafolha em 2017, por exemplo, registrou que 83% dos entrevistados confiavam muito ou um pouco nas Forças Armadas, em contraste com os 34% que confiavam no presidente da República (na época Michel Temer) e no Congresso e os 30% que o faziam nos partidos. Os militares parecem responder aos críticos parodiando o que disse Chico Buarque ao general Geisel: vocês não gostam de nós, mas o povo gosta.

O quinto ponto tem a ver com o anterior e refere-se a um problema estrutural, o da definição do papel e dos custos das Forças Armadas em um país considerado como potência média. Nossos efetivos e nossos gastos militares não são grandes se comparados aos de outros países. Segundo dados do Ministério da Defesa, em 2008 o efetivo militar brasileiro era de 222 869 no Exército, 64 694 na Marinha e 72 009 na Aeronáutica, em um total de 359 572, número que representava 170 soldados por 100 mil habitantes. Os mesmos números para o Chile eram de 368; para a Venezuela, 435; para a Colômbia, 594; para o Uruguai, 739. Só perdíamos para a Argentina, com 153.

No que se refere aos gastos com defesa, o Stockholm International Peace Research Institute (Sipri) dá para o Brasil a cifra de 22,8 bilhões de dólares anuais, o equivalente a 1,3% do PIB, quando a média mundial é de 2,2%. O International Institute for Strategic Studies (IISS) coloca o Brasil na 15ª posição em gastos militares em 2015 (24,3 bilhões de dólares). Em 2018, o país teria gastado 1,4 % do PIB, comparado com 3,5% da Colômbia, 1,9% do Chile e 1,2% da Argentina.

Mesmo sendo comparativamente baixa, trata-se de quantia ponderável que deve ser justificada ao país. O Ministério da Defesa, em seu documento intitulado "Cenário de Defesa 2020-2039 Sumário Executivo", produz longa lista de possíveis oportunidades de emprego das Forças Armadas, como a cooperação ou conflito com vizinhos, o combate ao tráfico, a proteção do meio ambiente, do espaço aéreo e dos recursos do mar, a instabilidade política, a manutenção da lei e da ordem, operações de manutenção da paz e outras. Muitas dessas atividades, embora úteis, escapam de uma definição estrita do papel das Forças Armadas, qual seja a de defesa externa. Uma crítica persistente às Forças Armadas refere-se exatamente à ausência de tarefas propriamente militares para justificar sua existência. Ou, inversamente, que algumas das atividades militares de alto custo não se justificariam em uma potência de médio porte com grande necessidade de recursos para enfrentar graves problemas sociais. Uma das perguntas que se fazem no momento, por exemplo, é se se justifica a compra de 36 caças Gripen NG suecos, de última geração, no valor de 5,4 bilhões de dólares, e, sobretudo, se é adequado que tal compra tenha sido feita por decisão apenas do Executivo, sem passar pelo Congresso.

O sexto ponto, a meu ver o mais importante, e com o qual encerro minhas observações, refere-se à questão mais geral da profissionalização das Forças Armadas, isto é, de seu afastamento da política. A busca de sinais dessa profissionalização e a crença em sua viabilidade informaram boa parte dos estudos sobre as relações civil-militares, inclusive os meus próprios, embora, em meu caso, com certa dose de ceticismo.

A questão envolve uma dimensão histórico-sociológica. O fenômeno de Forças Armadas profissionais, alheias ao mundo político, como grande mudo, como se dizia do Exército francês, só existe em democracias liberais, quase todas localizadas no Ocidente. Isso se explica pelo fato de que nesses países criou-se e fortaleceu-se, a partir do século XIX, uma hegemonia burguesa baseada em crescimento econômico e inclusão política de proletários e camponeses. Paralelamente, o crescimento do nacionalismo fortaleceu as identidades nacionais em detrimento de identidades de classe, sobretudo da classe operária, reduzindo com isso as possibilidades de revoltas e revoluções, restringindo o papel político dos militares a guerras externas. Fora desses países, é quase universal o envolvimento político das Forças Armadas sob várias modalidades. Elas podem ser usadas como braço armado de partidos únicos, como aconteceu e ainda acontece em países comunistas; como controladora dos governos, como na Turquia; como guardas pretorianos de déspotas, como em alguns países da América Latina e em muitos países africanos; como cidadãos armados, como é o caso de Israel; como poder tutelar dos governos, como tem sido o caso do Brasil desde a década de 1930.

O Brasil nunca conseguiu desenvolver uma economia capitalista, uma democracia liberal e uma República capazes de promover a incorporação das massas via participação no mercado e na política. Chegamos ao século XXI ainda com altos índices de desigualdade e com a existência de milhões de brasileiros desempregados, subempregados e não empregáveis, estes últimos por causa do baixo índice de escolaridade diante do grande avanço de tecnologias destruidoras de postos de trabalho. A entrada tardia do povo na política verificada na década de 1930 veio acompanhada de mobilização política que deu margem à transformação das Forças Armadas em atores políticos importantes, quando não hegemônicos. É significativo que Góis Monteiro, aluno da Missão Francesa que pregava a regra da mudez castrense, tenha usado os conhecimentos militares adquiridos exatamente para fazer o oposto, construir um Exército falante. As crises de governança que vieram depois passaram a ser resolvidas pela arbitragem militar, quando não pela simples ocupação do poder. A crise atual, em gestação desde 2013, seria apenas um novo capítulo dessa história, com suas características próprias.

Chega a ser chocante constatar que a atribuição de papel político às Forças Armadas é prevista em cinco de nossas sete Constituições feitas depois da independência. Ela só não aparece nas constituições imperial de 1824 e do Estado Novo de 1937, ambas outorgadas, isto é, não feitas por assembleias constituintes. A de 1824, no artigo 147, dizia apenas: "A Força Militar é essencialmente obediente; jamais se poderá reunir sem que lhe seja ordenado pela autoridade legítima". A de 1937 era também lacônica e afirmava no artigo 161: "As Forças Armadas são instituições nacionais permanentes, organizadas à base da disciplina hierárquica e da fiel obediência à autoridade do presidente da República". Essa Constituição levava a exclusão política dos militares a ponto de lhes negar o direito de voto.

As outras cinco constituições, inclusive a atual, quatro delas aprovadas em assembleias constituintes, sancionavam, e sancionam, o papel político dos militares. A Constituição republicana de 1891, no artigo 14, dizia que as forças de terra e mar se destinavam à defesa externa e à manutenção das leis no interior, eram obedientes "dentro dos limites das leis" e obrigadas "a sustentar as instituições constitucionais". Isto é, elas tinham papel político e de polícia. A cláusula "dentro dos limites das leis" serviu aos tenentes da década de 1920 como justificativa para a rebelião: o governo, em seu julgamento, saíra da lei. A de 1934, feita depois da Revolução de 1930, em que os militares tiveram papel decisivo, dizia, no artigo 159, que as Forças Armadas deviam "garantir os poderes constitucionais, a ordem e a lei", isto é, de novo atribuições políticas e policiais. A de 1946, feita depois da redemocratização, ia na mesma direção. As Forças Armadas tinham por objetivo defender a pátria e "garantir os poderes constitucionais, a lei e a ordem". A de 1967, feita durante a ditadura, só piorava a situação, trocando "poderes constitucionais" por "poderes constituídos". Finalmente, a chamada Constituição cidadã de 1988, que nos rege até hoje, estabelece, no artigo 142, que as Forças Armadas se destinam à defesa da pátria, "à garantia dos poderes constitucionais" e, por iniciativa de qualquer destes, da lei e da ordem. Isto é, ela reitera a primeira Constituição republicana, atribuindo às Forças Armadas um papel político e policial. Note-se que o exercício do papel de garantir os poderes constitucionais dispensa a iniciativa de qualquer deles, só exigida para a tarefa de manter a lei e a ordem.

A atribuição conferida às Forças Armadas de garantir os poderes constitucionais muito se aproxima do papel do poder moderador previsto no artigo 98 da Constituição de 1824, qual seja, o de velar sobre "a manutenção da independência, equilíbrio e harmonia dos mais poderes políticos". É como se a República desconfiasse de sua capacidade de exercer o autogoverno civil e entregasse às Forças Armadas o papel político de tutela. A ideia das Forças Armadas como poder moderador começou a circular abertamente na década de 1930, quando elas passaram a exercer papel de protagonistas. Que o dispositivo constasse da Constituição de 1891 pode-se entender tendo em vista o protagonismo do Exército na proclamação da República. Mas não deixava de ser uma ironia, pois o mesmo Exército tinha acabado de destruir os poderes constitucionais vigentes na monarquia.

A manutenção do papel moderador das Forças Armadas na Constituição atual se deveu à pressão exercida pelo ministro do Exército, general Leônidas Pires Gonçalves. Mas é sintomático que não tenha havido sequer uma tentativa de mudança nos 34 anos de governo civil que se seguiram. Parece haver um acordo tácito em torno da ideia de que a República ainda precisa dessa bengala. Não por acaso, chefes militares repetem sistematicamente que é seu dever constitucional intervir quando julgarem que as instituições correm risco.

Cria-se, desse modo, um círculo vicioso: as Forças Armadas intervêm em nome da garantia da estabilidade do sistema político; as intervenções, por sua vez, dificultam a consolidação das práticas democráticas. Estamos presos nessa armadilha e não conseguiremos escapar dela se não construirmos uma economia forte, uma democracia includente e uma República efetiva. Não o conseguimos em duzentos anos de vida independente, e o tempo joga contra nós.

Parte II
História

2.
As Forças Armadas na Primeira República: o poder desestabilizador

A Primeira República delimita-se pelos parênteses de duas intervenções militares e pontua-se com várias outras intervenções de menor consequência. Em um país que de 1831 a 1889 não presenciara crise política nacional provocada por interferência da força armada, o fato sinaliza mudança importante. A mudança verificou-se fora da organização militar, isto é, na sociedade, e dentro dela. Os aspectos internos têm merecido pouca atenção dos analistas do papel dos militares na política brasileira. Autores há, por exemplo, que consideram as Forças Armadas como simples representantes de grupos sociais.[1]

A sociologia tem mostrado exaustivamente, no entanto, que organizações possuem características e vida próprias que não podem ser reduzidas a meros reflexos de influências externas. Isso vale particularmente para as organizações militares que, além de serem de grande complexidade, se enquadram no que E. Goffman chama de instituições totais. Essas instituições, pelo fato de envolverem todas as dimensões da vida de seus membros, desenvolvem identidades mais fortes. Quando plenamente desenvolvidas, requerem de seus membros uma radical transformação de personalidade. São exemplos desse fenômeno as antinomias entre homem velho e homem novo, nas ordens religiosas, e entre militar e paisano, nas organizações militares. Uma identidade mais forte aumenta o grau de autonomia da organização em relação ao meio ambiente.

O descaso pelos aspectos organizacionais faz com que análises mais abrangentes atribuam aprioristicamente determinados papéis políticos às Forças Armadas, ou se limitem a explicações *ex post facto*. No primeiro caso, temos explicações mecanicistas em que o comportamento militar, por mais complexo e diversificado que seja, é sempre reduzido aos limites que lhe foram traçados, com prejuízo para sua melhor compreensão. No segundo, torna-se necessário recorrer a explicações ad hoc, o que impossibilita qualquer tentativa de teorização. Daí, a nosso ver, a importância do recurso à dimensão organizacional para o melhor entendimento do comportamento político das Forças Armadas.[2]

Será essa a orientação seguida aqui. Não nos deteremos na descrição das intervenções. Essa descrição já foi feita com suficiente amplitude em obras recentes.[3] A análise vai se concentrar no Exército, por sua maior importância política. A Marinha servirá sobretudo como elemento de comparação.

Para início da discussão, apresentamos no Quadro 1 uma visão panorâmica das principais intervenções militares verificadas durante a Primeira República, acrescida de algumas informações adicionais. A simples observação do quadro já sugere a importância de fatores organizacionais. Vê-se que as intervenções variaram em relação ao escalão hierárquico que as promoveu, e que a variação foi distinta no Exército e na Marinha. No primeiro, predominaram intervenções promovidas por oficiais inferiores, fato que não se verificou na Marinha, onde a liderança das intervenções se dividiu entre oficiais e praças. Fica também claro, no Exército e na Marinha, que as intervenções raramente partiram da organização como um todo. A análise organizacional poderá esclarecer as razões e o significado desses e de outros fatos. Daremos maior atenção às seguintes características organizacionais: o processo de recrutamento; o treinamento do corpo de oficiais; a estrutura interna, o tamanho, e a localização geográfica dos efetivos militares; a ideologia organizacional.

O recrutamento militar

Na fase inicial dos Exércitos permanentes europeus, em que o grau de profissionalização e especialização ainda era rudimentar, o recrutamento era uma variável de grande importância. Era ele que definia a relação do Exército com a estrutura de classes da sociedade. Tradicionalmente, por exemplo, o corpo de oficiais era recrutado entre a nobreza e as praças, entre os camponeses e proletários urbanos. Esse tipo de recrutamento teve importantes consequências políticas. Possibilitava, de um lado, a identificação entre a oficialidade e os grupos politicamente dominantes e, de outro, o isolamento da oficialidade em relação às praças. Garantia a lealdade dos oficiais ao governo, ao mesmo tempo que impedia que eles se unissem aos escalões inferiores, com perda para o poder político da organização.[4]

Entre os Exércitos latino-americanos, o brasileiro foi o que herdou mais plenamente a tradição europeia. O fato de que a independência do Brasil se tenha verificado sem grandes lutas e sem grande mobilização militar da população permitiu que se preservasse aqui a estrutura do Exército português. Nos países em que o processo de independência exigiu lutas mais prolongadas, muitos cidadãos foram incorporados às Forças Armadas em todos os escalões, democratizando-as de certo modo, reduzindo seu nível profissional e tornando-as instrumento fácil de manipulação política. O fenômeno do caudilhismo, ausente no Brasil, teve nesse fato uma de suas causas.

Examinaremos, a seguir, separadamente, o recrutamento de oficiais e praças no Exército brasileiro.

Quadro 1
Intervenções militares, 1889-1930

Força	Principal grupo envolvido	1889	1891	1892	1893	1895	1897	1904	1910	1915	1922	1924	1930
Exército	Oficiais superiores			x									x
	Oficiais inferiores	x				x	x	x			x	x	x
	Praças				x					x			
Marinha	Oficiais		x	x	x							x	x
	Praças		x							x			

Exército 1889: Proclamação da República
1892: Manifesto dos 13 Generais
1892: Revolta do Sargento Silvino
1895: Revolta da Escola Militar
1897: Idem
1904: Idem
1915: Revolta dos sargentos
1922: Revolta tenentista
1924: Idem
1930: Idem
1930: Movimento Pacificador

Marinha 1891: Revolta da Esquadra
1891: Revolta do "Primeiro de Março"
1892: Manifesto dos 13 Generais
1893: Revolta da Armada
1910: Revolta dos Marinheiros
1924: Revoltas de Protógenes Guimarães e Hercolino Cascardo
1930: Movimento Pacificador

O recrutamento de oficiais

A origem nobre de muitos oficiais do Exército português à época da independência é denunciada pelo fato de vários deles terem passado pelo Colégio dos Nobres, pela Academia de Marinha ou por terem pertencido à instituição do cadetismo. O Colégio e a Academia exigiam qualidade de nobreza aos que neles quisessem ingressar. O cadetismo, criado em 1757, tinha por objetivo favorecer a entrada de nobres no serviço militar concedendo-lhes privilégios negados a outros grupos sociais. O candidato a cadete tinha de demonstrar nobreza de quatro costados e, uma vez no Exército, recebia logo posto de oficial e vantagens financeiras. O sistema foi abolido em Portugal em

1832 por discriminatório e anticonstitucional, mas sobreviveu no Brasil até o fim da monarquia, apesar de padecer aqui dos mesmos vícios.[5]

Para que sobrevivesse no Brasil, no entanto, foi necessário que se relaxassem os critérios de nobreza. Disposições de 1809 e 1820 ampliaram a faculdade de se alistarem cadetes aos filhos de oficiais das forças de linha, das milícias, das ordenanças e de pessoas agraciadas com o hábito de ordens honoríficas. Em 1853, os filhos de oficiais da Guarda Nacional também foram admitidos ao título de cadete.

Havia ainda outra instituição de origem nobre, os soldados particulares. No Brasil ela se destinava sobretudo aos filhos da "nobreza civil", os doutores em leis ou medicina, e aos filhos de pessoas abastadas, sobretudo comerciantes. O recrutamento militar favorecia assim a entrada para o oficialato de representantes de grupos sociais dominantes pelo prestígio, pela riqueza ou pelo poder. Se as crises políticas que se seguiram à abdicação evidenciaram certo atrito nativista entre oficiais portugueses e brasileiros, havia outra distinção, talvez mais importante: a que separava oficiais de praças. Os oficiais portugueses que aderiram à causa nacional foram mantidos no Exército. O expurgo feito no Exército por Feijó em 1831 atingiu sobretudo as praças, como o atesta a formação logo em seguida do batalhão de oficiais-soldados, comandado pelo futuro duque Caxias. Os oficiais brasileiros tinham suas queixas contra o sistema colonial que os discriminava em benefício dos portugueses. Mas, politicamente, eram em sua grande maioria leais ao governo e não tinham reivindicações de cunho social como as praças. Feijó reduziu o poder da organização militar, mas manteve intacta sua estrutura hierárquica.

Ao longo do Império, o caráter nobre do recrutamento militar modificou-se no sentido de se tornar cada vez mais endógeno à organização, isto é, a se limitar cada vez mais à nobreza militar com exclusão da civil. A concessão do direito ao título de cadete a filhos de oficiais favorecia tal evolução. O Quadro 2 ilustra essa mudança.

Quadro 2
Profissão do pai e títulos de cadete e soldado particular.
Generais de 1860 a 1889 (números absolutos)

Títulos	Profissão do pai		
	Militar	Outra	Total
Cadete	22	6	28
Soldado particular	—	4	4
Nenhum	7	21	28
TOTAL	29	31	60

Fonte: Laurênio Lago, *Os generais do Exército brasileiro de 1860 a 1889*. Rio de Janeiro: Imprensa Nacional, 1942.

O quadro mostra que, ao final do Império, mais da metade dos generais ainda possuía título de nobreza. Mas mostra também que a quase totalidade desses títulos era concedida a filhos de militares. Os filhos da nobreza civil, os soldados particulares, tinham quase desaparecido. A organização militar começava a fechar-se sobre si mesma, gerando às vezes verdadeiras dinastias militares como as dos Lima e Silva no Império e a dos Fonseca na República. A elite civil passou a preferir, para o serviço militar, a Guarda Nacional, que exigia menor esforço e interferia pouco nas atividades particulares. Por outro lado, o próprio título de nobreza dos militares perdera quase totalmente seu conteúdo original. No fim do Império, o título de cadete já podia ser conseguido pela nomeação política do pai do pretendente a oficial da Guarda Nacional.[6] Com exceção do Rio Grande do Sul, o recrutamento de oficiais, ao longo do Império e República adentro, passou a ser feito predominantemente dentro da própria organização e entre grupos sociais de renda mais baixa e posição social modesta.

Não existem bons dados sobre a origem social dos oficiais durante a Primeira República. Mas, das várias biografias e autobiografias publicadas, pode-se perceber que a quase totalidade dos líderes tenentistas, por exemplo, era proveniente de famílias pobres. Estão nessa situação os dois Távora, Luís Carlos Prestes, Nunes de Carvalho, Siqueira Campos, João Alberto. Alguns, como os Távora, confessadamente entraram para o Exército como o único caminho disponível para prosseguirem os estudos, dada a insuficiência das rendas familiares. Quando Leitão de Carvalho manifestou intenção de ingressar no Exército, seu professor lhe perguntou logo se o motivo era a falta de dinheiro.[7]

Os únicos dados disponíveis sobre origem social de militares são os coletados por Alfred Stepan. Embora se refiram a período posterior, representam um padrão que não deve estar muito longe do vigente ao final da Primeira República. Stepan levantou a filiação dos alunos da Academia Militar do Realengo de 1941 a 1943. O Quadro 3 reproduz suas informações com alguma simplificação.

A classificação do autor se presta a reparos. A inclusão de todos os profissionais liberais na classe alta tradicional, ou a colocação na mesma categoria de classe média de industriais e servidores públicos são discutíveis. Mas fica bastante claro que, mesmo em 1941, a carreira militar não era a preferida da elite civil.[8] O número de filhos de militares parece baixo em comparação com os dados do Império, mas a mudança parece ter sido temporária. Os dados do mesmo autor para os alunos da Academia Militar das Agulhas Negras, sucessora da do Realengo, entre 1962 e 1966, indicam que 35% eram filhos de militares. Permanecia a tendência ao recrutamento endógeno, mesmo em uma estrutura social muito mais diversificada do que a imperial.

Quadro 3
Profissão dos pais dos alunos da Academia Militar, 1941-3 (%)

Classe alta tradicional		Classe média		Classe baixa qualificada		Classe baixa não qualificada	
fazendeiro	3,8	industrial	3,1	artesão	0,8	operário	0,7
profissional liberal	14,5	comerciante	25,7	outras	0,7	camponês	0,3
outras	1,5	servidor público	15,8			empregado doméstico	1,3
		militar	21,2				
		outras	10,6				
Total = 19,8 (N=204)		Total = 76,4 (N=788)		Total = 1,5 (N=15)		Total = 2,3 (N=24)	

Fonte: Alfred Stepan, *Os militares na política: As mudanças de padrões na vida brasileira*. Rio de Janeiro: Artenova, 1975, p. 28.

Para a Marinha, os dados existentes são ainda mais precários. Mas, se há diferença, é no sentido de ser mais acentuado o caráter nobre nessa corporação. Pelo regulamento de 1782 da Academia Real de Marinha, exigia-se, para ser guarda-marinha, que o candidato fosse fidalgo ou filho de oficial da Marinha ou do Exército. Essas duas fontes de recrutamento predominavam entre os almirantes do Primeiro Reinado.[9] A transferência de oficiais portugueses para a Marinha brasileira foi maior do que para o Exército. Dom João trouxe toda a Academia de Marinha a bordo de um navio e, em 1822, 98 oficiais aderiram à causa brasileira, não o fazendo apenas 27. Os oficiais da Inglaterra absorvidos eram todos também de origem nobre, de acordo com a tradição daquele país.

Durante o período imperial, a Marinha manteve um padrão de recrutamento mais alto que o do Exército. Podemos encontrar almirantes filhos de importantes políticos, como o barão de Jaceguai, de famílias nobres, como Saldanha da Gama, e filhos de oficiais, principalmente da própria Marinha. No depoimento de um oficial dessa força, "a oficialidade da Marinha sempre foi, ao menos uma parte, das mais escolhidas da alta sociedade do Brasil". Tobias Monteiro, em seu libelo contra o domínio de doutores no Brasil, escreveu em 1917 que as famílias ricas queriam fazer dos filhos doutores em direito, medicina e engenharia, e, fora isso, só talvez oficial da Marinha.[10] O estilo aristocrático do oficial da Marinha personificou-se ao final do Império e início da República na figura de Saldanha da Gama, que tanto brilhava na Academia Naval, de que era diretor, como nos teatros e salões do Brasil e do exterior. O pequeno número de oficiais dessa arma e as constantes viagens ao exterior eram fatores adicionais que favoreciam e encorajavam a manutenção desse padrão elitista de recrutamento.

O recrutamento de praças

O recrutamento de oficiais passou de aristocrático para endógeno e de classe média. O das praças foi consistentemente feito nas classes pobres. Não por acaso, muitas revoltas regenciais foram feitas em nome do "povo e tropa". Um decreto de 1835 ordenou que, no caso de fracasso do recrutamento voluntário,

> proceder-se-á a recrutamento forçado e o recrutado servirá por seis anos, receberá somente soldo simples, será conduzido preso ao quartel e nele conservado em segurança até que a disciplina o constitua em estado de se lhe facultar maior liberdade.[11]

Os relatórios do Ministério da Guerra estão cheios de queixas contra o sistema de recrutamento e de pedidos ao Congresso de leis mais adequadas. Falam na "geral repugnância da população para a carreira das Armas" e na impossibilidade de manter os recrutas nas fileiras. Os voluntários eram obrigados a servir seis anos e os recrutados nove anos, mas as constantes deserções, as doenças, a incapacidade física e as mortes desfalcavam o contingente em proporção calculada pelo ministro no relatório de 1862 em um terço anualmente.

Em 1874, foi finalmente aprovada nova lei de recrutamento que estabelecia o alistamento universal e o sorteio para cobrir as vagas não preenchidas pelo voluntariado e pelo reengajamento. Mas a lei admitia várias exceções. Ela permitia, aos que não quisessem servir, pagar certa quantia em dinheiro ou apresentar substitutos, e concedia isenções a bacharéis, padres, proprietários de empresas agrícolas e pastoris, caixeiros de lojas de comércio etc. Além disso, deixava o alistamento e o sorteio a cargo de juntas paroquiais, presididas pelo juiz de paz e completadas pelo pároco e pelo subdelegado. Esses dispositivos a transformaram em completo fracasso.

O serviço continuou a pesar exclusivamente sobre os ombros das pessoas sem recursos financeiros ou políticos. Silveira Martins, em discurso na Câmara em 1877, disse da nova lei: "Que desigualdade mais funesta pode haver do que a que consagra o privilégio dos ricos, permitindo que se isentem por um conto de réis do sagrado dever de defender a pátria?".[12] O novo sorteio só colhia os pobres em suas malhas, ou não colhia ninguém, continuando o recrutamento a ser feito a laço como anteriormente. Em 1913, 24 anos depois do fim do Império, Leitão de Carvalho ainda dizia que as principais fontes de recrutamento do Exército eram: a) os nordestinos afugentados pelas secas; b) os desocupados das grandes cidades que procuravam o serviço militar como emprego; c) os criminosos mandados pela polícia; d) os inaptos para o trabalho. Era, segundo ele, uma seleção invertida.[13]

Panorama semelhante verificava-se na Marinha. O relatório do ministro em 1911, referente ao ano de 1910, ano da revolta dos marinheiros, afirmava:

> Estes homens, cujo processo de recrutamento havia sido, em geral, o mais pernicioso possível, pois não só o Corpo

de Marinheiros como até as Escolas de Aprendizes, e estas em virtude de seu próprio regulamento, encontravam nos xadrezes da polícia a maior fonte de alistamento de pessoal, acabavam de dar suficientes provas de sua qualidade e da inconveniência de sua manutenção nas fileiras.[14]

O recrutamento refletia-se na composição racial das guarnições dos navios que eram, de acordo com o mesmo oficial já citado, formadas de 50% de negros, 30% de mulatos, 10% de brancos ou quase brancos.[15]

Pode-se imaginar o que seria a vida nos quartéis e navios. Em 1914, o mesmo Leitão de Carvalho revelou que, em um ano, dos 220 homens de um batalhão, dezessete tinham sido expulsos e, para os 203 restantes, houvera 390 castigos, com média de 14,5 dias de prisão para cada um.[16] Em 1909, o Supremo Tribunal Militar julgou 443 crimes de praças do Exército, sendo que 321 de deserção e 24 de homicídio. Para a Marinha, o Quadro 4 mostra a permanência do problema da deserção ao longo de oitenta anos. Os dados se referem ao Corpo de Imperiais Marinheiros, posteriormente Corpo de Marinheiros Nacionais. A fonte de recrutamento indicada como "outra" se compõe, quase exclusivamente, de recrutamento forçado.

Quadro 4
Fontes de recrutamento e deserções na Marinha, 1850-1929
(números absolutos)

Ano	Fontes de Recrutamento			Deserções
	Voluntariado	Escolas de Aprendizes	Outra	
1850	1	—	319	156
1888	64	431	511	360
1900	7	261	—	127
1920	159	478	637	258
1929	20	409	—	241

Fonte: Relatórios do Ministério da Marinha para os respectivos anos.

Brigas, roubos e bebedeiras eram frequentes nos quartéis, e não admira que a população olhasse com terror a perspectiva do recrutamento.[17] Nos navios, "as partes diárias são um rosário de pequenas indisciplinas, de intrigas, de perseguições, de violações e imoralidades que se passam entre a guarnição".[18] A contrapartida para tudo isso era o castigo físico. Abolido pela lei de 1874, foi praticado no Exército e na Marinha até muito mais tarde. As surras de espada sem corte, depois de varas de marmelo no Exército e de chibata na Marinha, previstas na legislação do Conde de Lippe, de 1763, eram frequentes nas duas corporações e foram a principal causa da revolta dos marinheiros em 1910.

A Guarda Nacional representava outra realidade. Eram obrigadas a servir todas as pessoas com renda anual superior a 100 mil-réis, entre as idades de 21 e sessenta anos. Havia dispensa apenas para os militares, clérigos e oficiais de justiça. O alistamento, pela reforma de 1850, foi entregue a oficiais da própria Guarda e aos juízes municipais, pessoas de nomeação do governo central, evitando-se assim excessiva influência de autoridades eletivas.[19] O Quadro 5 dá uma ideia da distribuição da renda em um batalhão da Guarda Nacional do município de Paranaguá, Paraná, em 1877.

Quadro 5
Renda e ocupação dos membros do 3º batalhão da
Guarda Nacional ativa de Paranaguá, 1877

Posto	Renda	Número	Ocupação
Tenente-coronel	5000$000	1	negociante
Major	2000$000	1	negociante
Capitão	1000$000	3	2 negociantes, 1 lavrador
Tenentes e alferes	600$000	4	2 negociantes, 2 lavradores
Praças	300$000	501	499 lavradores, 1 sapateiro, 1 alfaiate
	TOTAL	510	

Fonte: Documentos do Ministério da Justiça IJ6, maço 446, Arquivo Nacional.

O piso da renda para o serviço na Guarda excluía dela praticamente todos os cidadãos que eram normalmente recrutados para o Exército e a Marinha. A Guarda incorporava os grupos de renda mais alta do país, ao passo que o Exército não se ligava a esses grupos nem mesmo pela oficialidade, como em parte o fazia a Marinha. Criou-se assim um verdadeiro divórcio entre o Exército e a elite civil. Marginalizada, a oficialidade do Exército desenvolveu uma acentuada agressividade contra essa elite, representada sobretudo pelos políticos. O desdém dos civis e o correspondente ressentimento dos oficiais emergiram claramente no episódio das cartas falsas de 1921. Ao chamar o marechal Hermes de "sargentão sem compostura", o maquiavélico autor das cartas atingiu profundamente o ego militar, provocando reação violenta dos oficiais.

A Lei do Sorteio Militar

A má qualidade dos recursos humanos captados pelo recrutamento marginalizava o Exército e impedia que ele se modernizasse. O sorteio universal era a única solução possível para o problema. A luta por sua introdução continuou na República, facilitada então pelo maior poder político adquirido pelo Exército. Mas a oposição também continuou na imprensa, no Congresso e, uma novidade, nas organizações operárias de inspiração anarquista.

Em 1896, criou-se a Confederação Brasileira do Tiro como um primeiro passo para aproximar do serviço militar os jovens de classe média e alta. A iniciativa não teve muito êxito, até que foi reativada por Hermes da Fonseca em 1906. Como ministro da Guerra de Afonso Pena, Hermes da Fonseca deu um grande impulso à transformação do Exército. Em 1908, conseguiu fazer aprovar nova Lei do Sorteio. Tornou também obrigatória a instrução militar em colégios secundários. No ano seguinte, já havia cinquenta Sociedades de Tiro organizadas, com um total de 13511 membros.[20]

Mas a lei de 1908 não teve muito melhor sorte do que a de 1874. Como esta, não "pegou". Nem mesmo o fato de o próprio Hermes ocupar a presidência no quadriênio seguinte garantiu sua aplicação. Foram necessárias uma longa campanha e a Guerra Mundial para que se conseguisse colocá-la em prática. A campanha foi liderada por um grupo de jovens oficiais que tinham estagiado no Exército alemão entre 1906 e 1912, conhecidos como Jovens Turcos, referência irônica aos jovens reformadores militares de Mustafá Kemal. O grupo criou em 1913 a revista *A Defesa Nacional* para a divulgação de suas ideias. O problema do recrutamento foi discutido desde o primeiro número da revista. A relação entre o tipo de recrutamento e o desprestígio do Exército foi denunciada em editorial de 1917:

> No Império, o recrutamento forçado, que trazia para as fileiras do Exército os elementos da mais baixa camada social, foi sempre o maior fator de desprestígio da farda, que, em vez de representar o cultivo do amor pela pátria, era tida como um símbolo de castigo.[21]

No governo de Wenceslau Braz (1914-8), o ministro da Guerra, José Caetano de Faria, simpático à campanha de renovação dos Jovens Turcos, nomeou um deles oficial de gabinete. A luta pelo sorteio intensificou-se, agora grandemente auxiliada pela eclosão da guerra. Em 1915, os turcos conseguiram o apoio de Olavo Bilac. Bilac era filho de militar e poeta de renome, plenamente aceito nos meios civis. Sua campanha dirigiu-se exatamente aos locais de concentração dos filhos das elites civis, às faculdades de direito e medicina, sobretudo do Centro e Sul do país. Ele pregou o fim do "divórcio monstruoso" que separava o Exército do povo. Pelo sorteio, argumentava, teremos o Exército que devemos possuir: não uma casta militar, nem uma profissão militar, nem uma milícia assoldadada, nem um regime militarista, oprimindo o país: mas um Exército nacional, democrático, livre, civil, de defesa e coesão, que seja o próprio povo e a própria essência da nacionalidade.

Conclamava: "o Exército seja o povo e o povo seja o Exército, de modo que cada brasileiro se ufane do título de cidadão-soldado".[22]

A ofensiva dos turcos se tornou mais intensa, sucederam-se medidas para efetivar as mudanças. Em 1916, foi criada a Liga de Defesa Nacional, com o apoio de representantes das elites civis. No mesmo ano, fez-se o primeiro sorteio de acordo com a lei de 1908. Dois anos depois, exigiu-se carteira de reservista aos candidatos a cargos públicos, reorganizou-se a Confederação do Tiro de Guerra, agora sob controle do Exército, para absorver os alistados não incorporados. Ampliou-se também a instrução militar nas escolas secundárias e superiores. Em 1926, já eram 226 as escolas com instrução militar e havia 677 Sociedades de Tiro.

A transformação gerada pelo sorteio pode ser avaliada pelos dados do Quadro 6.

Quadro 6
Alistamento e recrutamento militar (Exército), 1916 e 1919

	1916	1919
Alistados	54 404	113 073
Sorteados	3457	41 828
Incorporados	2926	14 382
Insubmissos	890	22 663

Fonte: Relatório do Exército de 1919.

O grande número de insubmissos mostra que, como era de esperar, a inovação continuou a encontrar resistências. O alistamento estava a cargo de juntas locais dirigidas pelos presidentes das Câmaras municipais, o que possibilitava o tradicional uso do recrutamento como arma política nas lutas partidárias. Esse fato levou *A Defesa Nacional*, em 1919, a reivindicar para o Exército todo o controle do processo de recrutamento. Mas o grande passo estava dado e a transformação era irreversível. Como consequência lógica, a Guarda Nacional foi extinta em 1918. Mesmo já se tendo transformado em um instrumento de exclusivo uso político, sua extinção significava o fim da dualidade do serviço militar, um destinado às classes baixas, outro às classes altas.[23] O Exército podia agora contar com abundante e qualificado material humano, modernizar e sistematizar o treinamento, preparar reservas, promover a educação cívica, como queriam Hermes, os turcos e Bilac. Podia, finalmente, reduzir a distância que o separava da elite civil. Só então, de posse do monopólio do serviço militar, é que ele começou a se tornar uma organização verdadeiramente nacional.

O treinamento de oficiais

O impacto do recrutamento nas Forças Armadas é inversamente proporcional à intensidade do processo interno de socialização. Quanto mais intensa a socialização, menor o impacto. A socialização se dá sobretudo na formação dos oficiais e utiliza vários mecanismos formais e informais. Vamos examinar apenas um mecanismo formal, a educação.

Grande parte dos oficiais do fim do Império e primeira década da República foi formada na Escola Militar da Praia Vermelha. Essa escola continuava a Academia Real Militar de 1810, que se bipartiu, em 1858, para separar a parte de engenharia civil do ensino propriamente militar. O ensino da engenharia civil ficou com a Escola Central, transformada, em 1874, na Escola Politécnica, já então sob a jurisdição do ministério do Império.[24]

A separação não teve efeito imediato. A Escola Militar, sobretudo depois da entrada do positivismo, transformou-se em um centro de estudos de matemática, filosofia e letras, mais do que de disciplinas militares. A influência positivista intensificou-se depois do ingresso de Benjamin Constant no quadro docente em 1872. Depoimentos de ex-alunos e o conteúdo das revistas publicadas pelos alunos denunciam a predominância de um ambiente muito distante do que seria de esperar em uma instituição destinada a preparar técnicos em fazer guerra. Nenhuma das revistas se ocupava de assuntos militares. A *Phenix*, por exemplo, publicava artigos com os seguintes títulos: "A poesia científica", "A positividade do século", "A harmonia do estilo" etc. A revista *Clube Acadêmico* não ficava atrás e discutia a "Evolução cósmica", a "Concepção de Leibniz" etc. Nos clubes de debates, os alunos discutiam temas como "Será possível a paz universal?". Havia várias sociedades literárias e dramáticas. Leitão de Carvalho, que frequentou a Escola entre 1901 e 1904, observou que o ambiente quase nada tinha de militar. Nem formatura havia. Ao terminar o segundo ano, anotou:

> A ausência do espírito militar nos cursos das Escolas do Realengo e da Praia Vermelha tinha feito de mim um intelectual diletante, que não sabia bem para onde se virar: se para as ciências exatas, a literatura ou, simplesmente, os assuntos recreativos do espírito.[25]

Não se poderia esperar que profissionais competentes saíssem dessas escolas, com exceção talvez dos engenheiros militares. Na apreciação de um general, escrita em 1914, raros soldados de escol produziram as escolas militares e raríssimos exemplares deles nos legaram; sobram-nos, entretanto, enraizados burocratas, literatos, publicistas e filósofos, engenheiros e arquitetos notáveis, políticos sôfregos e espertíssimos, eruditos professores de matemáticas, ciências físicas e naturais, como amigos da santa paz universal, do desarmamento geral, inimigos da guerra, adversários dos Exércitos permanentes.[26]

O que na verdade produzia a Escola eram bacharéis fardados, a competir com os bacharéis sem farda das escolas de direito e medicina. Esses oficiais gostavam de ser chamados de doutores dentro do próprio Exército. Era "dr. General", "dr. Tenente", ou simplesmente, "seu doutor".[27] Estava criado o ambiente para a aceitação da ideia do soldado-cidadão que desde a proclamação da República passou a integrar a ideologia das intervenções militares no Brasil.

Ao lado do grupo de bacharéis de farda, quase todos alunos ou ex-alunos de Benjamin Constant, todos ainda nos postos iniciais da carreira, havia, no fim do Império, outro grupo chamado, algo pejorativamente, de "tarimbeiros". Era composto de oficiais mais velhos, quase todos ex-combatentes da Guerra do Paraguai, muitos sem curso na Escola Militar. Dos sessenta generais das três últimas décadas do Império, por exemplo, mais de 90% tinham lutado no Paraguai, e mais de 50% haviam participado também da guerra contra Rosas ou de campanhas internas. Apesar de terem chegado ao posto máximo da hierarquia, 30% não tinham o curso da Escola Militar. Se Benjamin Constant e Euclides da Cunha eram exemplos do primeiro tipo de oficial, Deodoro era a personificação do segundo.

As relações entre os dois grupos eram difíceis. Deodoro dizia que seu único benfeitor fora Solano Lopez, a quem devia sua carreira militar; os bacharéis, ao contrário, adeptos do pacifismo positivista, desprezavam as façanhas bélicas e consideravam a Guerra do Paraguai um desastre. Na Escola Militar, medalha da Guerra era motivo de deboche.[28] Unia, no entanto, os dois grupos, a farda. O *esprit de corps* era, por certo, muito mais desenvolvido entre os tarimbeiros do que entre os bacharéis. Na Questão Militar, toda ela calcada na alegação dos "brios feridos" da corporação, a iniciativa foi dos tarimbeiros. Mas os bacharéis de farda, embora algo apaisanados, se viram forçados a aderir à corporação como único ponto de apoio disponível diante de sua marginalização social. Eles precisavam também do apoio da organização na luta contra o sistema imperial que consideravam retrógrado, e contra os bacharéis civis corporificados nos políticos. A proclamação da República se deu graças à união dos dois grupos: os bacharéis entraram com o poder das ideias, os tarimbeiros com o poder da corporação. Por sobre as divergências prevaleceu o *esprit de corps*.

Na Marinha, o treinamento de oficiais era apenas parcialmente semelhante ao do Exército. Havia também na Escola Naval um excesso de ensino matemático e teórico. Muitos alunos de lá saíam sem ter dado um tiro de canhão ou lançado um torpedo. No dizer de um oficial, "a Escola Naval era uma paráfrase da Escola Politécnica".[29] Mas lá não houve a invasão positivista, fator de mobilização política na Escola Militar. As únicas cadeiras na área de ciência social eram as de direito natural, público e constitucional, enquanto a Escola da Praia Vermelha, pela reforma de Benjamin Constant de 1890, possuía até uma cadeira de sociologia.

Além disso, os alunos da Escola Naval eram submetidos a isolamento físico muito maior. De 1867 a 1882, por exemplo, a Escola funcionou a bordo de um navio. A partir desse último ano, foi transferida para a ilha das Enxadas, onde permaneceu até 1938. Para seus alunos, era quase impossível invadir as ruas da cidade sempre que houvesse agitações políticas, como faziam seus colegas do Exército. O número de alunos era outro fator importante. Em 1930, ao final da República, não passavam de cem, em contraste com os 750 da Escola Militar. Finalmente, não houve na Marinha a separação entre doutores e tarimbeiros. Os líderes navais no início da República eram todos oficiais superiores reconhecidos por seu grande preparo técnico. Era o caso de Jaceguai, Custódio de Mello e Saldanha da Gama, este então no comando da Escola Naval. Na Marinha não havia Benjamins e Deodoros. Saldanha e outros chefes concentravam em si mesmos os dois tipos de liderança. Os problemas políticos na Marinha estavam localizados mais no relacionamento entre oficiais e praças do que no relacionamento entre grupos de oficiais. A Marinha não teve tenentismos.

Os Jovens Turcos

A Escola Militar da Praia Vermelha foi fechada definitivamente em 1904, por ocasião de sua última revolta. Só voltou a funcionar no Rio de Janeiro em 1911, agora no Realengo. No intervalo, o ensino militar deslocou-se para a Escola de Guerra em Porto Alegre. Foi também quando Hermes da Fonseca iniciou seus esforços para modernizar o Exército. Além da Lei do Sorteio, Hermes fez realizar as manobras militares de 1906, espetáculo inédito para a população e havia muito não visto no Exército. Mas a medida de maior impacto para o treinamento de oficiais foi sugerida pelo ministro Rio Branco: o envio de jovens oficiais para servirem arregimentados no Exército alemão, considerado dos mais bem organizados na época. Hermes era entusiasta do sistema alemão e foi convidado a assistir às grandes manobras de 1910 presididas pelo Kaiser, aproveitando a ocasião para negociar a vinda de missão alemã. A missão não veio, mas três turmas de oficiais, uma em 1906, outra em 1908 e a última em 1910, absorveram, por dois anos cada uma, o espírito da organização militar alemã.[30]

Os integrantes do último grupo reuniram-se na Alemanha antes de regressar e traçaram um plano para difundir os conhecimentos adquiridos. Decidiram integrar-se na tropa para dar o exemplo prático aos colegas. Já no ano seguinte, fundaram *A Defesa Nacional* em aliança com alguns oficiais que não tinham ido à Alemanha mas que se identificavam com seus propósitos renovadores. A revista era exclusivamente técnica e dedicou-se a traduzir regulamentos do Exército alemão, a difundir seu sistema de treinamento, suas práticas e costumes, e a lutar por medidas como o sorteio, a educação militar, o afastamento da política, a defesa nacional.

Foram recebidos com reações mistas. Alguns jovens oficiais, saídos da Escola de Guerra de Porto Alegre, onde Paula Cidade já em 1910 fundara a *Revista dos Militares*, também com propósitos renovadores, juntaram-se à campanha. Aderiram também alguns poucos oficiais superiores, como o general Caetano de Faria. Mas muitos oficiais superiores se sentiram ameaçados pelo entusiasmo renovador dos jovens. Os atritos chegaram a ponto de alguns redatores da *Revista* serem punidos com prisão por críticas a manobras de um regimento do Rio, consideradas malfeitas. Para outros oficiais, o movimento dos "Cavaleiros da Ideia", como pretensiosamente se autointitulavam os turcos, era indesejado por perturbar a rotina dos quartéis a que tinham se habituado. Mas aos poucos os turcos foram vencendo.

A Escola do Realengo, aberta em 1911, já era muito distinta de sua antecessora. O ensino possuía características militares, como também era militar a disciplina interna. Em 1916, já como consequência da ação dos renovadores, foi mandada à Escola o que se chamou de Missão Indígena, um grupo de jovens instrutores, entre os quais alguns turcos, imbuídos da nova mentalidade. Juarez Távora, que frequentou a Escola de 1917 a 1919, disse desses jovens: "Coube-lhes, sem dúvida, o mérito de darem à instrução das várias Armas uma tônica de objetividade e renovação que ela nunca dantes tivera".[31] A maior preocupação profissional e o relativo isolamento físico da nova Escola afetaram o comportamento político dos alunos. A Escola só se revoltou uma vez, em 1922. Até mesmo a tradição positivista perdera sua força. Tivera início, sob a liderança de Juarez Távora, um movimento de catolicização dos oficiais.[32]

A Missão Francesa

O trabalho dos Jovens Turcos foi continuado e completado pela Missão Francesa, que chegou em 1920. Foi novamente um civil, o ministro Calógeras, combatido até mesmo pelos reformadores, que contratou a missão. Os turcos preferiam naturalmente uma missão alemã. Mas a derrota da Alemanha tornara inviável sua pretensão, optando-se pela missão de um dos vencedores. Embora limitada, por exigências do Estado-Maior, a um papel de consultora, a missão teve efeitos profundos e duradouros.[33] De início excluída da Escola Militar, ela se encarregou de três diferentes cursos: o de Aperfeiçoamento de Oficiais, para capitães e tenentes, que se tornou permanente; o de Estado-Maior; e o de Revisão de Estado-Maior, este último para capitães, majores e coronéis que já tivessem feito o curso. Sob sua influência, a educação militar desdobrou-se em vários estágios e tornou-se mais técnica graças à criação de escolas para cada especialidade.

Foi na formação de bons oficiais de Estado-Maior que a Missão exerceu seu maior impacto. Até então, o Estado-Maior, embora criado na última década do século XIX, não exercera sua verdadeira função de formulador da política de defesa nacional.

Na verdade, não existiam planos nacionais de defesa. Havia apenas a preocupação com a proteção das fronteiras do Sul e Sudoeste, dentro de um conceito estreito de defesa. A nova visão de defesa nacional de que fazia parte a mobilização de recursos humanos, técnicos e econômicos só começara a circular no Brasil depois da volta dos Jovens Turcos. Foi a Missão Francesa que tornou possível o início da implementação da nova doutrina, graças à formação de oficiais de Estado-Maior e da reestruturação do órgão.

Foram duas as consequências principais. Para a organização militar, a reformulação do Estado-Maior significou maior centralização e coesão. As atividades militares passaram a ser planejadas e controladas em pormenores por um órgão de cúpula. Já em 1920, surgiram o Regulamento Disciplinar do Exército (RDE) e o Regulamento para Instrução e Serviços Gerais (RISG). O maior controle interno reduziu a probabilidade de quebras da hierarquia pela ação de escalões inferiores, como o tenentismo, reforçando o poder político da organização. A mudança permitiu ainda uma extraordinária expansão da noção do escopo do papel do Exército. A nova concepção de defesa abrangia todas as dimensões relevantes da vida nacional, desde a preparação militar propriamente dita até o desenvolvimento de indústrias estratégicas como a siderurgia. É significativo que já em 1927, por influência da Missão, foi criado o Conselho de Defesa Nacional, cujo objetivo era planejar a mobilização nacional para a defesa, incluindo aspectos psicológicos e econômicos.

Aspectos estruturais da organização militar

Características da organização militar como um todo são também de grande relevância para o entendimento do comportamento político de seus integrantes. Serão examinadas a seguir.

O tamanho das Forças Armadas

A importância política da dimensão das Forças Armadas é óbvia. De modo geral, seu poder político varia em proporção direta a seu tamanho. Damos no Quadro 7 o contingente legal do Exército e da Marinha no Império e ao longo da Primeira República.

Quadro 7
Efetivos legais do Exército e da Marinha, 1880-1930

Ano	Exército	Marinha	Exército	Marinha
			Índice de crescimento (1850 = 100)	
1850	15 000	3000	100	100
1880	13 000	3000	87	100
1888	13 500	3300	90	110
1900	28 160	4450	188	148
1910	20 096*	5607	133	187
1920	42 977	5800	286	193
1930	43 173	7167	288	239

Fontes: *Coleção de Leis do Império e da República*, leis de fixação de forças. Os dados se referem apenas às praças. Nos efetivos da Marinha não estão incluídos os maquinistas, foguistas e aprendizes.

* Os dados para o Exército em 1910 não incluem os inferiores (cabos e sargentos).

Os efetivos reais nem sempre coincidiam com os previstos na lei orçamentária e nas leis de organização das duas corporações. Geralmente, o número real de praças era mais baixo, sobretudo no Exército. Mas a curva de crescimento é constante. Houve dois momentos marcantes no aumento do efetivo do Exército. No início da República, o governo provisório duplicou os efetivos, passando-os para 24 877 homens. Uma nova duplicação verificou-se depois da introdução do sorteio. Em quase quarenta anos de governo imperial, excetuando-se os períodos de guerra, não houvera alteração de monta nos efetivos do Exército. Em igual período da República, eles triplicaram. A expansão dos efetivos foi grande também em termos relativos. A população do país cresceu 162% entre 1890 e 1930, os efetivos cresceram 220%. A proporção soldados-população, que era de 0,8 por mil ao final do Império, passou para 1,1 soldado por mil em 1930. Embora ainda baixa em relação a outros países, seu crescimento foi substantivo e não mais se deteve. Segundo dados do ministro Dutra, referentes a 1941, a evolução dos efetivos reais teria sido a seguinte:

1920 — 30 mil
1930 — 50 mil
1940 — 93 mil[34]

O crescimento da Marinha foi mais lento. A própria natureza da arma exigia menores efetivos, e os acontecimentos políticos que favoreceram o aumento do Exército nem sempre tiveram a mesma consequência para a Marinha. A revolta de 1893 atingiu severamente a força. Seu efetivo real em 1900 era de 2297, a metade do previsto. Posteriormente, sua expansão foi retomada, pois a Marinha passou a ser utilizada como contrapeso à guarnição do Exército do Rio de Janeiro. Em 1929, seu efetivo real já superava o previsto em quase 2 mil homens.

A relação entre o crescimento do número de oficiais e o dos efetivos é também um dado politicamente importante, se bem que mais consequência do que causa. O Quadro 8 dá uma ideia aproximada da relação.

Durante a República, o número real de oficiais do Exército foi sistematicamente mais alto do que o previsto, sobretudo na primeira década. Na Marinha, o excedente só aparece ao final do período. O fim da primeira década republicana mostra bem o contraste entre as duas Armas. A Marinha teve o número de oficiais reduzido em relação ao final do Império, o mesmo acontecendo, em maior escala, com o número de praças, clara indicação do castigo que sofreu pela revolta de 1893.

O Exército teve ambos aumentados, crescendo o número de oficiais mais que proporcionalmente ao de praças, um claro reflexo de seu maior poder político. Houve no Congresso tentativas de reduzir o número de alunos da Escola Militar, mas os próprios alunos se encarregaram de derrotá-las, ameaçando os deputados dentro do próprio recinto da Câmara. Só ao final do período, a proporção praça/oficial tendeu a voltar ao nível do Império.

Quadro 8
Número efetivo previsto de oficiais do Exército e da Marinha e relação praças/oficial, 1888-1929

	Exército			
Ano	Nº Efetivo (a)	Previsto (b)	a – b	Relação Efetiva Praças/Oficial
1889	1344	—	—	9
1899	2882	1956	+926	5
1915	2718	—	—	7
1929	5135	5106	+29	8
	Marinha			
Ano	Nº Efetivo (a)	Previsto (b)	a – b	Relação Efetiva Praças/Oficial
1888	424	521	–97	8
1900	394	463	–69	5
1909	570	728	–158	10
1920	687	555	+132	9

Fontes: Para a Marinha, relatórios dos ministros para os respectivos anos. Para o Exército, *Almanaque* para 1915 e 1929, Relatório para 1899. Para 1889, o número dos oficiais foi tirado do *Almanaque*, o das praças do Relatório de 1888.

Localização geográfica dos efetivos militares

No Império, a localização das forças do Exército obedecia a dois objetivos básicos: a proteção de fronteiras potencialmente conflituosas e o controle de alguns centros urbanos litorâneos tradicionalmente inquietos, sobretudo a própria sede do governo central. No sistema centralizado do Império, a consequência mais importante dessa distribuição era colocar o governo central à mercê da guarnição do Rio de Janeiro. O perigo não se materializava devido à estabilidade do sistema e à ausência de mentalidade intervencionista no Exército. O desaparecimento desses dois fatores veio, no entanto, revelar a precariedade da situação.

No sistema federal republicano, a distribuição desigual das forças adquiriu maior gravidade política pela possibilidade de gerar atritos entre as guarnições e os governos estaduais, e, inversamente, de produzir alianças entre esses dois atores contra o governo federal. O Quadro 9 compara a distribuição de efetivos com a da população.

Quadro 9
Distribuição de contingentes do Exército e
da população em 1888 e 1920 (%)

Província/estado	1888			1920		
	Contingentes	População	Soldados p/ mil hab.	Contingentes	População	Soldados p/ mil hab.
São Paulo	3,29	9,66	0,28	8,56	14,99	0,80
Minas Gerais	0,96	22,21	0,03	8,82	19,22	0,64
SUBTOTAL	4,25	31,87	0,11	17,38	34,21	0,72
Bahia	5,26	13,39	0,32	3,60	10,89	0,46
Pernambuco	5,54	7,18	0,63	1,64	7,03	0,33
Rio de Janeiro	—	6,11	—	5,22	5,09	1,44
SUBTOTAL	10,80	26,68	0,43	10,46	23,01	0,64
Corte/DF	15,65	3,64	1,31	26,18	3,78	9,70
R. G. do Sul	31,13	6,26	4,08	21,68	7,12	4,26
SUBTOTAL	46,78	9,90	2,39	47,86	10,90	6,15
Mato Grosso	10,80	0,64	13,67	2,60	0,81	4,52
Outros	27,37	30,91	0,73	21,70	31,07	0,98
TOTAL	100,00	100,00	0,82	100,00	100,00	1,40
	(N = 11 748)	(N = 14 333 915)		(N = 42 920)	(N = 30 635 605)	

Fontes: Para 1888, Relatório do Exército de 1888, Censo de 1890. Para 1920, Censo desse ano.

Ao final do Império, o Exército distribuía-se em função da defesa das fronteiras do Rio Grande do Sul e de Mato Grosso e do policiamento de cidades costeiras, como a Corte, Salvador, Recife, Belém. Duas das províncias economicamente mais importantes, detentoras de 32% da população do país, São Paulo e Minas Gerais, estavam praticamente desguarnecidas. A segurança interna nessas províncias, e no interior da maioria das outras, era tarefa da Guarda Nacional, uma vez que os efetivos policiais eram também muito reduzidos. A grande concentração de tropas na Corte e no Rio Grande do Sul tornava cruciais essas duas guarnições caso houvesse intervenção dos militares na política. Não foi por acaso que a Questão Militar adquiriu mais força nas duas guarnições e que a proclamação da República tenha sido obra de parte da guarnição do Rio.

A República introduziu algumas mudanças na distribuição das tropas. A principal foi o aumento das guarnições de Minas e São Paulo, acompanhada da redução relativa das de Mato Grosso e dos estados do Norte, inclusive Bahia e Pernambuco. Aumentou-se também a concentração de tropas no agora Distrito Federal, com pequena redução no Rio Grande do Sul. A redução não impediu que essas duas guarnições continuassem a controlar quase 50% do total dos efetivos. Em resumo, as mudanças indicam uma tendência de concentrar forças militares onde se concentrava o poder político. A guarda de fronteiras se manteve apenas no Sul e o policiamento se tornou atribuição das polícias estaduais, fortemente expandidas. A guarnição da capital federal tornou-se ainda mais decisiva. Seu controle, total ou parcial, continuou sendo fundamental para o êxito de qualquer movimento político contra o governo. O único contrapeso militar à guarnição do Rio de Janeiro era a Marinha, também quase totalmente concentrada na capital.

Somente o Rio Grande do Sul tinha condições de opor efetiva resistência militar à guarnição da capital. A República se fez sem luta porque a tropa rio-grandense, trabalhada pela Questão Militar e pelos republicanos gaúchos, não se opôs ao movimento. E a Revolução de 1930, como quase todos os movimentos militares de âmbito nacional até 1964, caracterizou-se por choques, reais ou previstos, entre tropas que vinham do Rio Grande do Sul e tropas que iam do Rio de Janeiro.

Tal distribuição de forças afetava também o recrutamento de oficiais. Se grande parte deles era composta de filhos de militares, é natural que o maior número proviesse de onde havia mais militares, como indica o Quadro 10.

Quadro 10
Origem geográfica de oficiais do Exército, 1860-90

Origem	Generais, 1860-89	Militares Congressistas 1890	Origem	Ministros da Guerra 1889-1930
Nordeste	21	24	Alagoas	1
São Paulo, Minas Gerais	3	1	São Paulo, Minas Gerais	0
Estado do Rio	3	3	Estado do Rio	1
R. G. do Sul, Corte/DF	15	9	R. G. do Sul	7
Outros	9	15	Sta. Catarina	1
Exterior	10	—	Sem informação	12
TOTAL	61	52		22

Fontes: Para os generais, Laurênio Lago, op. cit. Para os militares eleitos para a Assembleia Constituinte, Dunshee de Abranches, *Governos e Congressos da República dos Estados Unidos do Brasil (1889-1917)*. São Paulo: [s.n.], 1918. Para os ministros, Theodorico Lopes e Gentil Torres, *Ministros da Guerra do Brasil, 1808-1948*. Rio de Janeiro: [s.n.], 1949.

Fica claro que a origem geográfica dos oficiais era determinada pela localização das tropas. Constitui exceção, que exige explicação diferente, o grande número de oficiais provenientes do Nordeste. Para a política republicana, o mais importante era a quase total ausência de paulistas e mineiros entre a liderança militar. O divórcio entre o Exército e as elites civis se via agravado pela distância entre a força e os dois estados líderes da política republicana. Segundo dados de Joseph Love, dos trinta generais de divisão e brigada em 1895, oito eram gaúchos, nenhum mineiro, um paulista. Em 1930, novamente oito em trinta eram gaúchos, nenhum mineiro, nenhum paulista.[35]

Estrutura do corpo de oficiais

A última dimensão organizacional importante é a estrutura do corpo de oficiais. Vimos que o grupo mais politicamente atuante no Exército de 1889 a 1930 foram os jovens oficiais. Vimos também que o conflito básico no Exército se dava entre esses oficiais subalternos e os oficiais superiores. Na Marinha, a divisão era entre oficiais e praças. Um fator explicativo já foi aduzido no exame do treinamento dos oficiais das duas forças e em seu grau diverso de isolamento físico. Seria de perguntar se a distribuição de oficiais entre os escalões hierárquicos não teria também determinado a diferença. O Quadro 11 nos fornece os dados.

Quadro 11
Estrutura do corpo de oficiais do Exército, 1889-1972 (%)

Estrutura	1889	1920	1929	1972*
Generais	2,5	0,9	0,7	2,1
Coronéis	2,7	2,7	2,2	8,0
Tenentes-coronéis	2,8	3,5	3,4	13,8
Majores	4,7	6,5	6,6	26,6
Capitães	22,8	21,3	22,7	36,6
Primeiros-tenentes	64,5 { 19,9	65,1 { 28,1	64,4 { 37,4	12,9 { 4,4
Segundos-tenentes**	44,6	37,0	27,0	8,5
TOTAL	100,0 (N = 1344)	100,0 (N = 3846)	100,0 (N = 5275)	100,0 (N = 6374)

Fonte: *Almanaque do Exército* para os respectivos anos.

* Os dados para 1972 incluem apenas as armas tradicionais de infantaria, cavalaria, artilharia e engenharia.
** Inclui, em 1889, os alferes, e, em 1920, 1929 e 1972, os aspirantes a oficial.

Os dados revelam um panorama surpreendente. A predominância numérica dos tenentes ao longo de todo o período é muito grande. O contraste é enorme ao fazermos a comparação com a situação em 1972.[36] A forma da estrutura do corpo de oficiais muda totalmente. De uma pirâmide com base amplíssima na República Velha, ela passa para um losango em 1972, quando predominam grupos intermediários como capitães e majores (Figura 1).

Figura 1
Estrutura do corpo de oficiais do Exército

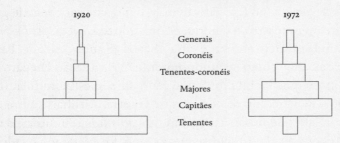

A transformação foi em parte devida ao próprio processo de crescimento da organização. Segundo observa Morris Janowitz, o Exército americano sofreu semelhante transformação à medida que se tornava mais complexo e mais especializado. Os escalões médios cresceram à custa dos inferiores.[37] Mas em 1920 as diferenças entre os dois Exércitos eram ainda muito grandes, como demonstra o Quadro 12.

Quadro 12
Estrutura do corpo de oficiais, Brasil e Estados Unidos, 1920 (%)

Estrutura	Brasil (a)	Estados Unidos (b)	a – b
Generais	0,9	0,4	+ 0,5
Coronéis e Tenentes-coronéis	6,2	8,8	– 2,6
Majores e Capitães	27,8	50,8	– 23,0
Primeiros e Segundos-tenentes	65,1	40,0	+ 25,1
TOTAL	100,0	100,0	

Fonte: Para os Estados Unidos, Morris Janowitz, *The Professional Soldier*. Glencoe: Free Press, 1960, p. 67.

O engarrafamento nos escalões inferiores devia-se em parte à legislação de reforma e promoção. Os limites de idade para a permanência nos postos e nas fileiras eram muito altos em comparação com os de exércitos mais modernizados. Além disso, a costumeira anistia dos alunos da Escola da Praia Vermelha, expulsos depois das frequentes revoltas em que se envolviam, fazia voltar às tropas os revoltosos, contribuindo para a saturação do primeiro degrau da hierarquia. Leitão de Carvalho, por exemplo, tendo feito todos os cursos do Exército, com dois anos de estágio no Exército alemão, depois de ser chefe de gabinete do ministro da Guerra, e com quinze anos de profissão, era ainda primeiro-tenente em 1918, aos 38 anos de idade. Passara dez anos como segundo-tenente.[38] A situação chegara a tal ponto que a lei de 1908 que reorganizou o Exército autorizou o fechamento das Escolas de Guerra, Artilharia e Engenharia, até que desaparecessem os segundos-tenentes excedentes dos quadros.[39] Nesse mesmo ano, foi criado um quadro suplementar destinado a oficiais em cargos burocráticos, ou não militares, para abrir mais vagas para os que aguardavam nas filas de espera da promoção.

A grande predominância numérica dos tenentes, aliada ao baixo grau de controle hierárquico, conferia a esse grupo de oficiais condições privilegiadas de rebelião. As lentas promoções forneciam o combustível da insatisfação profissional. As origens sociais e o treinamento desses oficiais introduziam incentivos externos para seu envolvimento em lutas políticas de caráter contestatório.

A situação na Marinha e a comparação com a Marinha americana se encontram no Quadro 13.

Quadro 13
Estrutura do corpo de oficiais da Marinha,
Brasil e Estados Unidos, 1889-1920 (%)

Estrutura	Brasil			Estados Unidos	
	1888	1909	1920 (a)	1920 (b)	a – b
Almirantes	3,5	2,4	2,2	1,3	+0,9
Capitães de mar e guerra	3,8	3,5	4,2	4,4	–0,2
Capitães de fragata	6,8	7,4	6,3	7,6	–1,3
Capitães de corveta	—	15,3	12,8	14,4	–1,6
Capitães--tenentes	14,0	36,3	33,9	32,8	+1,1
Primeiros--tenentes	71,9 { 37,5	35,1 { 35,1	40,6 { 31,4	39,5 { 16,6	+1,1 { +14,8
Segundos--tenentes	34,4	0,0	9,2	22,9	–13,7
TOTAL	100,0 (N=424)	100,0 (N=570)	100,0 (N=687)	100,0	

Fontes: Relatórios dos ministros da Marinha para os respectivos anos; Morris Janowitz, op. cit., p. 67.

A Marinha apresentava ao final do Império uma estrutura semelhante à do Exército, embora os primeiros-tenentes já predominassem sobre os segundos-tenentes. Mas, já em 1909, com a introdução de um escalão adicional, o de capitão de corveta, modificara-se radicalmente o quadro (Figura 2) que, em 1920, já era semelhante ao da Marinha americana. Os segundos-tenentes sofreram drástica redução e desapareceram totalmente em 1909. Os dados sugerem que a composição do corpo de oficiais não pesou na ausência de um tenentismo na Marinha em 1889. Os fatores de recrutamento, treinamento e isolamento parecem ter predominado.[40] Mas a redução dos segundos-tenentes, aliada ao grande aumento do número de marinheiros exigido pela compra dos couraçados, certamente teve a ver com a rebelião dos marinheiros de 1910. O controle da guarnição, já difícil anteriormente pela diferença de recrutamento, tornou-se impossível nos imensos couraçados sem a presença dos oficiais de maior contato com as praças, os segundos-tenentes.[41]

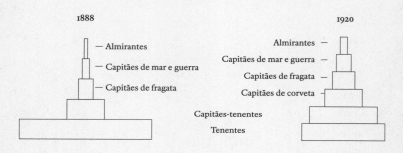

Figura 2
Estrutura do corpo de oficiais da Marinha

Ideologias de intervenção

Diante da tradição civilista do Império, os militares republicanos se viam obrigados a fornecer ao país e a si mesmos uma justificação do intervencionismo. Foram três as principais justificativas apresentadas durante a Primeira República, acompanhando as mudanças no corpo de oficiais, no Exército e na sociedade.

O soldado-cidadão, ou a intervenção reformista

A primeira ideologia intervencionista girava em torno da ideia do soldado-cidadão, e foi desenvolvida durante a Questão Militar. Inicialmente, tal ideia foi difundida por jornalistas republicanos, com a expressa finalidade de incitar os militares a intervir na política e de criar embaraços ao governo imperial. Nesse esforço, salientaram-se Quintino Bocaiúva, redator de *O País*, no Rio de Janeiro, e Júlio de Castilhos, redator de *A Federação*, em Porto Alegre.[42] A expressão foi consagrada no manifesto dirigido por Deodoro e Pelotas, em maio de 1887, ao

Parlamento e à nação. Redigido por Rui Barbosa, que mais tarde deve ter se arrependido, o manifesto falava em cidadãos fardados, aos quais não se podia negar o direito de participar da vida política do país. A ideia casava-se muito bem com o positivismo civilista dos jovens oficiais e alunos de Benjamin Constant. Eles a adotaram e a usaram para justificar sua ação em 15 de novembro.

A ideia do soldado-cidadão servia de instrumento de afirmação militar e, ao mesmo tempo, refletia o sentimento de marginalidade e o ressentimento dos oficiais em relação à sociedade civil, sobretudo à elite política. Implicava a suposição de que o soldado, por ser militar, era um cidadão de segunda classe e que devia assumir a cidadania plena sem deixar de ser militar ou, nas formulações mais radicais, exatamente por ser militar. Sua polissemia a tornava aceitável tanto para os bacharéis fardados como para os tarimbeiros. Aos tarimbeiros interessava afirmar a organização em face da elite política, em um jogo exclusivamente de prestígio e poder. Aos bacharéis de farda interessava afirmar a organização e também usar seu poder para reformar o sistema político.

A posição dos bacharéis era, no entanto, ambígua, pois o positivismo que os orientava defendia a redução da diferença entre o militar e o civil a ponto da extinção do militar em favor do cidadão. Se o soldado, na concepção de Benjamin, devia ser "o cidadão armado, importante cooperador do progresso", esse próprio progresso, produzido pelo avanço do regime industrial, tornaria os Exércitos entidades inúteis e faria com que fossem "recolhidas ao museu da história as armas que se empregam como elemento de destruição".[43] No momento da proclamação, no entanto, o enfraquecimento da organização tiraria aos militares positivistas qualquer possibilidade de atuação política. Daí que a ideia de cooperador do progresso passou a implicar, na prática, a necessidade de fortalecer em vez de enfraquecer o Exército. Nas circunstâncias em que este se achava, porém, as duas coisas, intervenção reformista e fortalecimento da corporação, eram incompatíveis. O impulso reformista vinha dos escalões inferiores e, por isso mesmo, produzia o enfraquecimento da hierarquia, um golpe fatal para qualquer organização militar.

O mesmo problema surgiu quando os tenentes de 1922 retomaram a ideia de soldado-cidadão. Àquela altura, já não precisavam do apoio da filosofia positivista para sustentar a ideia. Tinham melhor argumento na introdução do sorteio militar. Embora o segundo tenentismo tivesse origem também em um episódio no qual o prestígio da organização fora o principal agente precipitador, o alistamento universal deu aos rebeldes, ao tentarem, posteriormente, justificar sua ação, um argumento mais sociológico que filosófico. Juarez Távora diria então: "A força armada é hoje parte integrante do povo, de cujo seio saem soldados e oficiais e para onde voltam aqueles depois de um curto tempo de estágio na caserna".[44] A própria Constituição republicana, refletindo a ideia do soldado-cidadão, já introduzira a famosa expressão da obediência "dentro da lei", fornecendo fundamento legal à posição dos novos tenentes. Juarez, o tenente que mais amplamente tentou articular as posições do grupo, achava que o dispositivo constitucional dava ao militar a faculdade de decidir a conveniência ou não de obedecer às autoridades governamentais. Segundo ele, o militar adquiria a capacidade de decidir na cadeira de direito público da Escola Militar. A cadeira também lhe permitia "ombrear com o bacharelismo dos nossos políticos profissionais".[45]

Colocava-se, no entanto, novamente, o problema anterior da incompatibilidade entre o intervencionismo reformista e o fortalecimento da organização. Apesar de sempre falarem os tenentes em nome do Exército, ou das Forças Armadas, eles representavam apenas uma de suas parcelas. Embora mais numerosa, era a mais fraca em termos hierárquicos em uma organização já mais complexa e centralizada. A Revolução de 1930, carregando no bojo os tenentes vitoriosos, trouxe sérios problemas para o Exército, pelo conflito que gerou entre eles e os oficiais superiores. A promoção rápida dos tenentes foi um dos meios utilizados para reduzir o problema. O próprio Góis Monteiro, comandante-chefe da revolução e tenente-coronel, teve de ser rapidamente promovido a general. A ideologia do soldado-cidadão representava tendências sociais renovadoras, mas implicava o enfraquecimento da corporação. Contra tal enfraquecimento lutou outro grupo de oficiais que chegou a conclusões opostas sobre a legitimidade da participação política dos militares.

O soldado profissional, ou a não intervenção

O movimento renovador dentro do Exército preocupava-se com a profissionalização militar e via como pré-requisito dessa profissionalização o afastamento dos militares da política e dos cargos públicos. A *Defesa Nacional* só uma vez se referiu aos acontecimentos de 1921-2, e o fez para condenar o envolvimento político dos militares, fato que considerava um retrocesso na evolução militar do país. Logo depois da revolta de 1922, publicou artigo do coronel Derougemont, da Missão Francesa, no qual o autor insistia na necessidade da neutralidade política dos oficiais que era, segundo ele, uma característica das democracias liberais. Ainda em 1930, depois da vitória do movimento, a despeito de ter incluído o vencedor do dia, Góis Monteiro, em seu grupo mantenedor, a revista se lembrou, em uma retrospectiva, de seus dezessete anos de vida: "Onde, porém, nossa ação se tem revelado com segura intransigência é na pregação em prol do respeito refletido ao princípio da disciplina".[46]

O representante típico dessa posição foi Leitão de Carvalho. No livro *Dever militar e política partidária*, combateu tenazmente as posições dos tenentes, representados por Juarez Távora e Joaquim Nunes de Carvalho.[47] Influenciado pelo estágio no Exército alemão e, posteriormente, pela Missão Francesa, Leitão lutou sempre pela transformação do Exército em um órgão nacional dedicado à preparação da defesa do país, longe das lutas políticas. Segundo ele, o envolvimento político dos oficiais divertia sua atenção e quebrava o princípio da disciplina. O Exército devia ser o órgão de defesa nacional, sob a direção dos comandos superiores, por sua vez submetidos ao presidente da República. O Regulamento Disciplinar do Exército (RDE), proibia a participação dos militares em manifestações políticas coletivas. O Regulamento para Instrução e Serviços Gerais (Risg), do mesmo ano, uniformizou em todo o Exército as atividades de treinamento, em uma tentativa de forçar os oficiais a se voltarem para atividades puramente militares. Na prática, a grande maioria dos Jovens Turcos, de seus simpatizantes e dos alunos da Missão se manteve à parte das agitações militares dos anos 1920. Bertholdo Klinger sentiu-se inicialmente atraído pelo movimento de 1924, mas acabou combatendo-o de armas na mão.

A luta desse grupo foi favorecida pela conjuntura histórica. A situação política era de relativa calma e não oferecia incentivos ao envolvimento político dos militares. A guerra mundial chamava dramaticamente a atenção para o problema da defesa nacional e para a consequente necessidade de fortalecer as Forças Armadas. Se as propostas de reformismo social dos tenentes tinham efeitos danosos para a organização, o mesmo não se dava com o reformismo militar dos turcos e seus aliados. Mas os modernizadores do Exército enganavam-se quanto à possibilidade de neutralidade política. De fato, sua ação voltada para problemas de defesa nacional e fortalecimento do

Exército viabilizou um novo tipo de intervenção militar na política. O primeiro formulador da nova posição foi um integrante do grupo dos turcos.

O soldado-corporação ou a intervenção moderadora

Bertholdo Klinger foi talvez o mais brilhante dos Jovens Turcos e o líder do grupo de *A Defesa Nacional*. Foi preso por artigos escritos na revista. O editorial do primeiro número que, tendo em vista a posição de liderança de Klinger e as ideias que expressou posteriormente, deve ter sido escrito por ele já trazia, no entanto, posições divergentes das de Leitão de Carvalho e dos tenentes quanto ao papel dos militares na vida nacional. Dizia o editorial: "O Exército precisa estar aparelhado para sua função conservadora e estabilizante dos elementos sociais em marcha e preparado para corrigir as perturbações internas, tão comuns na vida tumultuária das sociedades que se formam".[48]

Tal posição divergia da ideologia do soldado profissional por admitir abertamente a intervenção na política, embora com ela concordasse quanto à necessidade de preparação profissional do Exército. Estava de acordo com a ideologia do soldado-cidadão quanto à legitimidade da intervenção do militar na política, mas dela discordava quanto à natureza da intervenção. Os tenentes pregavam uma intervenção reformista, a ser feita pelo militar independentemente da organização, ou mesmo contra ela. Klinger propunha uma intervenção controladora ou moderadora, a ser levada a efeito pela organização como tal, orientada por seu órgão de cúpula, o Estado-Maior. Em 1930, depois da vitória da revolução, ele voltou a pregar em *A Defesa Nacional* o direito dos militares de intervir na política e chegou ao extremo de afirmar que "o posto supremo de direção [do país] é problema de Estado-Maior".[49]

Tal posição teve desenvolvimento posterior no pensamento de Góis Monteiro, um dos mentores do Exército durante todo o período varguista. No livro *A finalidade política do Exército*, escrito depois da revolução, Góis, ex-aluno da Missão Francesa e brilhante oficial de Estado-Maior, via o Exército como uma organização nacional que devia desenvolver política própria: "Ficam só o Exército e a Marinha como instituições nacionais, únicas forças com este caráter, e só à sombra delas é que, segundo a nossa capacidade de organização, poderão organizar-se as demais forças da nacionalidade". E com mais clareza ainda: "Sendo o Exército um instrumento essencialmente político, a consciência coletiva deve-se criar no sentido de se fazer a política do Exército e não a política no Exército".[50]

A ideologia do poder moderador das Forças Armadas tem aí sua primeira formulação sistemática. Era uma combinação do intervencionismo tenentista com as transformações estruturais da organização militar promovidas pelos reformadores. Em outras palavras, era o intervencionismo de generais, ou do Estado-Maior, o intervencionismo da organização e não apenas de alguns de seus membros. A nova concepção só se tornou viável graças às mudanças organizacionais: nacionalização do Exército efetivada pelo alistamento universal e pelo sorteio; aumento do contingente; desenvolvimento do Estado-Maior; formação de oficiais de Estado-Maior. Klinger e Góis eram típicos representantes da nova geração de profissionais. A mudança no papel do Exército foi lenta, mas ainda permitiu que os tenentes de 1922, interventores reformistas, se transformassem, quando generais, em interventores moderadores.

O primeiro ensaio desse tipo de intervenção foi liderado pelo próprio Klinger, ao apagar das luzes da Primeira República. Klinger foi o chefe do Estado-Maior das Forças Pacificadoras que promoveram a derrubada de Washington Luís. Era um movimento de cúpula que, segundo Klinger, devia exercer o papel de árbitro entre o governo eleito e o governo vitorioso na luta armada. O segundo ensaio, com maior êxito, foi engendrado por Góis e resultou no golpe de 1937 que estabeleceu o Estado Novo sob o patrocínio das Forças Armadas. Naquele momento, ao lado de Góis, não estariam os tenentes, seus aliados de véspera, mas os profissionais. Leitão nada teve a dizer quando Góis lhe comunicou o golpe e lhe ofereceu a missão de reorganizar o Exército. O não intervencionista não discutiu a intervenção e aceitou a missão.

Vieram rapidamente dispositivos legais proibindo a participação de militares na política. A Constituição de 1937 retirou o famoso "dentro da lei" e o substituiu por "fiel obediência à autoridade do presidente da República", e proibiu até o direito de voto aos militares. O RDE de 1938 afirmava: "Sem constituir [os militares] uma casta, no âmbito social, formam uma classe especial de servidores da pátria — a classe dos militares".[51] Desaparecera o soldado-cidadão para surgir a corporação e a classe. Desaparecera a ideia de intervenção contestatória e surgira a de intervenção controladora. A Primeira República viu o surgimento e o auge da primeira, mas gerou também as bases da segunda.

As intervenções militares

Resta verificar como as características e as transformações organizacionais podem contribuir para explicar as intervenções militares na Primeira República.

À exceção do episódio conhecido como Manifesto dos 13 Generais e do Movimento Pacificador, Exército e Marinha não intervieram conjuntamente. Ou se combatiam, ou promoviam movimentos independentes. Daí tratarmos separadamente das duas forças.

Começando pelo Exército, ficou claro que não se pode falar de intervenções da corporação como um todo. As intervenções variavam em sua natureza e em função dos grupos que as promoviam. Duas foram de oficiais superiores (1892-1930), duas de praças (1892-1915) e as outras, de alunos e oficiais subalternos. A vitória ou derrota dependia de um complexo mecanismo de captação de apoio dentro e fora da organização. A predominância de movimentos de oficiais jovens permite-nos dividir as intervenções em dois grandes ciclos que poderíamos chamar de primeiro e segundo tenentismos, o primeiro entre 1889 e 1904, o segundo de 1922 a 1930. No intervalo entre os dois, houve apenas o fenômeno ambíguo do hermismo e a abortada revolta de sargentos de 1915.

O primeiro tenentismo

Não é difícil demonstrar a natureza tenentista do Quinze de Novembro. Na manifestação a Benjamin Constant, de 28 de outubro, achavam-se presentes os sessenta alunos da Escola Superior de Guerra e oficiais dos três regimentos que se revoltariam em 15 de novembro, o 1º e 9º de cavalaria e o 2º de artilharia. Desses oficiais, nove eram capitães e 28 tenentes e alferes. O pacto de sangue feito por oficiais do 9º, em 11 de novembro, teve a assinatura de cinco capitães, cinco tenentes e 22 alferes; o mesmo pacto, feito pelo 2º de artilharia, envolveu quatro capitães, quinze tenentes e um alferes. O Clube Militar, importante foco de agitação, tinha "insignificante número de oficiais superiores".[52]

O levante dos três regimentos, que formaram a 2ª brigada em 15 de novembro, foi todo ele liderado por esses oficiais subalternos. Ao se encaminharem para a praça da Aclamação, o único oficial superior arregimentado que os acompanhava era o major Sólon, que assumira o comando do 1º de cavalaria.

O outro oficial superior era Benjamin Constant, professor, convocado somente depois de estarem as tropas já de prontidão. Tanto Benjamin como Deodoro ignoravam a ordem de prontidão. As praças não tiveram participação ativa. Só no 9º houve algum contato com sargentos, mas o cadete sargento que os promoveu confessou mais tarde:

> Elas [as praças] ali se achavam [na praça da Aclamação, hoje da República] com honrosas exceções, na convicção ainda de que teriam de bater-se contra as Guardas Nacional e Negra, e a polícia, conforme lhes havíamos afirmado na noite anterior, tudo de acordo com a ardilosa "balela" de que usou o major Sólon.[53]

Essas tropas não passavam de quinhentos homens e não tinham condição alguma de vencer o contingente legalista postado dentro e fora do quartel-general. Só o brigadeiro Almeida Barreto comandava 1096 homens, mais do que suficientes para derrotar os insurretos. A vitória da revolta dependia da adesão do resto da guarnição. Os conspiradores contavam com o prestígio de Deodoro para conseguir essa adesão. Não erraram. A um simples comando do general, Almeida Barreto se passou para o lado rebelde, o mesmo fazendo o coronel Ourique Jaques com todo um regimento.

A adesão de Deodoro e, com ele, da oficialidade superior, foi o resultado de um longo processo, e só se efetivou graças aos efeitos da Questão Militar que exacerbara o espírito de corpo da organização, sobretudo dos tarimbeiros, cuja grande maioria, inclusive os líderes, não era republicana. Deodoro evitou até o último instante proclamar a República, se jamais a proclamou. Pelotas foi surpreendido pelo movimento. Como o próprio Deodoro disse a Ouro Preto, ao depor o gabinete, tratava-se apenas de "vingar as afrontas por ele [Exército] recebidas do governo".⁵⁴ Toda a ideologia e toda a agitação vieram dos jovens positivistas de Benjamin Constant. Sua educação, seu número, sua posição na hierarquia lhes davam condição de exercer esse papel. Mas, em 15 de novembro, foi a farda que lhes deu a vitória. A grande maioria dos militares reunidos de ambos os lados na praça da Aclamação não sabia que se tratava de proclamar a República. Unia-os o espírito de corpo.⁵⁵

O apoio externo ao movimento foi mais de omissão do que de ação. Certamente, alguns republicanos, Quintino Bocaiúva e Júlio de Castilhos à frente, vinham havia muito provocando atritos entre os militares e o governo. Mas mesmo Quintino, cujo plano era derrubar a monarquia por meio de um golpe militar, não conseguiu ser recebido por Deodoro no 11 de novembro, às vésperas do movimento. O velho general não queria ver líderes civis por se tratar de "pessoas que não vestiam farda". O núcleo republicano civil mais poderoso e organizado, o paulista, tinha poucos contatos com os militares e muitas dúvidas sobre a conveniência de envolvê-los na campanha.⁵⁶ Mas, diferentemente de 1831, a monarquia não tinha em 1889 quem se dispusesse a defendê-la. A tentativa de Ouro Preto de mobilizar a Guarda Nacional veio tarde e não despertou entusiasmo. Apenas acirrou mais os ânimos dos militares. A única resistência armada efetiva teria de vir do próprio Exército ou da Marinha. Mas no primeiro caso funcionou o espírito de corpo. As guarnições do Rio Grande do Sul e de Mato Grosso tinham sido recentemente comandadas por Deodoro. A do Rio Grande era também constantemente trabalhada por Júlio de Castilhos. Ambas aderiram. Diferentemente do que aconteceu com o segundo tenentismo, no primeiro as lutas viriam após a vitória.

Essas lutas constituíram intrincada combinação de motivações e atores, em que sobressaíam a disputa pelo poder presidencial entre oficiais superiores do Exército e da Marinha e o choque entre os jovens oficiais positivistas, aglutinados em torno de

Floriano, contra o grupo mais velho de Deodoro e contra os governos civis. Eventualmente, elementos monárquicos e populares se envolveram, acrescentando maior complexidade à situação. Até mesmo as rebeliões de praças de 1891 e 1892 tiveram fortes traços antiflorianistas e foram instigadas por políticos e oficiais.

A morte de Deodoro e Floriano logo depois do término dos respectivos governos foi certamente de grande ajuda para reduzir o número e a gravidade das rebeliões. Com o desaparecimento de Floriano, por exemplo, as revoltas da Escola Militar foram se tornando cada vez mais isoladas dentro do Exército. É verdade que a última e mais séria dessas revoltas, a de 1904, envolveu elementos díspares como alunos, alguns oficiais positivistas, populares, operários, monarquistas etc. Militarmente, no entanto, foi um total fiasco e teve desfecho tragicômico na fuga de rebeldes e legalistas depois de um curto tiroteio noturno na rua da Passagem. A aliança com civis era mais tática, uma vez que os vários grupos tinham pouco em comum.

A primeira fase de intervenções, encerrada com o fechamento da Escola Militar da Praia Vermelha em 1904, refletiu a posição típica dos jovens militares e revelou a incapacidade da organização de agir unificadamente. O fato favoreceu a reconquista do controle do governo pelos civis.[57]

O hermismo

No interregno de dezessete anos entre o primeiro e o segundo tenentismos, o único acontecimento de importância nas relações civil-militares foi o chamado hermismo. Seria um equívoco considerar o governo Hermes como uma intervenção militar na política nacional. Mas, pelo envolvimento de militares, sobretudo nas "salvações" estaduais, e pelo fato de um militar ter sido, pela primeira vez, levado à presidência em eleições nacionais, o fenômeno merece ser discutido.

O hermismo se deu em um contexto já muito distinto do de 15 de novembro e das lutas do primeiro quinquênio da República. A candidatura de Hermes enquadrava-se dentro do jogo da política dos estados, e só pôde surgir e vencer graças ao desacordo entre Minas e São Paulo e à divisão interna de Minas. A novidade é que as lideranças civis, sobretudo a mineira, já se dispunham a aceitar um candidato militar como saída para o impasse sucessório. A solução foi facilitada pela entrada em cena do Rio Grande do Sul, em aliança com o Exército, ambos indesejados no clube dos donos da República.[58] Hermes aceitou a candidatura por insistência de seu amigo Pinheiro Machado e admitia ser um instrumento político do caudilho. Além disso, sempre tivera uma atitude contrária à intervenção militar na política. Fizera-se notar pela primeira vez ao abortar uma rebelião da Escola Preparatória do Realengo em 1904. Seus antecedentes davam às elites civis uma garantia de que não se repetiria o fenômeno do 15 de novembro. Embora politicamente incompetente como Deodoro, Hermes não tinha o descontrole emocional e a rigidez do tio, deixando-se levar pela liderança de seu mentor.

A conotação militarista do governo deveu-se muito mais à campanha de Rui Barbosa do que à presença do marechal. Rui cometeu, então, um engano em relação ao Exército mais sério do que o primeiro, quando incentivou a Questão Militar. A candidatura Hermes estava dentro do jogo político dos estados. Mais próximo da verdade, descontada a linguagem, estava o *Correio da Manhã* ao dizer: "O hermismo é o interesse congregado do marechal, cuja espada as oligarquias bandalhas empunham para se defenderem contra o ataque da indignação nacional".[59] Além disso, as posições pessoais de Hermes, e dos militares em geral, estavam muito mais próximas das do próprio Rui Barbosa do que das de Pinheiro Machado. Hermes, apesar dos ataques violentos de Rui durante a campanha, o convidou para o ministério. No fundo, tanto Rui Barbosa como os militares eram contra as práticas da política dos estados e combatiam as oligarquias regionais. Hermes ia ainda mais longe em sua oposição. Foi o primeiro candidato à presidência a mencionar os operários em sua plataforma. Quando presidente, patrocinou o IV Congresso Operário Brasileiro, de 1912.

As ambiguidades da candidatura Hermes vieram à tona nos conflitos surgidos durante seu governo entre militares e as lideranças políticas estaduais apoiadas por Pinheiro Machado. A animosidade dos militares atingia o próprio Hermes quando este optava por apoiar seu mentor político. As "salvações" foram fenômenos típicos em que alguns militares, geralmente coronéis, tentavam desalojar oligarquias estaduais, contando com o apoio (real ou hipotético) da organização. Em alguns casos, como em Alagoas, Rio Grande do Norte e, em parte, na Bahia, os militares eram simplesmente parentes de Hermes. Mas, a par da ambição pessoal, havia nas "salvações", em grau maior ou menor, conflitos entre militares e oligarquias estaduais. Em Pernambuco, por exemplo, houve manifestações populares a favor do general Mena Barreto e contra Rosa e Silva. O mesmo se deu no Ceará, o caso mais curioso de todos por mostrar com clareza o alinhamento das forças. De um lado, estava a oposição local dos Acioli, apoiada pelos coronéis do Cariri e por Pinheiro Machado no governo federal. De outro, estava o coronel Franco Rabelo, ex-chefe do Estado-Maior da Região Militar, apoiado por populares e pelas forças militares locais e do Rio de Janeiro. O Clube Militar reuniu-se em protesto contra a nomeação de um interventor no estado. Hermes fechou-o e decretou estado de sítio.[60] Nos estados mais poderosos e mais unidos, as "salvações" não prosperavam. Elas falharam em São Paulo e no Rio Grande do Sul. Na Bahia o êxito foi parcial, no sentido de que o "salvador" foi um político local de prestígio nacional, que apenas utilizou um militar, filho de Hermes, como aliado.

As ambiguidades do hermismo mostravam que as elites políticas que controlavam o sistema republicano já tinham perdido parte da desconfiança em relação ao Exército e já o aceitavam como parceiro político, embora apenas como solução precária para impasses. Tal aceitação se tornara possível graças à maior estabilidade do sistema e à extinção do jacobinismo militar depois do fechamento da Escola da Praia Vermelha. Hermes representava no momento o militar profissional, empenhado na modernização da organização e em seu afastamento das atividades políticas. Mas a campanha civilista e as salvações, provocadas pela candidatura e pelo governo Hermes, mostravam também que a aproximação entre militares e políticos republicanos ainda era prematura. A campanha civilista exacerbou as apenas adormecidas prevenções de civis contra militares, sobretudo contra o militarismo dos primeiros anos da República. As "salvações" revelaram a persistente falta de coesão hierárquica do Exército, evidenciada na atuação autônoma de oficiais e grupos, e o também persistente preconceito dos militares contra os políticos e as oligarquias.

Além do hermismo, o único acontecimento que merece citação antes de 1921 foi a rebelião dos sargentos de 1915. Mas merece apenas por ser a primeira que apresentou reivindicações próprias de grupo. A presença de políticos como Maurício de Lacerda instigando e utilizando o movimento para fins alheios aos interesses dos próprios sargentos e o completo fracasso do movimento, que não chegou sequer a irromper, reduziram a quase nada seu impacto político.

O segundo tenentismo

A relativa tranquilidade da política republicana e o esforço profissionalizante do Exército foram interrompidos em 1921 por nova questão militar deflagrada agora pelo episódio das cartas falsas atribuídas a Artur Bernardes.[61] Havia várias semelhanças com o conflito ocorrido ao final monarquia. Por motivos igualmente secundários, a corporação de novo se sentiu ferida em seus brios e exigiu reparação do poder civil. O sentimento de agravo foi acrescido pela presença no Ministério da Guerra do único civil que ocupou a pasta depois da queda do Império. Embora toda a corporação se sentisse atingida, os oficiais mais velhos se mostraram novamente dispostos à conciliação e à aceitação das explicações de Artur Bernardes. Mas um grupo de jovens oficiais decidiu levar o fato às últimas consequências e transformou Hermes em novo Deodoro. Hermes fora um "tenente" em 1889, mas pautara toda sua vida militar por estrito profissionalismo. Somente o ataque pessoal das cartas falsas e a força do conceito militar de pundonor podem explicar o fato de ele ter se deixado levar à aventura de liderar o movimento de 1922.[62]

Como em 1889, também em 1922 se rebelou apenas parcela do Exército: no Rio de Janeiro, a Escola Militar do Realengo e o Forte de Copacabana; em Mato Grosso, a guarnição local. Tanto o forte como a guarnição de Mato Grosso eram comandados por parentes de Hermes. A predominância de oficiais jovens em 1922 e nos movimentos subsequentes transparece no próprio nome por que ficaram conhecidos. Como ilustração, damos a seguir os postos dos oficiais condenados por participarem no movimento de 1922:

Aspirantes	2
Segundos-tenentes	9
Primeiros-tenentes	9
Capitães	7
Major	1
Tenente-coronel	1
Coronéis	3
General	1
TOTAL	33

O general era Clodoaldo da Fonseca, levado à rebelião em parte por solidariedade familiar. Com ele estavam dois coronéis e um tenente-coronel. Restavam apenas um coronel e um major como oficiais superiores. A reação às cartas falsas no 1º Regimento de Artilharia Montada foi assim comentada por João Alberto: "A oficialidade do regimento dividira-se. Contra o dr. Artur Bernardes declarava-se a quase totalidade dos tenentes e capitães. Tentavam os oficiais mais maduros dissuadi-los de uma atitude mais violenta, citando exemplos passados e aconselhando-lhes prudência".[63] Quase toda a liderança do tenentismo até 1930 proveio de oficiais envolvidos no movimento de 1922. Basta citar Joaquim e Juarez Távora, Siqueira Campos, Carlos Prestes, Eduardo Gomes, João Alberto, Nunes de Carvalho, Miguel Costa. A situação em 1929 permanecia semelhante à de 1922. De acordo com depoimento de Góis Monteiro que em 1929, como oficial do Estado-Maior, procedera a uma sindicância, "a fração de major para cima, em sua maioria, estaria ao lado do governo em caso de revolução; mas, de capitão para baixo, também em sua maioria, as simpatias se voltavam para os revolucionários".[64]

A tática dos tenentes consistiu em aliciar oficiais jovens, muitas vezes antigos colegas do Realengo, e conseguir, com a ajuda deles e, eventualmente, com o auxílio de sargentos, rebelar unidades isoladas. Depois era agir rapidamente e esperar o efeito bola de neve das adesões.[65] Para a obtenção de adesões era indispensável a presença de um oficial superior de prestígio à frente do movimento. Em 1889, foi Deodoro; em 1922, Hermes; em 1924, Isidoro; em 1930, Góis Monteiro. A posição política desse chefe era irrelevante. Isidoro foi escolhido por consulta ao *Almanaque do Exército* e, em 1930, a chefia chegou a ser oferecida a Leitão de Carvalho, talvez o mais firme adversário das posições tenentistas. O que importava era o prestígio profissional, capaz de arrastar os indecisos.

As adesões não se materializaram em 1922 e foram parciais em 1924 e 1930. A causa disso estava nas diferenças em relação à conjuntura de 1889. Em 1922, o Exército já era uma organização muito mais complexa e estruturada. As transformações já descritas tornavam muito mais difícil a ação agitadora dos novos tenentes. Tanto a força negativa da inércia como a positiva do movimento profissionalizante constituíam obstáculos muito mais poderosos do que os enfrentados pelos revoltosos de 1889. Em nenhum momento, nem mesmo em 1930, os rebeldes conseguiram o apoio da maioria do Exército. Em 1922, as adesões foram mínimas e o episódio é mais importante pelo mito que em torno dele se criou do que por seu peso real. Em 1924, envolveram-se apenas parcelas minoritárias das guarnições de São Paulo e Rio Grande do Sul. Em 1930, não houve adesões de regimentos inteiros nem mesmo no Rio Grande do Sul. Segundo Leitão de Carvalho, mais de trezentos oficiais, incluindo muitos tenentes, foram feitos, ou se declararam, prisioneiros por discordância com o movimento.[66] As unidades revolucionárias que vieram do Rio Grande do Sul eram recomposições de regimentos acrescidos de grande número de provisórios.

A conjuntura política também era distinta. Em que pesem os indícios de descontentamento, a República em 1922 não era um sistema indefeso como era o Império em 1889. Dispunha de forças de defesa tanto simbólicas como materiais, salientando-se entre as últimas as poderosas polícias militares. Para vencer em 1930, os tenentes tiveram de se aliar a forças e pessoas que tinham combatido de armas na mão. Depois de terem se envolvido na revolta de 1922 por puro *esprit de corps*, eles começaram a formular reivindicações que atendiam a interesses de forças novas surgidas na sociedade. Mas nem mesmo a adesão dessas forças bastava para derrubar o poder republicano. A política dos estados só foi derrotada por uma rebelião de estados, bem aproveitada pelos tenentes e seus simpatizantes dentro do Exército. A aliança entre o Rio Grande do Sul e parte do Exército, esboçada em 1910, repetiu-se em 1930 no campo de batalha e mostrou-se letal para o sistema de poder da Primeira República.

O movimento pacificador

Apesar de não ter merecido a atenção dos analistas, o chamado Movimento Pacificador, que em 1930 depôs Washington Luís, tem grande importância dentro das intervenções políticas do Exército. Foi a primeira tomada do poder pelos militares planejada e executada pelos altos escalões das duas forças. O coronel Bertholdo Klinger, nomeado chefe do Estado-Maior das Forças Pacificadoras, planejou o movimento como uma operação militar rotineira. O objetivo era tomar o poder para resolver o impasse entre legalistas e revolucionários, promovendo-se novas eleições. Segundo ele, "a trama devia ser feita não por baixo, isto é, direta e inicialmente no seio dos corpos de tropa, mas por cima, isto é, entre os chefes".[67] Na intimação ao presidente, por ele redigida, afirmava-se que o uso das Forças Armadas para solucionar conflitos políticos, prática constante dos governos da República, só tinha produzido lutas e ruínas. Chegara o momento de "entregar os destinos do Brasil aos generais de terra e mar".[68]

A guarnição do Rio de Janeiro, com 26% do total do contingente do Exército, tinha peso decisivo. A vitória militar da revolução ainda era duvidosa, embora os revoltosos já controlassem a maioria dos estados. As guarnições da capital, estado do Rio e São Paulo, que em 1920 formavam 40% dos efetivos do Exército, não tinham aderido ao movimento. Também não o fizera a Marinha. A solução do impasse militar estava assim nas mãos da guarnição da capital. As opções em jogo eram a resistência armada, a adesão aos revoltosos ou a tentativa de mediação.

A primeira não parece ter estado nos planos de ninguém. A segunda era a preferida de vários oficiais envolvidos no Movimento Pacificador. A terceira era a planejada por Klinger. Os membros da Junta, o general Tasso Fragoso, presidente, o general Mena Barreto e o contra-almirante Isaías de Noronha resolveram, sob a influência do primeiro, adotar posição diversa da de Klinger e passar o governo ao chefe das forças revoltosas.

Embora a ideia de Klinger de um Exército agindo como força independente, acima dos grupos políticos, tivesse fracassado, o movimento representou algo de novo. O próprio Tasso Fragoso, ao decidir-se a participar da Junta, se perguntava: "Se a ação pacificadora fosse conduzida por nós, generais, não seria mais fácil conservar a disciplina da tropa, manter a ordem social, coibir os abusos e evitar as vinditas pessoais?". E achava justificável a derrubada do governo porque a força armada não é servidora dele, mas da nação.[69] O Movimento Pacificador foi o primeiro ensaio de um Exército mais poderoso e organizado no sentido de atuar com maior independência no cenário político. A solidez hierárquica seria o pré-requisito para a nova orientação e sua consequência seria o conservadorismo social das intervenções.

As intervenções da Marinha

A Marinha possuía uma estrutura política interna dualista, oficiais de um lado, praças do outro. Além disso, estava em constante atrito com o Exército por rivalidades profissionais e competição por maior participação nos benefícios do poder. Em torno dessas duas características giraram suas principais revoltas.

Por suas características organizacionais, recrutamento aristocrático dos oficiais, isolamento e treinamento mais profissional, a Marinha era uma força menos sensível a pressões políticas e menos hostil às elites políticas civis. Suas intervenções se resumiram à disputa com o Exército pelo predomínio político nos primeiros anos da República (1891, 1892, 1893) e à revolta dos marinheiros, em 1910. A revolta de 1º de março, em 1891, e as de Hercolino Cascardo e Protógenes Guimarães, em 1924, foram de pouca consequência.

Não tendo participado da conspiração nem recebido bem a proclamação da República, a Marinha foi menos aquinhoada que o Exército depois da vitória, razão de descontentamento entre seus chefes. Já em 1891, o almirante Custódio de Melo preparou o apoio da armada a Prudente de Morais, caso fosse eleito, ao mesmo tempo que o Exército ameaçava dissolver o Congresso, caso se desse a eleição. O mesmo Custódio queixou-se de Floriano Peixoto por favorecimento ao Exército em detrimento da Marinha.[70] Um simples exame das diferenças nos aumentos de salários demonstra o tratamento desigual recebido pelas duas forças (Quadro 14).

Quadro 14
Aumentos de salários dos militares entre 1889 e 1895 (em mil-réis)

	EXÉRCITO	
Posto	1889	1895
Tenente-general	7:131$	15:739$
Coronel	3:297$	7:987$
Primeiro-tenente	1:325$	2:710$
Primeiro-sargento	292$	365$
Soldado	43$800	91$250
	MARINHA	
Posto	1889	1895
Almirante	6:000$	9:000$
Capitão de mar e guerra	2:480$	3:720$
Primeiro-tenente	1:240$	2:160$
Primeiro-sargento	240$	360$
Grumete	60$	90$

Fonte: Balanços da receita e despesa para os respectivos anos.

A média de aumento dos oficiais do Exército foi de 124,9%, e a de praças, 35,8%, ao passo que, na Marinha, os aumentos respectivos foram de 53% e 50%. As dotações orçamentárias das duas forças também sofreram alterações substanciais em favor do Exército. Havia, além disso, as discriminações mencionadas por Custódio referentes a nomeações para cargos públicos, ajudas de custo etc.

A Marinha pagou caro por seus protestos. A revolta de 1893 resultou em derrota total. Sua liderança foi dizimada, seu poderio reduzido pela perda de navios e pela redução dos efetivos. Somente no governo Rodrigues Alves (1902-6) se começou a pensar em sua reorganização, certamente com a finalidade implícita de usá-la como contrapeso ao Exército. No quadriênio seguinte, o ministro Alexandrino de Alencar inaugurou a política de "rumo ao mar" e foram encomendadas 28 novas unidades, incluindo os grandes couraçados *Minas Gerais* e *São Paulo*. Em 1910, chegaram várias das novas unidades. Por ironia, o que deveria significar a plena recuperação da Marinha resultou em um novo golpe que a feriu profundamente: a rebelião de 1910.

A rebelião dos marinheiros deveu-se a problemas internos à organização. As possíveis ligações com elementos civis, representados pelo oficial e deputado José Carlos de Carvalho, tiveram pequena importância. O problema central era o relacionamento entre oficiais e praças. Já na rebelião de 1º de março, aflorara o problema, mas ele agora explodiria em grandes proporções. A chibata era quase uma consequência necessária da diferença existente entre o recrutamento de praças e oficiais. O comandante do *Minas Gerais*, morto durante a revolta, era contra o castigo e o abolira ao assumir o comando da belonave na Inglaterra. Mas o aumento de crimes entre a guarnição levou-o a restabelecê-lo.[71]

Várias condições permitiram a eclosão do movimento. As guarnições tinham agora em mãos as poderosas unidades. A falta de adaptação da Marinha à era industrial deixava o controle das máquinas, fundamental nas modernas belonaves, nas mãos de marinheiros maquinistas. O controle era ainda maior devido à redução do quadro dos segundos-tenentes. Além disso, o contato da guarnição com focos de agitação operária durante sua permanência no exterior forneceu-lhe instrumentos ideológicos e táticos para planejar e executar a rebelião.

Mas o radicalismo e a consistência do movimento não eram grandes. Na revolta subsequente do Batalhão Naval, João Cândido não só se negou a aderir como combateu ao lado do governo. É sintomático que o melhor argumento que os fuzileiros encontraram para tentar convencer João Cândido a aderir foi o de que tropas do Exército pretendiam atacar e ocupar os navios. De qualquer modo, a Marinha sofreu novo baque e teve seus efetivos reduzidos. A anistia dada aos revoltosos humilhou profundamente os oficiais, que se retraíram novamente amargurados com a posição do governo.

Até o fim da República, a Marinha praticamente desapareceu da política. As rebeliões de Protógenes Guimarães e Hercolino Cascardo foram pálidas repercussões do tenentismo. A atenção que ainda era concedida à Marinha pelos governos se devia à tática de usá-la como contrapeso do Exército. Calógeras referiu-se em 1918 à "teoria da Marinha bate-pau policial, a querer impor a paz a um exército de turbulentos, a quem se acusava caluniosamente de conspirador".[72] Mas já no Movimento Pacificador os almirantes apareceram ao lado dos generais. Não podendo disputar o poder ao Exército, a Marinha se aliava a ele. Tal aliança seria facilitada daí em diante pelo maior conservadorismo assumido pelas intervenções do Exército.

O poder político das Forças Armadas

O grau de envolvimento político dos militares e de sua participação no poder pode ser medido ainda por outros indicadores.

O mais óbvio deles é a ocupação de cargos políticos e administrativos por militares. A ocupação de pastas ministeriais por militares é indicada no Quadro 15.

Quadro 15
Porcentagem de ministros militares, 1871-1930 (ministros efetivos)

1871-89	1889-94	1894-1910	1910-8	1918-30
6,06	35,00	40,00	41,66	21,21
(N = 66)	(N = 40)	(N = 50)	(N = 24)	(N = 33)

Fontes: Barão de Javari, *Organizações e programas ministeriais*. Rio de Janeiro: Imprensa Nacional, 1889; Dunshee de Abranches, op. cit. "N" representa o número total de ministros em cada período.

Houve grande salto entre o Império e a República. Mas quase toda a diferença foi devida ao fato de que as pastas militares passaram a ser ocupadas por militares, o que nem sempre acontecia no Império. Duas pastas, dentre seis ou sete, já constituíam cerca de 30% do total. A única exceção deu-se no governo Epitácio, quando o presidente colocou civis à frente das pastas do Exército e da Marinha. Essas nomeações reduziram a participação de militares no último período. Raramente, mesmo na República, militares ocuparam pastas civis. A mudança, no entanto, foi significativa.

A participação de militares no Congresso Federal é mostrada no Quadro 16.

Quadro 16
Militares congressistas, 1886-1917 (%)

Deputados			Senadores		
1886	1890	1917	1889	1890	1917
1,60	19,03	5,18	3,17	17,58	12,59
(N = 125)	(N = 205)	(N = 212)	(N = 63)	(N = 74)	(N = 63)

Fontes: Javari, op. cit.; Abranches, op. cit. Para 1917, Tobias Monteiro, *Funcionários e doutores*. 2. ed. Rio de Janeiro: Livraria Francisco Alves, 1919, p. 37.

Fica novamente claro o contraste entre Império e República. Praticamente ausentes do Congresso ao final da monarquia, os militares compunham quase 20% do primeiro Congresso republicano. Mas já em 1917 essa porcentagem se achava muito reduzida na Câmara, embora nem tanto no Senado. Ao final da Primeira República, a redução era ainda maior. Seria engano interpretar a diminuição como decréscimo do poder político dos militares. Ela significava antes o afastamento da política partidária que reduzia a influência individual dos militares, mas beneficiava a unidade da corporação. As intervenções militares na Primeira República quase sempre incluíam algum militar que era deputado ou senador. Ao levar a política partidária para dentro da organização, esses oficiais contribuíam para os movimentos isolados que quase sempre envolviam oficiais de escalões inferiores, com prejuízo para a hierarquia e, consequentemente, para a corporação. O progressivo afastamento dos militares de cargos eletivos só veio beneficiar a corporação, apesar de indicar também maior institucionalização do sistema político.

Um indicador mais seguro de influência no governo é a ocupação, por militares, de cargos administrativos. Mas os dados aqui são precários. O número desses militares parece ter sido alto no começo da República. Segundo uma fonte, em 1893 havia 174 oficiais exercendo cargos públicos.[73] Mas seria necessária uma especificação dos cargos para se ter ideia mais exata de seu peso político, apesar de ser um número muito alto.

Outra indicação é o aumento de salários havido no início da República. O Quadro 17 amplia as informações do Quadro 14.

Quadro 17
Aumentos de salários entre 1889 e 1895 (em %)

Exército	122,5
Marinha	53,0
Funcionalismo civil	11,4
Professores	17,6

Fontes: Como no Quadro 14. Para funcionários civis, tomamos os seguintes cargos do Ministério do Império, depois da Justiça e Negócios Interiores: diretor-geral, primeiro oficial, amanuense, contínuo. Para professores, os catedráticos das Escolas de direito, medicina, de Minas e lentes do Pedro II.

Foi gritante a diferença nos aumentos salariais no início da República. Mesmo discriminada em relação ao Exército, a Marinha ainda foi muito mais beneficiada do que a administração civil. A participação orçamentária dos ministérios militares é indicada no Quadro 18.

Quadro 18
Gastos militares, 1880-1930 (% do orçamento nacional)

Ano	Exército	Marinha	Total
1880-1	9,82	8,10	17,92
1889	10,39	7,85	18,24
1895	23,32	8,80	32,12
1910*	ouro: 2,65 papel: 14,58	12,61 8,43	15,26 23,01
1925	17,44	5,80	23,24
1930	12,27	7,34	19,61

Fonte: Balanços da receita e despesa, para os respectivos anos.
* O Balanço não fornece a taxa de conversão de ouro para este ano.

Os dados mostram uma duplicação da participação dos gastos militares no orçamento no início da República (a guerra federalista ainda deve ter pesado no orçamento de 1895). Mas ao final da Primeira República voltou-se a níveis comparáveis aos do final do Império. Em termos absolutos, os gastos militares passaram de 31 mil contos em 1889 para 483 mil contos em 1930. Note-se ainda a diferença nas dotações do Exército e da Marinha. Durante os últimos anos do Império, as duas corporações tinham dotações quase iguais, com pequena diferença em favor do Exército. A República modificou definitivamente essa divisão. A dotação da Marinha passou a girar em torno de 50% da do Exército, subindo um pouco apenas em torno de 1910 devido aos gastos com as compras das novas unidades. De 1889 a 1930, a participação relativa da Marinha permaneceu a mesma, ao passo que a do Exército duplicou. O grande responsável pela diferença foi o aumento muito maior dos efetivos do Exército em relação aos da Marinha, uma vez que os gastos com pessoal absorviam quase toda a verba orçamentária. Em 1916, por exemplo, o Exército gastava 93% de seu orçamento com pessoal, e a Marinha, 89%.[74] As diferenças, em parte consequências dos desastres militares sofridos pela Marinha, contribuíram para torná-la um ator político secundário em comparação com o Exército.

Finalmente, o maior obstáculo à expansão do poder das Forças Armadas durante a Primeira República foram as polícias militares estaduais. Se os efetivos do Exército eram reduzidos durante o Império, a ausência de autonomia provincial impedia também o desenvolvimento das polícias. As províncias não tinham uma "política exterior" em relação à União e às outras províncias, não necessitando por isso de forças militares para apoiar essa política. A tarefa de policiamento da população era local (municipal) e exercida, em grande parte, pela Guarda Nacional. Esta, por sua vez, apesar de seus imensos efetivos, possuía escassa eficácia bélica e constituía um obstáculo ao crescimento do Exército apenas por impedir um recrutamento maior e melhor. Era outra a situação das polícias republicanas. Logo depois da proclamação do novo regime, os presidentes dos estados, sobretudo os dos mais poderosos, trataram de se proteger de intervenções criando pequenos exércitos, alguns deles mais equipados do que o próprio Exército nacional. A polícia de São Paulo contratou a Missão Francesa antes que o Exército o fizesse, e dispunha de aviação militar. O Quadro 19 dá a evolução dos efetivos das polícias militares no período, comparando-a com a do Exército.

Quadro 19
Efetivos das polícias militares e do Exército, 1889-1933
(números absolutos)

Províncias/Estados	1889 Polícia	1889 Exército	1920 Polícia	1920 Exército	1933 Polícia
AM	197	217	347	394	—
AL	294	81	1064	428	561
BA	779	712	3019	1545	2376
CE	315	617	858	657	568
Corte/DF	1096	1839	3987	11236	5248
ES	85	54	289	703	951
GO	93	437	483	222	559
MA	332	282	399	756	447
MT	37	1296	734	1116	220
MG	1230	113	2874	3787	7494
PA	447	420	827	1418	217
PB	254	137	1061	409	981
PN	124	532	670	2581	1269
PE	908	651	1402	706	2415
PI	152	100	371	514	520
RJ	690	—	694	2241	1143
RN	147	87	535	170	366
RS	780	3658	2052	9304	4404
SC	132	79	589	727	703
SP	1424	386	7538	3675	6806
SE	376	77	422	254	697
Acre	—	—	347	79	268
BRASIL	9892	11775	30562	42922	38213

Fontes: Para a polícia, Relatórios do Ministério da Justiça de 1889 e 1880, Censo de 1920 e *Anuário estatístico* de 1936. Para o Exército, Relatório de 1888, Censo de 1920 e *Anuário* de 1936. Os efetivos policiais de Goiás, Pernambuco, Rio de Janeiro e Rio Grande do Sul para 1889 são de 1880. Não há informação para os efetivos do Exército no Rio de Janeiro em 1889 e da polícia no Amazonas em 1933.

Os dados devem ser analisados em combinação com os do Quadro 9. Vê-se que os efetivos policiais cresceram paralelamente aos do Exército. Em 1920, as guarnições policiais já superavam as do Exército em metade dos estados, inclusive Bahia, Pernambuco, São Paulo e, em 1930, certamente, Minas Gerais. Apesar da clara tentativa de localizar mais tropas nesses estados, o Exército estava longe de ter seu controle, como bem demonstraram os acontecimentos de 1930 em Minas Gerais. Acrescen-se o fato de que as polícias estaduais, com a única exceção do comandante da polícia paulista, Miguel Costa, eram leais aos respectivos presidentes. O fato favoreceu a vitória dos tenentes em 1930, mas gerou uma aliança incômoda. Um dos pontos do programa de reforma dos tenentes era exatamente reduzir a excessiva influência dos estados na política nacional, e as polícias eram um dos grandes sustentáculos dessa influência. Para o Exército como um todo, o problema era ainda maior. Não era viável executar qualquer política de defesa nacional, concebida nos termos amplos dos reformadores, quando as Forças Armadas não tinham sequer o controle militar interno. Nem mesmo o papel previsto para o Exército na política interna por Klinger e por Góis poderia ser exercido sem o controle das polícias. Esse foi o grande problema militar legado pela Primeira República e que só mais tarde seria resolvido, quando profundas transformações foram introduzidas no próprio sistema federal.

Conclusão

Resumamos a evolução das Forças Armadas e de seu papel político durante a Primeira República.

Em primeiro lugar, o período caracterizou-se pela intensa luta do Exército para se tornar organização nacional capaz de efetivamente planejar e executar uma política de defesa em seu sentido amplo. A luta teve vários momentos e dimensões.

O ponto crucial foi a introdução do alistamento universal e do sorteio, com a subsequente eliminação da Guarda Nacional. O controle semiprivado da força armada foi eliminado. Em contrapartida, surgiu novo inimigo, de origens semelhantes ao primeiro, nas polícias militares, controladas pelas oligarquias estaduais. A superação do novo obstáculo não foi conseguida no período.

Outros aspectos importantes da transformação do Exército foram o crescimento rápido dos efetivos, sua distribuição mais estratégica no território nacional, o treinamento mais profissional de oficiais e praças, a melhor estruturação interna, a centralização do processo decisório e a formulação mais clara dos objetivos da organização.

Em segundo lugar, observa-se que as transformações organizacionais se deram em meio ao envolvimento político dos militares, havendo influência mútua entre os dois fenômenos. Se a primeira intervenção, em 1889, gerou aumento substancial no poder político das Forças Armadas, o mesmo não se pode dizer dos movimentos seguintes. À medida que esses cindiam internamente as duas forças, ou lançavam uma contra a outra, enfraqueciam-nas e facilitavam seu uso político pelas elites civis. O fortalecimento interno das Forças Armadas exigia o fim de movimentos intervencionistas isolados e destruidores da hierarquia.

Em terceiro lugar, a passagem da fase da política na organização para a de política da organização, já esboçada no final do período, iria implicar mudança importante na natureza das intervenções. A primeira fase era quase sempre social e politicamente reformista. Seus principais veículos eram os jovens oficiais, cuja origem social, treinamento e posição na organização os colocava em situação favorável para iniciar ou apoiar movimentos contestatórios, seja contra o sistema imperial, seja contra a política dos estados. A predominância desses movimentos no Exército, acrescida dos movimentos de praças e dos conflitos entre Exército e Marinha, deu à atuação política das Forças Armadas na Primeira República um caráter desestabilizador. A política que mais tarde seria chamada de moderadora foi preparada durante o período e ensaiada no Movimento Pacificador, mas só seria realizada posteriormente.[75]

Em quarto lugar, o crescimento da urbanização e da industrialização no período tendia a reduzir a influência política e econômica das oligarquias rurais e forneceu importantes aliados para as Forças Armadas. Dessa transformação se beneficiaram tenentes, turcos e moderadores. Apesar das divergências entre eles, todos concordavam com as ideias centralizadoras que eram antirrurais e antiestados.

Expressão da concordância de interesses entre militares e grupos econômicos pelo menos parcialmente urbanos são as ligas que se criaram a partir de 1916. A primeira delas, desse ano, foi a Liga de Defesa Nacional. Entre seus membros estavam representantes "de todas as classes produtoras e defensoras do país", e seus objetivos incluíam "propagar a instrução primária, profissional, militar e cívica; defender, com a disciplina, o trabalho".[76] No ano seguinte surgiu em São Paulo a Liga Nacionalista, de que participavam membros da burguesia paulista, e que combinava em seu programa e em suas declarações temas que iam da defesa nacional à organização do trabalho, entendendo-se por esta última o combate às agitações operárias.[77] Em 1927, foi criado o Conselho de Defesa Nacional, que enfatizava as dimensões econômicas e industriais da defesa. Um pouco mais tarde, em 1937, surgiu a Defesa Social Brasileira, de finalidade anticomunista, formada por militares e "figuras mais destacadas da magistratura, do funcionalismo, do jornalismo, das classes liberais, do comércio e da indústria".[78]

O turco Leitão de Carvalho, defensor da nova política de defesa nacional, participou de quase todas essas associações.

Embora faltem estudos mais profundos sobre sua composição e seus programas, parece evidente que pela primeira vez militares se uniam a representantes de grupos econômicos na promoção e defesa de interesses comuns. Tal comunidade de interesses é clara na preocupação com o desenvolvimento de indústrias de base fundamentais para a defesa nacional. Já em 1916, os turcos defendiam a implantação da indústria nacional do aço e, durante o Estado Novo, o Exército esteve presente na luta pela criação da Companhia Siderúrgica Nacional e do Conselho Nacional do Petróleo.[79] O velho divórcio entre Forças Armadas e as elites civis derivadas do mundo agrário desaparecia em favor de uma aliança com a burguesia industrial emergente e com a tecnocracia estatal.

O último ponto serve para ilustrar a importância dos fatores organizacionais para a análise política do comportamento militar. Se, a partir da verificação do surgimento de certa coincidência de interesses de grupos militares e grupos econômicos, concluíssemos que a mudança no comportamento dos primeiros foi devida ao impacto dos últimos, estaríamos caindo em um erro de interpretação. A coincidência, acompanhada da aliança política, se deu e é de grande importância. Mas o impulso para a mudança no conceito de defesa nacional e, portanto, no papel das Forças Armadas, veio de dentro da organização militar, no sentido de que se prendia sobretudo a razões de defesa. A origem militar da mudança teve importantes consequências para a natureza da aliança estabelecida e para a força relativa do elemento militar no jogo político subsequente. Para dar um exemplo histórico, fez enorme diferença política o fato de que as reformas militares introduzidas na França pela revolução foram implantadas na Prússia pelo próprio Exército a partir de necessidades de defesa.[80]

Mais concretamente, as ideias de soldado-cidadão e de recrutamento universal, por exemplo, tiveram origem na revolução burguesa de 1789. Mas na França elas correspondiam a tentativas de democratização do Exército, promovidas de fora para dentro, no sentido de subtraí-lo ao controle da nobreza. No Brasil, elas partiram de dentro do próprio Exército e foram dirigidas contra o que se poderia chamar de "nobreza" local, isto é, as elites civis de base agrária. Aqui, a ideia de soldado-cidadão se destinava a promover a abertura da sociedade ao Exército e não vice-versa, como na França.

Igualmente, a adoção da ideologia positivista pelos militares intervencionistas poderia ser vista como indicadora de tendências burguesas. Mas, se na própria Europa o positivismo deu origem a posições políticas variadas, aqui os militares dele extraíram sobretudo teses que lhes interessavam na luta pelo poder, como a ideia da ditadura republicana. Em nenhum momento os positivistas militares explicitaram teoricamente qualquer tipo de aliança com grupos externos à organização. Se alguma aliança concreta houve por parte dos positivistas do primeiro tenentismo, foi com grupos populares, ou mesmo anarquistas, como se deu durante o florianismo e a revolta contra a vacinação obrigatória de 1904.[81] O entendimento de Floriano com os grupos oligárquicos paulistas se deveu mais a razões políticas do que econômicas, sociais ou ideológicas.

Não seria difícil multiplicar os exemplos. Bastam esses e toda a exposição anterior para ilustrar nosso ponto. Poder-se-ia, talvez, dizer que a precariedade do desenvolvimento de uma sociedade de mercado no Brasil, com a consequente ambiguidade no comportamento político de grupos e classes envolvidos, favoreceu, e talvez ainda favoreça, o impacto de fatores organizacionais no papel político das Forças Armadas.

3.
Forças Armadas e política: 1930-45[1]

O Exército é a vanguarda do povo.
Um cadete, 1931

[...] a essência do regime envolve o conceito de militarização do Estado [...] e o Exército [...] coexiste com a própria estrutura do Estado, de que constitui o elemento dinâmico de afirmação e defesa.
Azevedo Amaral, 1940[2]

Introdução

Com a inauguração da Segunda República, em outubro de 1930, as Forças Armadas, particularmente o Exército,[3] se viram instaladas no centro do poder nacional de maneira muito mais decisiva do que no início da Primeira. O conflito entre os estados mais poderosos e a derrota do mais poderoso deles, São Paulo, abriram espaço para que o setor militar da burocracia estatal conquistasse afinal a parcela de poder que não conseguira na última década do século XIX e pela qual lutara, às vezes de armas na mão, ao longo do regime que acabara de cair.[4]

A consolidação do poder militar, no entanto, e a definição do conteúdo de sua ação política exigiriam ainda um longo esforço e o choque entre correntes antagônicas dentro e fora da organização. Isso por várias razões. A primeira delas é que a revolução não fora resultado de consenso dentro das Forças Armadas. Pelo contrário. Embora não tenha sido ainda feito um estudo mais cuidadoso sobre seus aspectos militares, é fora de dúvida que a maior parte do êxito do movimento se deveu à ação dos dois grandes estados envolvidos, Minas Gerais e Rio Grande do Sul, que contavam com suas poderosas polícias militares, tão antagonizadas pelas forças federais, e à participação popular, que foi significativa no Rio Grande do Sul.

A Marinha praticamente ignorou o movimento: "Raríssimos foram os seus elementos que conheceram o que se passava nos meios em que se preparava a revolução", reconheceu o próprio ministro em 1932.[5] Participaram apenas alguns oficiais remanescentes da revolta de 1924. Quanto ao Exército, pode-se dizer que a maioria dos oficiais não aderiu ou, se o fez, foi quando já não havia condições de resistência. No Rio Grande do Sul, mais de trezentos oficiais se entregaram presos e nenhuma guarnição aderiu em bloco. Em Minas, todas as guarnições resistiram no primeiro momento, salientando-se a luta do 12º RI na capital do estado, que se estendeu até o dia 8 de outubro. Até a iniciativa do Movimento Pacificador, a 1ª, 2ª e 6ª Regiões Militares (com sedes no Rio de Janeiro, São Paulo e Salvador, respectivamente) mantinham-se leais ao governo. Em 24 de outubro, as forças em luta ainda se equivaliam em termos militares. A adesão da guarnição do Rio de Janeiro, sob a liderança do comando do Exército, foi antes fruto de uma falta de disposição geral para a resistência do que de derrota militar. Ela se deveu a uma tentativa de evitar os possíveis exageros da facção minoritária do Exército que vinha comandando as tropas rebeldes.[6]

A segunda razão é que a minoria rebelde era composta principalmente de oficiais subalternos, muitos deles remanescentes das revoltas da década de 1920, cuja reintegração e rápida promoção iriam perturbar profundamente a hierarquia e o sistema de promoções do Exército. A Marinha seria poupada desse trauma por ter poucos oficiais a reabsorver.

Finalmente, um fato pouco conhecido: um exame cuidadoso dos levantes nas várias unidades mostra com clareza o papel muito importante dos sargentos em todos eles. O papel dos oficiais subalternos tem sido excessivamente exagerado, como parte da mitologia criada em torno do tenentismo. Tanto no Sul como no Nordeste, os tenentes pouco teriam conseguido sem o apoio dos sargentos, os verdadeiros detentores do controle da tropa. Inúmeros deles foram comissionados em segundos-tenentes e comandaram pelotões na marcha das tropas rebeldes.[7] O fato gerou novo problema para os revolucionários. Negligenciados depois da vitória, frustrados e insatisfeitos, os sargentos e as demais praças se transformaram em base de apoio para outras revoltas ou se rebelaram eles mesmos.

O Exército que emergiu da revolução era uma organização fragmentada que teve dificuldade em sobreviver no ambiente quase caótico que se seguiu. A divisão interna era agravada pelo conflito externo, que vinha de longa data, entre militares e lideranças civis, sobretudo as dos grandes estados. A rivalidade tinha sido esquecida durante a luta, mas ressurgiu logo depois. O receio do militarismo atingiu até mesmo os líderes civis mais próximos dos tenentes, como Osvaldo Aranha, sem falar da elite paulista, que jamais conviveria em paz com os militares vencedores. A situação gaúcha também não aceitou o tenentismo e evoluiu na direção de uma aberta colisão com o Exército.

Em meio a esses conflitos, ganhou força um projeto hegemônico de um setor do Exército, que já vinha se desenvolvendo fazia algum tempo. Depois de derrotar propostas alternativas, o projeto se tornou vitorioso com o golpe de 1937, mais precisamente com a derrota do levante integralista de 1938. O projeto incluía mudanças na estrutura interna da organização militar, nas relações da organização com o Estado e a sociedade, e na sociedade em geral. Examinaremos aqui suas várias dimensões e buscaremos seu sentido para o sistema político como um todo. Não nos preocuparemos com a reconstituição fatual, já satisfatoriamente realizada.[8]

As forças fragmentadas

O estado de indisciplina que tomou conta do Exército depois da vitória pode ser demonstrado pela simples listagem das revoltas, levantes, conspirações, agitações, protestos coletivos, ou até mesmo greves, que marcaram o período. O levantamento pode também nos dar uma ideia do conteúdo das várias correntes que disputavam o predomínio dentro da organização militar, como demonstra o Quadro 1.

O quadro deve ser lido com certos cuidados. Nem sempre foi fácil distinguir claramente a natureza dos movimentos e apontar com segurança seus agentes. Muitas das informações foram obtidas em correspondências e relatos pessoais que deixam a desejar quanto à precisão e confiabilidade. No que se refere aos participantes, por exemplo, raramente um movimento se limitava a apenas um escalão hierárquico. A distinção só era mais nítida quando eles pertenciam aos extremos da hierarquia, sargentos ou generais. Na maioria dos casos, havia envolvimento de mais de um escalão. Mas quase sempre predominava um deles na iniciativa e liderança. Por essa razão, e por ser a informação relevante, mantivemos a classificação, indicando uma participação mista quando não foi possível estabelecer qualquer supremacia. Quanto ao tipo de movimento, a classificação também não pôde evitar algum arbítrio. Mas ela nos pareceu importante para sugerir a maior ou menor intensidade e gravidade da ação.

O quadro é eloquente. As queixas generalizadas de indisciplina e de caos na organização militar correspondiam à realidade dos fatos. E a realidade era ainda mais grave do que a que nos é revelada no quadro, pois este não inclui grande número de pequenas indisciplinas, protestos individuais, atritos dentro das unidades, nem manifestações de militares de caráter político-partidário como as que se davam dentro do Clube 3 de Outubro ou das várias legiões revolucionárias. Excluímos também a Revolução de 1932. Note-se ainda que, dos 94 movimentos computados, apenas dezenove não partiram do Exército: seis são de militares das forças públicas estaduais e treze da Marinha. Só este último ponto já mereceria uma análise especial, pois indica grande diferença no comportamento político dos três tipos de corporação militar.

Quadro 1
Movimentos militares, 1930-45

Participação principal	Out. 1930-4				1935-9				1940-5				Total geral			
	Ag.	Pr.	Rev.	Tot.	Ag.	Pr.	Rev.	Tot.	Ag.	Pr.	Rev.	Tot.	Ag.	Pr	Rev.	Tot.
Generais	5	4	—	9	2	4	—	6	2	—	—	2	9	8	—	17
Outros oficiais	10	3	2	15	5	2	4	11	2	—	—	2	17	5	6	28
Praças	14	1	5	20	8	3	2	13	1	—	—	1	23	4	7	34
Mista	3	—	3	6	8	—	—	8	1	—	—	1	12	—	3	15
TOTAL	32	8	10	50	23	9	6	38	6	—	—	6	61	17	16	94

Ag. = agitação; Pr. = protesto; Rev. = revolta; Tot. = total
Agitação inclui conspirações. Revolta inclui casos de motim. Uma greve de cadetes em 1934 foi classificada como protesto de oficiais.
Fonte: "Forças Armadas e política: 1930-1945". In: *A Revolução de 1930. Seminário internacional.* Brasília: UnB, 1982, pp. 151-79.

Há uma clara dinâmica temporal nos movimentos. A partir de uma média de nove por ano nos dois primeiros períodos, verifica-se uma queda brusca para apenas um na fase final. A queda teve início em 1937 e acelerou-se a partir de 1939, indicando com nitidez a vitória de uma facção sobre as demais. A facção vitoriosa impusera seu controle sobre a organização, fazendo desse controle a base de sustentação do regime autoritário.

A visão comum, tenentista, do período fica também bastante alterada pelo número substancial de movimentos de oficiais-generais e, sobretudo, de praças. Os movimentos de generais são quase sempre conspirações visando a golpes políticos, ou protestos contra golpes dados por outros generais. Os movimentos de praças eram na maioria conspirações revoltosas ou revoltas levadas a efeito. Analisemos os movimentos com um pouco mais de atenção.

Conspirações de generais

Como a promoção de generais era atribuição do presidente da República, este tinha nas mãos um poderoso instrumento para punir ou premiar oficiais superiores. A promoção não significava prêmio do mérito, era recompensa pela lealdade política. A disputa pelo posto fazia-se então em torno da busca de apadrinhamento. Com a subida do Exército ao centro do poder, e com a quebra geral do princípio da disciplina, a disputa acirrou-se e adquiriu nova conotação. Muitos generais passaram a se ver como candidatos naturais à presidência da República ou aos postos de maior influência na organização, como o de ministério da Guerra e o de chefe do Estado-Maior. A instabilidade política geral complicava a disputa, pois permitia a vinculação de disputas pessoais, ou mesmo organizacionais, a causas mais amplas que envolviam políticos civis. Neste último caso estavam a Revolução de 1932 e a luta pela eliminação de Flores da Cunha em 1937.

Eram frequentes as acusações mútuas entre generais, ou de civis contra generais, referentes a conspirações para a tomada do poder. Foram envolvidos em tais acusações os generais Leite de Castro, Góis Monteiro, Valdomiro Lima, Eurico Dutra, Lúcio Esteves, Daltro Filho, Constâncio Deschamps Cavalcanti, Manuel Rabelo, Guedes da Fontoura, Pantaleão Teles, Álvaro Guilherme Mariante. As conspirações de generais intensificavam-se por ocasião de eleições presidenciais, como em 1934 e 1937. Falou-se também abertamente de uma conspiração de generais em 1935, quando o Congresso hesitava em votar o aumento de vencimentos dos militares. Em todas essas ocasiões tramava-se a tomada do poder com base em um golpe da cúpula militar. Na maioria dos casos, as circunstâncias políticas externas à organização não favoreciam os conspiradores. Conseguiram êxito apenas em 1937 e 1945, em torno do presidente no primeiro caso, contra ele no segundo.

As manifestações de generais denunciavam a precariedade da disciplina da organização e também a fragilidade do sistema de poder em gestação. Quebrado o antigo esquema de lealdade que prendia os generais aos presidentes, somente a criação de novas lideranças hierárquicas poderia evitar os frequentes pronunciamentos. Uma das principais preocupações dos vencedores de 1930 foi criar essas lideranças. A maneira do o fazer era promover a rápida substituição da cúpula militar do velho regime.

Rebeliões de praças

Os conflitos que envolviam as praças, sobretudo os sargentos, eram menos visíveis, porém mais graves do ponto de vista da organização. A história dos sargentos ainda não foi escrita e não será aqui que vamos sanar essa lacuna. É certo, no entanto, que a história militar de 1889 a 1945 e as análises feitas até aqui, incluindo as nossas, padecem de forte viés em favor do oficialato. Além de intensa participação na própria Revolução de 1930, os sargentos se salientaram em 1932 e em todas as revoltas lideradas por oficiais subalternos, particularmente as de 1935. Mais ainda, os sargentos, às vezes cabos e soldados, levaram adiante movimentos próprios que despertavam reação violenta por parte dos oficiais, inclusive dos tenentes reformistas. Ao contrário dos generais, os movimentos típicos de sargentos eram as rebeliões de quartéis, frequentemente violentas, com demandas às vezes radicais, embora pouco articuladas. Vejamos alguns exemplos.

Em junho de 1931, rebelou-se o 25º BC de Teresina, sob o comando de cabos e soldados e alguns sargentos. Os rebelados depuseram o interventor Landri Sales e o substituíram por um cabo. Foram dominados com o auxílio da força pública. Meses depois, em outubro de 1931, revoltou-se o 21º BC do Recife, sob a liderança de sargentos e com a participação de operários. Os oficiais foram presos, o comandante e um tenente foram mortos, houve centenas de feridos, os revoltosos ocuparam os bairros de Boa Vista e Soledade. A reação das autoridades foi violenta, sob o comando do interventor Lima Cavalcanti, auxiliado por seu chefe de polícia, tenente Bizarria Mamede. Alguns tenentes interventores, como Juraci Magalhães, da Bahia, Carneiro de Mendonça, do Ceará, Hercolino Cascardo, do Rio Grande do Norte, prometeram ajuda na repressão. Outros, como os interventores da Paraíba, onde Ernesto Geisel comandava o 22º BC, e de Alagoas, efetivamente ajudaram. Meses depois, um tenente fez um relatório a Getúlio Vargas sobre a situação dos revoltosos presos no Recife, reconhecendo o excessivo rigor das autoridades. Informou ele: "Há até indivíduos de testículos quebrados a pontapés". O general Lúcio Esteves chegou a esboçar um decreto de lei marcial para combater os rebeldes.[9]

Outro exemplo típico foi a revolta do 18º BC de Campo Grande, liderada por alguns sargentos transferidos do 21º BC do Recife. Da luta resultaram um morto e três feridos. Segundo a versão oficial, os três sargentos que lideraram o movimento foram logo depois mortos por terem resistido à prisão; de acordo com outras versões, foram assassinados. O comandante da Circunscrição Militar de Mato Grosso, general Bertoldo Klinger, afirmou que eles tinham prestado à sociedade "o melhor serviço que ainda podiam dar e era o de resistirem para serem tratados em consequência".[10]

Um movimento que não chegou a explodir mas que possuía articulação complexa foi preparado em São Paulo e estendeu-se de 1933 a 1934. Os líderes inspiraram-se nos acontecimentos de 3 de setembro de 1933 em Cuba, quando uma revolta de sargentos e cabos levou à queda do presidente Céspedes e à subida do sargento Fulgêncio Batista à chefia do governo. Um dos conspiradores, sargento Antônio Luís Bastos, do 4º BC, dizia-se o futuro Fulgêncio Batista brasileiro, evidência da ambição do movimento e do grau de informação política de seus dirigentes. A revolta final, marcada para março de 1934, deveria contar com o apoio de operários e previa a morte do comandante da Região, general Daltro Filho, e de seus oficiais. O levante não se realizou por terem sido presos seus chefes. Houve apenas pequenas escaramuças sem maiores consequências.[11]

As revoltas de graduados tinham muito a ver com sua situação funcional. As queixas abrangiam ampla gama de reivindicações, com ênfase na falta de estabilidade, na ausência de promoções, nos salários baixos, na falta de assistência social. Logo depois da revolução, o decreto 19 507, de 18 de dezembro de 1930, permitira aos sargentos com mais de dez anos de serviço permanecer na tropa até 25 anos sem necessidade de reengajamento. Os que não tinham completado dez anos ficavam dependendo de repetidos reengajamentos que podiam ou não ser concedidos, dependendo do critério, ou do arbítrio, do comandante, ao avaliar sua capacidade e sua conduta. Conforme depoimento de um ex-sargento, "quando um comandante queria se ver livre de um sargento, jogava ele no comportamento regular ou mau e chegava na hora de reengajar ele era excluído".[12] A situação piorou ainda mais em 1937, quando o ministro Dutra baixou um aviso ordenando que os sargentos que não tivessem dez anos de serviço em 1930 fossem licenciados (aviso de 31 de maio de 1937). Essa orientação foi confirmada pela Lei do Serviço Militar de 1939, que, no propósito de formar reservas de graduados, recomendou a não permanência de sargentos na tropa por mais de nove anos. Foi a famosa "Lei Dutra", que tantos prejuízos causaria aos sargentos.

No que se refere às promoções, a situação não era melhor. Desde 1930, estavam elas suspensas devido ao grande número de comissionamentos havidos durante a revolução e durante a revolta paulista. Somente em 1938 elas foram retomadas. Outro ponto negativo era a assistência social. Como os sargentos não tinham estabilidade, ficavam a descoberto sem garantia de aposentadoria, pensão, auxílio hospitalar, funerário etc. Tornavam-se assim vítimas de institutos privados ou eram forçados a criar, eles próprios, sociedades beneficentes do tipo das que existiam entre os operários.[13]

Tudo isso levava à insatisfação permanente das praças. Em carta a Osvaldo Aranha, datada de 1944, dois sargentos do RCI de Uruguaiana se referiram a uma "decantada má vontade quanto às aspirações dos sargentos do Exército", e afirmavam que as mazorcas e guerrilhas do Exército tinham sido alimentadas pelo incitamento intestinal [sic] dos sargentos que estavam em posição estratégica, contando com a confiança dos chefes e a amizade dos subordinados. E finalizavam: "uma classe que se revolta e que está pronta a pender para o lado que sopra o vento tem que sentir fome e sede de justiça".[14] Outro documento enviado a Osvaldo Aranha em 1938 fazia queixas semelhantes e insinuava que os sargentos podiam oferecer apoio mais confiável ao governo do que os tenentes outubristas, pois estes faziam imposições e perturbavam a disciplina. Lembrava o exemplo de Cuba e cobrava promessas de Getúlio feitas no início da revolução no 7º BC de Porto Alegre, quando muitos sargentos tinham assumido os postos dos oficiais presos.[15]

Em circular secreta de 1933, que convocava um levante geral da classe, os sargentos pediam a pura e simples extinção dos graduados, a transformação de todos os sargentos em suboficiais, servindo sem reengajamento até completar o tempo de serviço, e o aumento de vencimentos.[16] Finalmente, em manifesto intitulado "Em prol da revolução social. Aos sargentos do Brasil", o problema era colocado de maneira ainda mais radical. Os sargentos, dizia o manifesto, provêm na quase totalidade da classe proletária, que é explorada pela classe burguesa, sendo, portanto, dever de consciência levantarem-se de armas em punho para combater o regime. O programa determinava a transferência de todos os oficiais para uma Delegação de Educação, onde ficariam sob observação, e a promoção de sargentos a todos os postos do oficialato, sendo privativa deles também a matrícula na Escola Militar e na Escola Naval.[17]

O último documento mostra o extremo a que podia chegar a rebelião de praças na época. As praças eram de fato recrutadas entre as camadas proletárias da população, diferentemente do que acontecia com os oficiais. A rigidez das normas de promoção confirmava e reforçava a diferença social. Como a socialização nos princípios da disciplina não era suficientemente forte para superar a consciência da exploração, o conflito permanecia latente e podia explodir quando surgisse conjuntura favorável. Quando trabalhadas por elementos do Partido Comunista, as praças mais facilmente extrapolavam a dominação de que eram vítimas dentro da organização para a sociedade como um todo, alinhando-se com sua classe de origem e identificando os oficiais como inimigos, não só organizacionais, como também de classe. Essa visão do problema é nítida em carta do ex-capitão Luís Carlos Prestes, publicada no *Diário da Noite* de 27 de março de 1931. Nela, Prestes chamava de imbecil o programa revolucionário dos tenentes e apelava aos soldados e marinheiros no sentido de que o ajudassem a liquidar "esta canalha", voltando suas armas contra os chefes "lacaios da burguesia".[18] Na prática, no entanto, os programas dos movimentos de praças permaneceram confusos e sua organização precária. Seu comportamento político era determinado antes pela condição militar do que pela condição de classe, materializando-se em rebeliões de quartel com limitado apoio externo.

Os movimentos de praças eram sempre percebidos pelos oficiais como potencialmente corrosivos para a organização e para a sociedade. Provocavam forte reação negativa entre os oficiais que, obviamente, tinham conhecimento do exemplo cubano. As autoridades militares mostravam-se profundamente suspicazes em relação a qualquer iniciativa de organização dos sargentos, até mesmo a das sociedades beneficentes. Góis Monteiro, quando ministro, não quis sequer tomar conhecimento de uma recém-fundada Federação de Sargentos, alegando que eles não eram classe, mas apenas uma categoria dentro da classe militar, e não podiam defender interesses distintos dos da classe militar como um todo: "Nunca houve no Exército, e com ele é incompatível, essa ideia de classe no sentido moderno (sindical) de se contraporem umas às outras em busca de benefícios exclusivos. E é claríssima a nocividade de tais criações esdrúxulas nas classes armadas". Os defensores naturais dos sargentos, acrescentou, eram seus chefes e o próprio Exército.

Eurico Dutra, como era de esperar, foi ainda mais rigoroso quando ministro. No aviso 398 de 6 de setembro de 1937, alertou para o perigo da penetração da atividade política, sobretudo do comunismo, dentro do Exército no bojo das associações beneficentes de sargentos, e sempre procurou desarticular tais movimentos. O receio que tinham os oficiais-generais e superiores da ação dos sargentos ficou ainda mais claro na atitude de Bertoldo Klinger. Informado, em 1933, de que seus colegas de conspiração estavam fazendo contato com sargentos, ele reagiu com vigor, condenando a iniciativa como crime de lesa-disciplina.[19]

Manifestações de oficiais subalternos

Pouquíssimas foram as manifestações de oficiais superiores, razão pela qual os colocamos junto com os subalternos. Capitães e tenentes remanescentes das lutas da década de 1920 adotaram uma postura mais defensiva, pois se achavam agora em posições de poder e enfrentavam a reação enérgica de adversários de fora e de dentro da organização. Nos três primeiros anos, tentaram organizar-se a fim de dar melhor sustentação ao governo ditatorial na implementação do programa revolucionário. Seu drama provinha do fato de que não houvera, na realidade, uma vitória militar e a estrutura do Exército permanecera intacta. O máximo que conseguiram foi efetuar algumas alterações nos altos escalões e eliminar alguns contrarrevolucionários mais notórios por meio de reformas administrativas.

Fizeram algumas tentativas de se organizarem dentro do Exército. Uma delas foi o Pacto de Honra de 24 de fevereiro de 1931. Referência óbvia aos Pactos de Sangue de 1889, o novo pacto buscava congregar oficiais revolucionários para dar apoio a Getúlio Vargas, delegando para isso plenos poderes de representação a Góis Monteiro (2ª, 3ª e 5ª RM e CM de Mato Grosso), a Leite de Castro (1ª e 4ª RM) e a Juarez Távora (6ª, 7ª e 8ª RM). O pacto autorizava os três representantes a se empenharem junto ao presidente da República no sentido de conseguir certos objetivos como a reorganização do Exército, a colocação de elementos revolucionários de confiança em postos de comando e na Comissão de Promoções, a reforma administrativa dos oficiais inidôneos.[20]

Outro documento enviado a Getúlio Vargas em maio de 1931, assinado por Góis, Eduardo Gomes, Hercolino Cascardo, Juarez Távora e outros, reconhecia o estado de anarquia geral dentro do Exército, o predomínio de correntes antagônicas e o fracasso da tentativa de unir a instituição mediante a colocação de Góis na chefia do Estado-Maior. Propunha, em consequência, a continuação da ditadura até que fosse implementado o programa revolucionário.[21] Em abril de 1931, um autoproclamado Comitê Revolucionário do Rio de Janeiro lançou uma *proclamação ao Exército*, atacando violentamente os situacionismos estaduais, sobretudo o gaúcho e o mineiro, aos quais atribuía a divisão do Exército em grupos antagônicos, e sugeria a união da mocidade militar em torno de um amplo programa de reformas políticas, sociais e econômicas. Propunha também o fortalecimento das Forças Armadas pois, segundo eles, países incultos como o Brasil deviam ser tutelados "pela corporação mais bem organizada e menos viciada, pela elite mais autorizada e mais forte, o Exército".[22]

Como era de esperar, as reações dentro do Exército foram enérgicas, não apenas pela disputa de poder, mas também por discordância sobre o que deveria ser o papel adequado para a instituição. Desde logo, criou-se o problema da reincorporação dos anistiados, que eram o grosso dos revolucionários. Só da Escola Militar haviam sido expulsos cerca de seiscentos alunos em 1922. Os que voltaram queriam contar antiguidade a partir de 1922, proposta não aceita pelos que tinham permanecido nas fileiras. Afinal, resolveu-se a situação com a criação de um quadro paralelo para os primeiros.[23] Alguns revolucionários tinham sérias restrições à atuação política dos colegas. O Pacto de Honra, por exemplo, despertou a reação enérgica do capitão Heitor da Fontoura Rangel, expressa em carta ao primeiro-tenente A. Etchegoyen. Rangel acusava os subscritores do pacto de ajudar a implantar a subversão e a anarquia no Exército, de sovietizá-lo com sua divisão em três regiões e a criação de delegados e subdelegados. Segundo o capitão, o povo, e não o Exército, tinha feito a revolução, e ela não podia ser por este tutelada. Sugeria antes o reforço da autoridade e da disciplina, a defesa da ordem contra o bolchevismo.[24]

Era uma primeira escaramuça na luta entre os "soldados de Tasso Fragoso" contra os "tenentes de Juarez", como se dizia na época, em uma referência ao chefe da Junta Provisória e ao líder revolucionário.[25]

Reação mais organizada veio logo depois com a criação de um movimento intitulado União da Classe Militar, cujo manifesto foi redigido por um grupo de majores e capitães, com o apoio explícito de vários generais ligados ao Movimento Pacificador, como Tasso Fragoso e Mena Barreto, e do coronel Bertoldo Klinger, promotor desse movimento. O documento enfatizava a união dos militares em torno de seus chefes, dentro dos princípios da hierarquia e da defesa da organização contra a divisão interna, e pregava o "combate à intromissão indébita dos militares na política e nas esferas da administração civil".[26]

As dificuldades forçaram os revolucionários a atuar fora da organização militar. Daí a criação do Clube 3 de Outubro. O clube foi o principal núcleo de ação revolucionária. Sua composição deixava clara a predominância de capitães e tenentes entre sócios militares.

Quadro 2
Postos dos sócios militares do Clube 3 de Outubro (%)

Postos	Exército	Marinha
Oficiais-generais	2	4
Oficiais superiores	13	10
Capitães	30	72
Oficiais subalternos	55	12
Suboficiais	—	2
TOTAL	100 (N = 129)	100 (N = 50)

Fonte: Clube 3 de Outubro, *Fichas de inscrição dos sócios*, CPDOC CO/Fichas Insc. Havia ainda 71 oficiais do Exército para os quais não consta a patente, o mesmo acontecendo com 21 oficiais da Marinha. Para outros 56 militares, as fichas não indicam a corporação a que pertenciam. O total de militares subia a 327, correspondente a 38% do total de sócios. Entre os primeiros 99 inscritos, no entanto, havia 61 militares, ou seja, 60%.

Havia oposição também fora do Exército, originária sobretudo das lideranças civis dos grandes estados. A partir de certo momento, os próprios chefes militares revolucionários, como Góis Monteiro, passaram a considerar incômoda a ação do Clube. Osvaldo Aranha pediu demissão em março de 1932, alegando que o Clube se desviara dos rumos da revolução. Por razões opostas, a esquerda também se desencantou com a ineficácia do Clube e começou a debandar. Hercolino Cascardo saiu em fevereiro de 1933, declarando-se um "socialista integral". O Clube esvaziou-se, frustrando-se as tentativas de reformulá-lo em termos partidários mais amplos.[27]

A esquerda tenentista ingressou logo a seguir na Aliança Nacional Libertadora e no Partido Comunista e inviabilizou sua carreira militar ao se envolver nas quarteladas de 1935. Os menos radicais ou ingressaram na política ou retornaram à vida militar, ou fizeram ambas as coisas, de vez que as leis da época o permitiam. Presos e exilados uns, promovidos outros, envolvidos pela política ainda outros, os tenentes desapareceram da política nacional como grupo organizado depois de 1935.

Divisões ideológicas

Temos, assim, um quadro de profundas divisões. Pelo menos duas grandes clivagens percorriam a organização: uma horizontal, separando praças de oficiais; outra vertical, separando os intervencionistas reformistas dos neutralistas, esses em geral mais conservadores. A primeira era estrutural, parte do modelo de organização militar adotado. Poderia ser apenas atenuada por uma legislação menos rígida e discriminatória, mas não podia ser eliminada.

A segunda era ideológica e dividia principalmente os oficiais. Correspondia a modelos distintos de relações entre Exército e política. Os oficiais contrários à intervenção militar na política seguiam os ensinamentos da Missão Militar Francesa e, em menor escala, do profissionalismo alemão. Obedeciam ao modelo de relação entre força armada e política desenvolvido nas democracias liberais do Ocidente, onde a solidez da ordem burguesa permitia, e mesmo pedia, Exércitos primordialmente dedicados à tarefa de defesa externa, alheios ao jogo político interno. Era essa a posição de vários dos Jovens Turcos, como Leitão de Carvalho e Euclides Figueiredo. O próprio Góis Monteiro defendia essa posição antes de 1930: "Nas lutas políticas, o Exército não deve passar do *grande mudo* — condição essencial de sua coesão e eficiência e até mesmo de sua existência como instituição. Sua verdadeira e única política é a *preparação para a guerra*" [ênfase de Góis Monteiro].[28]

A referência ao grande mudo era inequívoca: falava o brilhante ex-aluno dos cursos de aperfeiçoamento e de Estado-Maior da Missão Militar Francesa. Era também esta a posição que podíamos chamar de natural para o grosso da organização. A participação do Exército nas disputas partidárias acarretava muitas inconveniências para a carreira e para o exercício da profissão. Era benéfica apenas para a minoria de oficiais mais agressivos, movidos por ambição pessoal ou ideais políticos. O grosso tendia a preferir a regularidade das normas burocráticas.

O intervencionismo reformista era um híbrido, desenvolvido em países de transformação burguesa retardada. No Brasil ele foi tributário da influência positivista, cujos resíduos ainda persistiam na década de 1930 em alguns oficiais como os generais Manuel Rabelo, jocosamente chamado de "cidadão mendigo", Horta Barbosa, Rondon e o velho Ximeno de Villeroy, sobrevivente das agitações do fim do Império.[29] O tenentismo herdou dos positivistas o intervencionismo e o reformismo, mas deles se afastou pelo caráter mais militarista de sua ação. Os positivistas eram civilistas, o mesmo não acontecendo com os tenentes, que aceitavam, ou mesmo pregavam, o predomínio militar na política e a necessidade de fortalecimento das Forças Armadas. A corrente mais à esquerda, sob a influência do Partido Comunista, tendia para o modelo de Exército popular, no estilo do que se formou nos primeiros tempos da Revolução Soviética e, sobretudo, na fase de luta da Revolução Chinesa. Mas era apenas uma tendência, pois nunca conseguiram efetivar a aliança de soldados, operários e camponeses. Apenas depois da derrota das revoltas de 1935 é que se tentou com mais empenho formar um Exército revolucionário do tipo milícia popular, mas sem nenhum êxito.[30] Esse modelo implicava a transposição da luta de classes para dentro da organização, fazendo com que a liderança caísse normalmente nas mãos das praças, o que assustava muitos tenentes de classe média.

As circunstâncias políticas tornavam totalmente utópicas as posições neutralistas e as defensoras do Exército popular. Por outro lado, a incapacidade dos reformistas em controlar a organização tornava-os impotentes. Provocando conflitos internos, eles punham em risco a própria capacidade da organização de manter a posição de poder a que chegara. Como consequência, fortaleceu-se aos poucos uma terceira concepção das relações do Exército com a política, a que chamamos no capítulo anterior de intervencionismo controlador. Ela se concretizou graças a uma aliança dos profissionalizantes com os intervencionistas, aceitando os primeiros a intervenção, e concordando os segundos em mudar os métodos e o conteúdo da intervenção. A transformação foi progressiva e teve como marcos principais a Revolução Constitucionalista de 1932, as revoltas de 1935 e 1937.

Abrindo a sociedade ao Exército

Muitas das medidas adotadas tinham o apoio de todas as facções em que se dividia o Exército. Era o caso, por exemplo, das que buscavam fortalecer a organização em termos de material, efetivos e capacidade de mobilização.[31] Algumas tinham a ver com a organização, outras com as relações entre a organização e a sociedade. Começaremos pelas últimas.

As revoluções burguesas buscaram abrir os Exércitos dos antigos regimes, sobretudo o oficialato, à burguesia, definindo o talento como critério de acesso e promoção. No Brasil, foi o Exército que lutou por abrir a sociedade à sua penetração via recrutamento, sorteio e formação de reservas. O capítulo anterior documentou a luta pelo serviço universal e pelo sorteio. A incapacidade de recrutar resultava em impossibilidade de formar reservas. Tinha-se um Exército profissionalizado de alto a baixo e com reduzida capacidade de mobilização.

Os Exércitos nacionais permanentes, à diferença dos mercenários, relacionam-se com a sociedade por duas vias que poderíamos designar entrada e saída. A entrada se dá no processo de recrutamento de oficiais e praças, no fluxo de pessoas da sociedade para o Exército. A saída verifica-se no fluxo de pessoas do Exército para a sociedade. Ambas podem variar e têm variado amplamente ao longo da história dos Exércitos modernos, com importantes consequências para a natureza da organização militar e para a política em geral. O Exército brasileiro buscou criar uma organização com canais de entrada e saída abertos, em que o profissionalismo se limitava ao quadro de oficiais.

Até a Lei do Sorteio de 1916, as vias de entrada eram precárias. Os soldados eram recrutados entre o proletariado, seja por apresentação voluntária, seja por conscrição forçada. Permaneciam durante anos no Exército, reengajando-se sucessivamente. O mesmo acontecia com os graduados (cabos, sargentos, subtenentes), que não eram senão soldados promovidos. Os oficiais recrutavam-se em camadas algo superiores e só excepcionalmente na classe alta. Muitos vinham das próprias fileiras, graças a promoções de subtenentes a segundos-tenentes.[32] Era um Exército que, não sendo de casta, também não era democrático. O oficialato não era privilégio da classe dominante, mas, por outro lado, essa classe era inacessível ao serviço militar. O proletariado compunha a totalidade das praças, mas barreiras internas dificultavam seu acesso aos postos mais altos da carreira.

A partir do início da aplicação da lei, iniciou-se um lento processo de mudança que se acelerou ao fim da década de 1930 graças, mais uma vez, a um conflito externo, a Segunda Guerra Mundial. Em 1945, ainda se estava longe de atingir o objetivo, mas o quadro já era outro. O recrutamento e o sorteio já atingiam todas as camadas da população e o serviço militar ampliara-se substancialmente graças à reativação dos Tiros de Guerra, das Escolas de Instrução Militar e das Escolas de Instrução Militar Preparatória. Em 1939, por exemplo, havia em funcionamento 262 Tiros de Guerra, 116 Escolas de Instrução e 115 Escolas Preparatórias em um total de 493, além de outras 313 que não estavam funcionando.[33]

Mais do que os apelos patrióticos ao estilo dos de Olavo Bilac, contribuíram para a transformação medidas punitivas. Um decreto de 1933 (nº 22 885) tornou o certificado de serviço militar obrigatório para o exercício de cargo público, exigência que foi incorporada à Constituição de 1934 por insistência de Góis Monteiro. Na subcomissão que elaborou o projeto de Constituição, Góis pedira ainda que o serviço militar fosse estendido às mulheres e que se exigisse certificado de reservista para o exercício do voto, como estabelecera uma lei argentina de 1911. No Relatório de 1939, Dutra sugeriu a negação do direito de pleitear em juízo a quem não tivesse cumprido as obrigações militares. Todas essas medidas foram efetivadas na Lei do Serviço Militar de 1939, que ainda acrescentou multas para insubmissos e taxas para isentos.[34] Apertava-se o cerco ao cidadão na busca do objetivo do serviço militar obrigatório, pessoal e universal.

Pelo lado positivo, a melhoria do ambiente dos quartéis e a ampliação do sistema de ensino tinham atraído jovens da pequena burguesia para o quadro de graduados. Foram criadas Escolas Preparatórias de candidatos para a Escola Militar. Os alunos dessas escolas que não conseguiam ingresso na Escola Militar eram admitidos como sargentos, elevando substancialmente o nível social e cultural do grupo. Em 1938, por exemplo, dos 201 alunos matriculados no Curso Preparatório da Escola Militar, 52 eram filhos de militares, sessenta de comerciários, 41 de funcionários públicos. No caso dos oficiais, a elevação de seu status social como consequência da visibilidade política contribuiu para atrair para o quadro um pequeno número de filhos de classe alta.[35] Embora ainda precariamente, o Exército já se vinculava a todas as classes sociais.

Não menos importantes foram as mudanças nas vias de saída. O Exército tradicional recebia da sociedade os soldados e os devolvia apenas por expulsão ou por final de carreira. A progressiva implementação do sorteio tornou possível acabar com o soldado profissional. Ao final do período, a maioria dos soldados era formada de recrutas que serviam um ano e voltavam à vida civil. Algo semelhante, embora em muito menor escala, foi feito em relação aos sargentos e cabos. A lei de 1939 forçou a passagem à reserva de grande número de sargentos. A ideia era formar reservas também de graduados. Para isso era necessário fazer circular mais rapidamente o pessoal a fim de abrir os claros para novas incorporações.[36] No limite, buscava-se eliminar também a profissionalização dos sargentos, mantendo-se apenas um corpo profissional de oficiais. A formação de reservas de oficiais começou a ser feita nos Núcleos de Preparação de Oficiais da Reserva (NPOR) e nos Centros de Preparação de Oficiais da Reserva (CPOR), que obrigavam ao serviço militar os alunos de escolas superiores, quase todos pertencentes à classe alta.

Temos, assim, dois modelos de organização militar. No primeiro, vigente até 1916, o Exército era todo profissionalizado, com precários canais de entrada e nenhum de saída. Era um Exército que apenas recebia da sociedade, sem devolvê-los, soldados e parte dos graduados e oficiais. A maioria dos graduados era recrutada internamente entre os soldados; parte dos oficiais provinha dos graduados e outra parte dos filhos de oficiais e de graduados. Era uma organização fechada sobre si mesma, isolada da sociedade, sobretudo das classes dominantes. Consequentemente, era incapaz de influenciar a sociedade pelos mecanismos de treinamento e socialização de reservistas.

No outro modelo, criado a partir de 1918, havia muitos canais de entrada e muitos de saída. O serviço militar atingia todas as classes, inclusive as dominantes, via CPOR. As saídas também abrangiam todos os níveis hierárquicos. Soldados eram treinados e devolvidos à sociedade pelo serviço militar, pelos Tiros de Guerra, pelas Escolas de Instrução Militar e pelas Escolas de Instrução Militar Preparatória; os graduados pelas Escolas Preparatórias; os oficiais pelos CPOR. O Exército penetrava amplamente na sociedade e tornava-se capaz de influenciá-la.

Havia uma inegável vantagem militar na transformação, e por isso ela era consensual entre os oficiais. Desde a Primeira Guerra Mundial, enraizara-se a ideia de que as guerras modernas não envolviam apenas os Exércitos, elas exigiam a mobilização da nação inteira, eram guerras totais. O modelo brasileiro anterior impedia a formação de reservas e impossibilitava a mobilização geral. A Argentina era frequentemente apontada como exemplo a seguir. A referência a esse país não era fortuita. Nos planos estratégicos da época, ele era tido como o inimigo mais provável.

Mas havia também um importante sentido político na transformação. O Exército chegara ao centro do poder político, alegando ser a encarnação das aspirações nacionais, estar acima dos interesses regionais e partidários. Apesar disso, era impotente quando se tratava de influenciar a população, tanto no que se referia à preparação militar, à disciplina dos corpos, como diria Foucault, quanto à disciplina das mentes, essencial para seu projeto. Os militares atribuíam o fato de não lhes serem concedidos os meios de fortalecimento da defesa nacional ao civilismo e ao liberalismo das elites civis, e culpavam a aversão das massas à disciplina e o pacifismo de todos pela ojeriza aos quartéis.[37] Daí a grande importância que conferiam à guerra pelas mentes, a ser travada com as armas da educação moral e cívica dada pelo Exército com a ajuda das escolas civis.

Essa guerra incluía, sem dúvida, o combate ao comunismo, mas também a transformação dos valores sociais no sentido de torná-los compatíveis com as tarefas da defesa nacional. O serviço militar ampliado e a formação de oficiais da reserva devolviam à sociedade milhares de cidadãos doutrinados no anticomunismo, no amor à pátria, na crença na inevitabilidade das guerras, na necessidade de se preparar para elas, na conveniência de um governo forte que promovesse o progresso do país. O resultado de tudo isso se refletiu no título de um artigo de Menotti del Picchia, publicado na *Nação Armada* em dezembro de 1941: "A Pátria é hoje uma imensa caserna".

Fechando o Exército à sociedade

A abertura da sociedade ao Exército poderia ter como consequência torná-lo mais vulnerável a pressões sociais. Em tese, o modelo totalmente profissionalizado é inadequado para a defesa externa, mas é eficiente na manutenção da ordem interna, acontecendo o oposto com o modelo aberto. As várias correntes militares divergiam quanto ao tipo de relacionamento do Exército com o povo. Havia os radicais que, como o cadete citado na abertura deste artigo, viam o Exército como vanguarda do povo. Os mais conservadores, que representavam a grande maioria dos oficiais, queixavam-se exatamente do excesso de influência externa dentro do Exército, de sua contaminação por conflitos políticos entre facções externas. Acreditavam que essa contaminação dividia o Exército em outras tantas facções, perturbava a disciplina, paralisava a organização, ameaçava, enfim, sua própria existência. Preferiam falar no Exército como expressão da nação e não como encarnação do povo. Usando um conceito mais abstrato, legitimavam a ação militar sem comprometê-la com a representação de interesses concretos da população. O ideal para esses oficiais era o oposto da abertura, era o isolamento do Exército, sua imunização contra a política, isto é, contra o contágio de qualquer tipo de conflito externo.[38]

Fazia-se necessária uma operação complexa: abrir a sociedade ao Exército e, ao mesmo tempo, fechar o Exército à sociedade. As medidas tomadas para fechar a organização não foram consensuais, eram já fruto da vitória dos conservadores. Elas concentraram-se na seleção e na formação do corpo de oficiais. Dificultou-se ainda mais a promoção de praças a oficiais. O Decreto 1351 de 7 de fevereiro de 1891 mandava preencher metade das vagas de segundo-tenente com praças, a outra metade com alferes-alunos. A lei de promoções de 1934 (decreto de 1º de junho) só permitia a promoção de praças ao posto de segundo-tenente em casos excepcionais e se não houvesse número suficiente de aspirantes. Além disso, exigia o curso de formação de oficiais da respectiva arma ou serviço para promoção a postos subsequentes. O decreto-lei nº 38 de 2 de dezembro de 1937, que regulou as promoções, não mencionava sequer a hipótese da lei de 1934 e nem mesmo admitia a promoção de praças a oficiais por bravura, aceita pela mesma lei. A última possibilidade voltou a ser admitida em 1943 como incentivo à participação na FEB (DL. nº 5625, de 29 de junho de 1943).

As medidas mais explícitas diziam respeito ao recrutamento de oficiais. Na subcomissão que elaborou o anteprojeto de

Constituição, Góis Monteiro já se queixara do fato de que a Escola Militar atraía mais alunos pobres, movidos antes por motivação econômica do que por vocação para as Armas. Observou então: "E é essa a razão por que se vê grande número de militares doutores, sociólogos, ginecologistas etc., que têm vocação para tudo, menos para militares; sentem horror à caserna e são tudo, menos militares".[39]

Medidas para corrigir a situação foram adotadas sobretudo durante o Estado Novo. O Relatório secreto do ministro, referente ao ano de 1940, mencionava algumas delas: só permitir o ingresso na Escola Militar a candidatos provenientes do Colégio Militar do Rio de Janeiro, das Escolas Preparatórias de Cadetes e da tropa; estabelecer condições para ingresso em todos os estabelecimentos de ensino militares. As condições tinham a ver com a situação familiar dos candidatos, a nacionalidade, a religião, a orientação política e as condições morais. As instruções para o concurso à Escola Militar do ano de 1942 exigiam como condição para aprovação dos candidatos, além de sua capacitação física e intelectual,

> que as condições de ambiente social e doméstico (nacionalidade, religião, orientação política e origem, inclusive dos pais, e condições morais de ambiente de família) não colidissem com as obrigações e deveres impostos aos que se destinam à carreira das Armas, não se prestem a perturbar o perfeito e espontâneo sentimento patriótico e não constituam óbice a sua completa integração na sociedade civil.

As mesmas exigências foram feitas para matrículas no Colégio Militar e nas Escolas Preparatórias de Cadetes.[40]

Nas circunstâncias da época, tais dispositivos significavam excluir do Exército os não católicos, sobretudo os judeus, os filhos de imigrantes, os pretos, os filhos de pais não legalmente casados e os filhos de pais cujas ideias políticas não agradassem ao regime. Quanto aos judeus, o Relatório de 1940 julgava dispensável justificar a restrição, pois se tratava de raça sem noção de pátria e "não têm seus membros credenciais para o exercício da profissão militar". A execução das medidas ficava a cargo dos comandantes das escolas, que podiam criar comissões secretas para investigar a vida dos candidatos. A recusa de matrícula por qualquer das razões acima não precisava ser justificada pelo comandante, que simplesmente mandava arquivar o processo.[41]

Embora fruto do espírito dominante no Estado Novo, as restrições não foram de todo abolidas depois de 1945. Nas instruções para concurso à Escola Militar em 1947, em pleno regime constitucional, foram eliminadas apenas as referências à origem dos pais e à integração na sociedade civil, permanecendo o resto. Expurgados os pruridos racistas e antissemitas, típicos do ambiente anterior à derrota nazista, permaneceu a preocupação de selecionar com rigor o corpo de oficiais. No dizer de um general insuspeito de colaborar com o Estado Novo, os oficiais deveriam constituir uma aristocracia intelectual, física e moral.[42]

Além desse poderoso filtro colocado na porta de entrada, foram desenvolvidos ou aperfeiçoados mecanismos internos destinados a homogeneizar ideologicamente o oficialato e a imunizá-lo contra doutrinas consideradas corrosivas tanto da corporação como da nacionalidade. Um documento do capitão Severino Sombra, conhecido por suas atividades à frente da Legião Cearense do Trabalho, encomendado pelo ministro da Guerra, Góis Monteiro, e datado de 1934, colocava com meridiana clareza a necessidade de fazer a *preparação ideológica* [sic] do Exército, por ser ela a essência mesma da política social de uma organização militar moderna. Essa preparação se fazia necessária, ainda segundo Sombra, para enfrentar a ameaça comunista que tinha no Exército um de seus alvos principais.

Para realizá-la, nada melhor do que seguir o exemplo dos próprios comunistas, para quem a educação política dos soldados era preocupação fundamental. "Não hesitemos", concluía, "em empregar os próprios métodos soviéticos na ofensiva contra o comunismo." E sugeria, como medidas práticas, o ensino da sociologia na Escola Militar, da economia social nas escolas de sargentos, a promoção de conferências na escola de Estado-Maior e de aulas de moral e cívica para praças, além do uso intensivo do rádio, cinema etc.[43]

Outro instrumento de isolamento dos oficiais foi a legislação sobre participação em organizações de caráter político-partidário. A participação foi intensa nos primeiros anos depois da revolução, tanto em termos individuais como coletivos, envolvendo sobretudo oficiais subalternos. O Clube 3 de Outubro e os interventores militares agiam como autêntico grupo de pressão sobre o governo, para irritação de outros militares e, mais ainda, das chefias políticas civis. Mas já na subcomissão de 1933, Góis Monteiro defendeu a proibição total da participação política dos militares. Sugeriu proibir o voto a todo e qualquer militar da ativa; vetar a participação em organizações de caráter político; agregar sem vantagens os militares eleitos para cargos públicos; passar obrigatoriamente para a reserva os que ficassem mais de seis anos em cargos eletivos. A subcomissão aprovou a maioria das sugestões, mas nos debates da constituinte quase todas foram derrotadas e a Constituição ficou próxima à de 1891 quanto a esse ponto. Na realidade, ela favoreceu ainda mais a participação dos militares ao conceder o direito de voto aos sargentos. Os constituintes, entre os quais havia vinte militares, mantiveram também as vantagens dos militares eleitos, exceto os vencimentos, e estenderam para oito anos contínuos, ou doze descontínuos, o período de exercício de mandato ao fim do qual seria obrigatória a passagem para a reserva. A Constituição manteve também a cláusula "dentro da lei" de 1891, que relativizava a obediência dos militares e já fora usada pelos tenentes para justificar revoltas.

Logo depois da promulgação da Constituição, um editorial da *Defesa Nacional* criticou a concessão do direito de voto a cadetes e sargentos e a ausência de proibição explícita aos militares de participarem de organizações políticas. Mantinha-se, argumentou, o mesmo sistema da República Velha, com a agravante de que os efeitos seriam mais sérios pois agora eram mais íntimos os pontos de contato entre a política e as classes armadas. Argumentou que os militares profissionais defendiam a exclusão total da participação política por necessidade profissional, a exemplo de outros países, inclusive a Rússia, ao passo que os políticos fardados defendiam a participação, tangendo as cordas dos sofismas da soberania popular.[44]

As revoltas de 1935 provocaram grandes modificações na legislação. A mais drástica foi a Emenda nº 2 à Constituição, que permitia a cassação por decreto da patente dos oficiais que se envolvessem em atividades subversivas. Com base nessa emenda foi expulso um grande número de oficiais. A medida era tão radical que provocou reação do próprio Góis Monteiro, que a acusou de desmoralizar o corpo de oficiais, favorecendo assim, mais do que dificultando, a bolchevização do país.[45] A Constituição de 1937 revogou a medida, mas incorporou a proposta de Góis: proibição do voto a todos os militares da ativa. Retirou também a cláusula "dentro da lei", obrigando as Forças Armadas à "fiel obediência à autoridade do presidente da República". Cortava-se pela raiz mais um laço de contato entre oficiais e o mundo civil.

Por esses e outros mecanismos, buscou-se prevenir os perigos que pudessem advir do novo modelo de organização e eliminar as contaminações que, segundo os chefes militares, havia muito minavam o Exército. O objetivo, segundo dissera Góis Monteiro na subcomissão, era só admitir a atuação do Exército "como força militar em bloco", sem contestações internas. Para atingir esse alvo, faltava ainda unificar a cúpula militar em torno do novo sistema de lealdade e das novas concepções do papel das Forças Armadas.

A renovação da cúpula militar

Diante das inúmeras ameaças à hierarquia e à disciplina surgidas depois da revolução, tornou-se necessário recompor a organização. A tarefa exigia a reconstituição da cúpula militar em torno do grupo vencedor, o que não era fácil, pois não havia um general sequer entre os vitoriosos, à exceção de Isidoro, que foi readmitido em fins de 1930. Logo de início, promoveu-se Góis Monteiro a toque de caixa, a fim de colocar um oficial de plena confiança no topo da hierarquia. Tendo comandado a revolução como tenente-coronel, ele foi promovido a coronel em março de 1931, a general de brigada em maio desse mesmo ano e a general de divisão, o mais alto posto na época para tempo de paz, em outubro de 1932. Só então os revolucionários puderam dispor de um dos seus para ocupar os mais altos postos da administração militar. A tentativa de fazer de Góis chefe do Estado-Maior do Exército em 1931, quando ainda era apenas general de brigada, despertara grande reação, e o governo tivera de voltar atrás.

A partir da ascensão de Góis, o processo tornou-se viável, embora continuasse difícil. A mudança começou com a eliminação dos velhos generais de divisão de menor expressão. Nessa tarefa, o governo contou com a colaboração do ministro Leite de Castro que, embora revolucionário de última hora, apoiara sinceramente a nova situação. O mais difícil era substituir os generais de brigada nomeados pelo governo anterior. O governo teve aí a ajuda inesperada da Revolução de 1932. A revolta paulista, à diferença da de 1930, foi feita sem quebra de hierarquia. Uma das reivindicações de seus chefes militares era exatamente restaurar a disciplina e a hierarquia nas Forças Armadas. Ironicamente, ela ajudou o inimigo, o governo, a fazer exatamente isso, mas a seu favor. Ela permitiu ao governo substituir não só elementos da cúpula militar, mas também de escalões intermediários, servindo de verdadeiro e definitivo teste de lealdade à nova situação (Quadro 3).

Quadro 3
Oficiais do Exército punidos em 1932

Deportados		Só reformados	
Generais	7	Capitães	85
Coronéis	6	Tenentes	231
Tenentes-coronéis	6	Aspirantes	48
Majores	7	Segundos-tenentes comissionados	94
Capitães	12		
Tenentes	10		
TOTAL	48	TOTAL	458

Fontes: GV 32.12.05/2 para deportados; BK 33.11.01 para reformados.

A maioria dos punidos foi anistiada em 1934, mas ficou com a carreira prejudicada, sobretudo os oficiais superiores — majores, tenentes-coronéis e coronéis.

Com o auxílio da guerra paulista, pôde o governo renovar praticamente toda a cúpula militar até o fim de 1933. Havia ao todo em torno de quinze generais de divisão e 25 generais de brigada. Entre 1930 e 1933 foram, por uma razão ou outra, excluídos catorze generais de divisão e dezoito generais de brigada. No mesmo período, foram nomeados dez novos generais de divisão e 26 novos generais de brigada. Desses 26, dez foram promovidos em 1931 e dez em 1932, logo depois da Revolução Constitucionalista. Assim é que em 1935 todos os generais de brigada já tinham sido promovidos depois da revolução.

Desse grupo, sobretudo dos que tiveram sua lealdade testada durante a revolta paulista, saiu praticamente toda a liderança militar até 1945. Entre eles estavam Góis Monteiro, Eurico Dutra, Parga Rodrigues, Guedes da Fontoura, Lúcio Esteves, Paes de Andrade, Manuel Rabelo, José Pessoa, Horta Barbosa, Pantaleão Pessoa, Cristóvão Barcelos, Maurício Cardoso. A união do grupo foi reforçada pela liderança de Góis Monteiro e de Eurico Dutra. O primeiro teve papel decisivo na escolha dos novos generais, graças a sua posição de oficial revolucionário mais graduado (Isidoro foi deportado em 1932) e ao grande acesso que tinha a Getúlio Vargas.[46] Góis e Dutra completavam-se: o primeiro era o estrategista, o formulador da política militar da época; o segundo era o implacável executor dessa política. A composição do grupo dominante, definido pela ocupação dos postos principais, está no Quadro 4.

Quadro 4
Ministros da Guerra, chefes do EME e
presidentes do Clube Militar, 1930-45

	ANOS						
	1930	31	32	33	34	35	36
Min. da Guerra	L. Castro	Id.	E. Cardoso	Id.	Góis	J. Gomes	Id.
Chefia EME	Malan	Tasso	A. Neves	Id.	Silveira	Pantaleão	P. Andrade
Pres. Clube M.	J. Gomes	Aranha	Id.	Dutra	Id.	Góis	Id.

1937	38	39	40	41	42	43	44	45
Dutra	Id.	Id.	Id.	Id.	Id.	Id.	Id.	Góis
Góis	Id.	Id.	Id.	Id.	Id.	Id.	M. Cardoso	Barcelos
Parga	Id.	Meira	Id.	Id.	Id.	Id.	J. Pessoa	Id.

Fontes: Para ministros da Guerra, Teodorico Lopes e Gentil Torres, *Ministros da Guerra do Brasil, 1808-1949*. Rio de Janeiro: [s.n.], 1949. Para o EME, *Síntese da evolução histórica do Estado-Maior do Exército* (período: 1896-1978), publicação do próprio EME. Para o Clube Militar, *Revista do Clube Militar*, vários números.

Houve quatro fases bem distintas. Na primeira, que vai até o início de 1933, dominam ainda os generais promovidos antes da revolução, sobressaindo entre eles Tasso Fragoso. A segunda vai até 1937. Nela se combinam os dois grupos, já com a participação de Góis e Dutra no ministério e na direção do Clube. A terceira é de domínio total da dupla, sobretudo na fase em que Meira Vasconcelos, promovido a general em 1934, ocupou a presidência do Clube. Na quarta fase, o controle ainda é mantido, mas já com algumas fissuras representadas pela presença de José Pessoa no Clube. José Pessoa foi eleito em 1944 em chapa de oposição contra o candidato de Dutra, Valentim Benício, por 702 votos a 271.

A predominância de Góis e Dutra fica transparente no fato de que o primeiro foi ministro duas vezes (1934-5, 1945-6) e chefiou o EME por mais de seis anos (julho de 1937 a dezembro de 1943), na segunda mais longa gestão da história do órgão até hoje. Dutra, por sua vez, foi ministro da Guerra pelo tempo recorde de oito anos. Ambos foram ainda presidentes do Clube Militar, tradicional foco de manifestação de descontentamento do oficialato. O domínio dos dois oficiais não significava a eliminação total dos atritos entre generais, mas os reduzia substancialmente. É de notar, por exemplo, que boa parte dos atritos de Góis, o líder inconteste do grupo, se deu com generais promovidos antes de 1930, como Tasso Fragoso, Mena Barreto, João Gomes, Valdomiro Lima, Mariante, Andrade Neves. Entre os novos, houve apenas uma grande dissidência em 1937, em torno do golpe de Estado e do fechamento da Ação Integralista Brasileira. Nessa ocasião, foram afastados seis generais de divisão e quatro de brigada. O fato de ter sido o expurgo feito sem maiores transtornos prova a solidez do esquema montado.

Um fator adicional que facilitou a formação e a manutenção do novo dispositivo foi a permanência de Getúlio Vargas na presidência da República. Nessa posição, ele se mantinha acima, embora não fora, das disputas. Várias tentativas de golpe militar, inclusive de Góis, frustravam-se devido às grandes resistências encontradas tanto fora como dentro da organização. O Exército ainda não possuía coesão suficiente para manter unida a corporação caso a presidência da República estivesse aberta à disputa de generais.

A reforma da cúpula dirigente foi acompanhada da homogeneização da organização, conseguida graças ao expurgo dos oficiais discordantes. É tarefa difícil calcular o número dos expurgados porque muitas vezes as razões da exclusão não eram declaradas. O processo de cassação de patente era inequivocamente político, mas durou pouco tempo. Em muitos outros casos, não se tem certeza sobre a razão da punição, se política, se de outra natureza. Além disso, a exclusão era apenas a ponta do iceberg. Grande número de punições mais leves, da transferência à detenção, podia prejudicar definitivamente a carreira de um oficial. O Quadro 5 representa apenas uma primeira tentativa, certamente imperfeita e incompleta, de dar uma ideia da dimensão do expurgo.

Quadro 5
Militares do Exército excluídos por razões políticas, 1931-8

Anos	Oficiais	Praças
1931-2	517	492
1935-6	107	1136
1937-8	—	247
TOTAL	624	1875

Fontes: AE Minutas do gabinete do ministro da Guerra; Boletins do Exército de 1935 a 1938; Boletins internos do 3º RI, 29º BC e 21º BC; listas de presos políticos militares na Casa de Detenção e Casa de Correção do Rio de Janeiro. Tivemos acesso às listas por cortesia de Samuel Adamo. O quadro foi organizado por Vanda Costa Aderaldo, com o auxílio de Marcos Bretas.

Nota: Por exclusão entende-se qualquer afastamento por motivos políticos. Não foi feito levantamento para os anos de 1933 e 1934. Os oficiais excluídos em 1932 foram quase todos anistiados em 1934. Os outros, sobretudo os envolvidos no levante de 1935, só o foram em 1945.

Embora certamente subestimados, os números sugerem a dimensão da depuração política que abrangeu oficiais e praças. Acrescente-se ainda que as punições se davam em meio a um ambiente generalizado de medo, sobretudo depois da promulgação da Lei de Segurança Nacional, em abril de 1935, e da criação do Tribunal de Segurança Nacional, em setembro de 1936. Falando sobre o ambiente na Escola Militar nessa época, uma testemunha afirma: "Naquele tempo, entrar na política era uma coisa perigosa. Havia muito choque. Havia partidários da ANL e da AIB, muito medo, muita insegurança, revistas nos armários. [...] Me pegaram uma vez com um livro do Stefan Zweig. O tenente ficou impressionado porque não sabia quem era Stefan Zweig".[47] A atmosfera nos quartéis pode também ser avaliada pelo número de processos que chegavam ao Supremo Tribunal Militar (Quadro 6).

Quadro 6
Supremo Tribunal Militar, 1933-8

Processos	ANOS					
	1933	1934	1935	1936	1937	1938
Apelações	181	239	824	843	725	910
Habeas corpus	430	288	351	421	879	1703
Condenações transitadas em julgado	*	139	369	460	428	616
Absolvições	*	85	84	137	134	165

Fontes: para 1933, Relatório do ministro da Guerra de 1936, p. 148; para 1934, Relatório referente a esse ano, p. 133; para o resto, Relatório referente ao ano de 1938, p. 81. Não houve Relatório para 1931 e 1932. A partir de 1940, os Relatórios passaram a ser secretos.

* Sem informação.

Os números são eloquentes. Entre 1933 e 1938, as apelações e condenações quintuplicaram e os pedidos de habeas corpus quadruplicaram, as absolvições duplicaram. A maioria dos processos não era de natureza política. No entanto, o esforço para eliminar a atividade política dentro da organização incluía necessariamente um endurecimento geral da disciplina. Quanto mais enquadrado o militar nas normas disciplinares, mais fácil seria também mantê-lo afastado da política graças ao hábito da obediência, à mais intensa socialização nos valores organizacionais e ao maior envolvimento nas tarefas profissionais. O decreto-lei nº 3038 de 10 de fevereiro de 1941, que dispôs sobre a declaração de indignidade para o oficialato, indica com clareza a visão integrada da disciplina. Tanto podia ser declarado indigno e, portanto, perder o posto e a patente, passando a ser tido como morto, o oficial que se filiasse a partido ou organização proibida por lei e desrespeitasse a nação e a bandeira, como o que cometesse roubo, estelionato, falsidade documental e atos contrários à natureza e ao pudor individual.

A abertura da sociedade ao Exército, o fechamento da organização, a formação de um grupo hegemônico de oficiais constituíam parte da estratégia de fortalecimento da corporação militar para consolidar e ampliar a posição de poder que conquistara dentro do Estado. Resta examinar outros recursos de poder, os efetivos, o equipamento, os recursos financeiros.

Recursos de poder

A luta do Exército e da Marinha por maiores efetivos, melhor aparelhamento, mais recursos vinha de longa data. Os ministros queixavam-se sistematicamente do que julgavam ser descaso dos governantes com suas necessidades. Depois de 1930, aumentaram as pressões, agora com muito maior poder de fogo. A evolução dos efetivos do Exército é indicada no Quadro 7.

Quadro 7
Efetivos do Exército, 1930-44

Efetivos	ANOS					
	1930	1932	1934	1936	1940	1944
Oficiais	4185	5037	6103	6585	6429	10 087
Praças	43 812	57 358	74 079	74 284	—	161 213
TOTAL	47 997	62 395	80 182	80 869	93 000	171 300

Fontes: para 1930, 1932, 1934, 1936 e 1940, *Almanaques do Ministério da Guerra*, anos 1931, 33, 35, 37, 41. Os dados para praças em 1936 são da *Coleção de Leis* (Lei 131 de 9 dez. 1935). O total para 1940 foi tirado de general Eurico Dutra, *O Exército em dez anos de governo do presidente Vargas*, p. 27. Os dados para 1944, de documento do Arquivo Getúlio Vargas. GV 44.06.00. Nesse último ano, estão classificados como praças 1080 cadetes, 732 alunos de Escolas Preparatórias e 6330 dos CPOR e NPOR. O quadro foi montado por Lúcia Lahmeyer Lobo.

Apesar da grande dificuldade de conseguir dados confiáveis (os Relatórios, que só foram ostensivos até 1939, não fornecem informação alguma), as indicações do quadro não devem estar muito longe da realidade. Não considerando o ano de 1944 pela excepcionalidade de que se revestiu (participação na guerra), vê-se que os efetivos se duplicaram durante a década de 1930, com grandes avanços em torno de 1932 e depois da decretação do Estado Novo. Para uma visão mais precisa, seria necessário acrescentar as reservas já formadas. Calculou-se, por exemplo, que apenas 51% dos oficiais subalternos da FEB eram profissionais. Os restantes vieram dos quadros da reserva, 13% da R-1 e 36% da R-2.[48]

O aumento contrasta com o que se verificou nos efetivos das polícias militares, guardas-civis e bombeiros (Quadro 8).

Quadro 8
Efetivos das polícias militares, guardas-civis e corpos de bombeiros, 1933-42

Ano	Polícia militar	Guarda-civil	Bombeiros	Total
1933	38 213	8578	—	46 791
1937	45 684	8855	3384	57 923
1942	48 812	8862	3671	61 345

Fontes: *Anuários estatísticos* de 1936, pp. 411-2, de 1939-40, pp. 1280-1 e 1284; de 1941-5, pp. 515-6. Os dados referentes a bombeiros e guardas-civis no ano de 1942 (em alguns estados também nos outros anos) referem-se às capitais apenas.

Guardas-civis e bombeiros foram incluídos porque sempre se envolviam nas rebeliões como auxiliares das tropas do Exército ou das polícias. Seu número não aumentou. O aumento dos policiais militares foi mínimo e quase todo ele verificado entre 1933 e 1937. A partir do Estado Novo, praticamente se interrompeu o crescimento das polícias, a essa altura já postas sob controle do Ministério da Guerra. A luta contra o que os militares do Exército chamavam de pequenos Exércitos estaduais tinha sido ganha, e nunca mais se voltaria à situação anterior a 1930. O Exército conquistara a hegemonia sobre as outras forças de segurança. A proibição imposta às polícias de usarem armas pesadas tornou a superioridade incontornável.

Outra batalha antiga se dava em torno dos recursos orçamentários. A participação do Exército e da Marinha nas despesas federais é indicada no Quadro 9.

Quadro 9
Gastos militares, 1929-46 (%)
Ministérios

Ano	Exército	Marinha	Aeronáutica	Total
1929	12,5	7,2	—	19,7
1930	12,3	7,3	—	19,6
1931	13,3	6,0	—	19,3
1932	25,0	6,4	—	31,4
1933	17,6	7,3	—	24,9
1934	19,6	7,6	—	27,2
1935	18,1	6,7	—	24,8
1936	17,6	6,7	—	24,3
1937	19,9	9,7	—	29,6
1938	19,2	11,2	—	30,4
1939	18,1	7,2	—	25,3
1940	19,0	7,8	—	26,8
1941	19,3	7,3	—	26,6
1942	23,5	7,5	5,5	36,5
1943	17,4	7,0	5,8	30,2
1944	18,4	7,2	6,5	32,1
1945	16,3	6,3	6,3	28,9
1946	18,8	7,8	9,2	35,8

Fonte: *Balanços da União*, 1929-46.

Os anos de 1932 e 1937 novamente aparecem como marcos importantes. A quase duplicação da participação do Exército no orçamento em 1932 deveu-se à guerra paulista. Mas é importante notar que, vencida a revolta, o nível de gastos se manteve cerca de seis pontos porcentuais acima do de 1931.

A Marinha quase dobrou sua participação entre 1936 e 1938. Mas em 1939 voltou a níveis próximos dos de 1936.[49] A criação da Aeronáutica em 1942 também significou aumento nos gastos militares, pois não houve redução nos gastos da Marinha e pouca nos do Exército. É preciso observar, no entanto, que os gastos referentes aos anos de guerra não correspondem ao total realmente despendido. Eles não incluem as verbas do *Lend Lease Bill* que a missão Souza Costa conseguiu, no início de 1942, elevar a 200 milhões de dólares, 100 milhões para o Exército, 50 milhões para a Marinha e 50 milhões para a Aeronáutica. Esse crédito era destinado à compra de armamento, pagando o Brasil apenas 35% dos custos.[50] Acresce ainda que o Brasil só custeou com recursos próprios o fardamento da Força Expedicionária Brasileira. Os víveres foram pagos pelo *Lend Lease* e o armamento e o equipamento foram cedidos gratuitamente pelo 5º Exército americano, em um valor aproximado de 20 milhões de dólares.[51] Depois da guerra, o fornecimento de armamento americano continuou dentro de novos acordos e pela compra de *War Surplus* [Excedente de Guerra].[52]

Em termos comparados, a participação dos gastos militares no orçamento era alta, como indicam os dados apresentados à Câmara por ocasião das discussões em torno do aumento dos vencimentos dos militares em 1935 (Quadro 10).

Outra informação importante para avaliar o peso político dos militares tem a ver com a maneira de se chegar a esse orçamento relativamente alto. O Quadro 9 só fornece a despesa realizada, não inclui a orçada. O Quadro 11 indica como se chegava aos gastos finais.

Quadro 10
Gastos com Exército e Marinha em vários países, 1933 (% dos orçamentos)

País	Gastos
Polônia	33,8
Brasil	24,9
Portugal	21,4
Itália	20,0
Venezuela	21,4
França	17,0
Japão	15,1
Inglaterra	14,6
Estados Unidos	11,6
Bélgica	8,3

Fontes: Voto em separado do sr. Fábio Sodré, *Diário do Poder Legislativo*, ano II, abr. 1935, p. 2894. Os dados foram tirados do *The Statesmen Year Book* de 1934. Selecionamos apenas alguns países. Nos casos da Itália e Inglaterra, estão incluídas despesas com a aviação.

Quadro 11
Exército e Marinha, % dos créditos não orçamentários sobre o total de créditos, 1932-47

Ano	Exército	Marinha
1932	2	3
1933	12	16
1934	19	4
1935	13	2
1936	11	5
1937	27	41
1938	56	58
1939	22	5
—	—	—
1942	45	24
1943	15	1
1944	2	0,4
1945	8	0,3
1946	37	40
1947	9	9

Fontes: *Balanços orçamentários da União* para os respectivos anos.
Nota: Em créditos não orçamentários estão incluídos os suplementares, especiais e extraordinários. Os anos de 1940 e 1941 foram excluídos porque os balanços só fornecem a despesa paga.

Vê-se que parte substancial dos recursos alocados aos ministérios militares, em alguns casos mais de 50%, não estava prevista no orçamento original. Ela provinha de créditos adicionais, especiais, extraordinários etc., muitos dos quais dispensavam a aprovação do Congresso, quando este funcionava. A verdadeira luta pelo orçamento se dava dentro do próprio Executivo, no corpo a corpo entre os ministros militares e o ministro da Fazenda, com a mediação do presidente da República. Durante o Estado Novo, créditos para compra de armamento eram concedidos por decretos-leis reservados. A correspondência dos ministros da Guerra com os da Fazenda e com o presidente traz vários exemplos de negociações sobre destinação de recursos. Em uma delas, Souza Costa, ministro da Fazenda, pede a Dutra uma redução na proposta orçamentária da Guerra, alegando exatamente que as grandes despesas com a aquisição de material bélico corriam por conta de créditos especiais.[53]

Outro ponto importante revelado pelos números é a variação no montante de créditos não orçamentários. Depois de 1932, há um primeiro salto. Mas o mais revelador é o enorme aumento em 1937 e 1938, tanto para o Exército como para a Marinha. Em 1938, os créditos não orçamentários superam os ordinários. A queda em 1944 e 1945 deveu-se provavelmente ao afluxo dos recursos do *Lend Lease Bill*. O grande aumento de recursos para as Forças Armadas no início do Estado Novo é um precioso indicador do tipo de acordo estabelecido entre Vargas e os militares para a sustentação do regime. A partir de 1937, o ministério da Guerra passou a apresentar sobras ao final do exercício.

No início de 1935, houve enfrentamento aberto entre os militares e a Câmara a propósito da alocação de recursos. A ocasião foi a discussão de um projeto de aumento de vencimentos enviado pelo governo a pedido dos ministros militares. O debate gerou enorme celeuma quando o relator da Comissão de Finanças e Orçamento propôs aumento de impostos sobre grande variedade de produtos, muitos de consumo popular, como tamancos, sabão, palitos, charque, bacalhau, botões etc., para cobrir as despesas adicionais exigidas pelo aumento. Houve grande reação popular, discussões pela imprensa, reação de chefes militares, ameaças de golpe. O ministro da Guerra, Góis Monteiro, enviou circular aos generais dizendo que renunciaria ao cargo se o aumento não fosse votado e que nenhum outro general aceitaria substituí-lo. Alguns generais discordaram dessa atitude, dizendo ser própria de "aventureiros e caudilhos". Na Câmara, Flores da Cunha pediu a demissão do ministro. Chegou-se, afinal, a uma solução conciliatória: aprovou-se um abono provisório para os funcionários militares e civis. Getúlio aprovou a parte referente aos militares e vetou a dos civis. Um representante classista na Câmara comentou: "Pobre funcionalismo público. Por que, também, não te deram armas?".[54]

O incidente serviu de mais um argumento para Góis Monteiro profligar a interferência da política nos negócios militares. Falou em "maquinações contra a existência do Exército", no "diabólico plano político" contra as Forças Armadas.[55] Tratava-se, na realidade, de uma fraqueza da própria organização militar que, na presença de oposição externa, também se dividia internamente. Ao tentar usar o peso do cargo para resolver a questão, Góis Monteiro provocou a reação de outros generais como José Pessoa e Manoel Rabelo, que foi aproveitada por políticos, como Flores da Cunha, envolvidos em jogadas de poder que visavam a própria presidência da República. A divisão interna forçou o recuo dos conspiradores e a demissão do ministro. Na percepção de militares como Góis Monteiro, já se desenhava nítida a convicção de que não se conseguiria implementar uma política militar adequada enquanto continuasse a interferência da política dentro da organização. Como esta não conseguia evitar totalmente a interferência,[56] chegava-se à conclusão de que somente eliminando a política do lado de fora é que se conseguiria também eliminá-la internamente. Esse pensamento já fora formulado no início da década pelo próprio Góis Monteiro na famosa expressão segundo a qual se deveria fazer a política do Exército e não a política no Exército.

O Estado Novo foi a materialização da política do Exército, como concebida por Góis Monteiro e pelo grupo de generais a seu redor. Na parte referente à organização especificamente, a política se traduziu em um grande esforço de renovação e aperfeiçoamento profissional. A prestação de contas de Dutra de 1940 é eloquente quanto a esse ponto: foram reformuladas todas as leis básicas do Exército, foram construídas escolas e quartéis, foram organizados vários corpos, impulsionou-se o plano de reequipamento e armamento graças a compras no exterior e ao incentivo à indústria bélica nacional. Essa política tinha as bênçãos do grupo profissional, não obstante o fato de alguns de seus membros divergirem politicamente das diretrizes do regime. Foi o caso, por exemplo, de Leitão de Carvalho, que viu seu sonho de profissional realizado ao ser nomeado comandante da 3ª RM, onde pôde executar as grandes manobras de 1940 em Saican. Ao concluí-las, declarou que a "instituição do regime de paz política e de real interesse por nossas Forças Armadas inaugurado a 10 de novembro" permitira um ano de instrução da tropa sem interrupções provocadas pelas disputas partidárias; tornara possível o devotamento completo ao preparo profissional dos quadros e, ao final, as próprias manobras.[57]

A intensa dedicação às tarefas profissionais consolidou a capacidade de controle da organização, inclusive sobre a sociedade, o que era, aliás, parte da política do Exército como concebida por Góis Monteiro. É o que se verá a seguir.

Forças Armadas e Estado

"E o pior de tudo é que [...] esboça-se no fundo desse quadro escuro o espectro sinistro do *militarismo* [sic], cuja espada de Dâmocles, sustida por tênues fios, impende ameaçadoramente sobre as nossas cabeças."[58] A frase de Borges de Medeiros retrata um ponto crucial da luta política no período subsequente à revolução. As elites civis dos grandes estados que tinham se envolvido na revolução se viam agora como aprendizes de feiticeiro. A construção de nova ordem em bases puramente civis, como acontecera ao final dos governos militares no início da República, revelava-se agora impossível. Nos primeiros momentos, o receio não era apenas de quebra do governo civil, era de rompimento da ordem social. Borges respondia à carta de Osvaldo Aranha em que este propunha a criação de Legiões como meio de fortalecer o poder civil contra as ameaças de predomínio militar: "Ou organizamos a opinião pública do Brasil em torno de determinadas ideias que, por fundamentais, devem ser comuns a todos, ou teremos a *ditadura militar* ou a secessão" [ênfase de Osvaldo Aranha]. Poucos dias depois especificava melhor seu pensamento:

> O *prurido militarista*, que explode e procura apropriar-se de todos os nossos movimentos cívicos, tomou novo rumo, muito pior, deixando contaminar-se de esquerdismo e até de *comunismo*! É o Luís Carlos Prestes. Assim, sem coesão, antes ferido de indisciplina, o Exército ameaça constituir um perigo, não à ordem atual, mas às próprias instituições basilares do organismo nacional [ênfases de Osvaldo Aranha].[59]

Osvaldo Aranha identificava os dois conflitos fundamentais da época, cuja solução estaria na base do arranjo de 1937. De um lado, a defesa do poder político das oligarquias regionais ao estilo da Primeira República; de outro, a defesa das bases sociais de seu poder. Em outras palavras, o problema do regime político complicava-se com o problema da natureza do Estado. No primeiro momento de impulso revolucionário, o Exército, ou sua parcela mais agressiva, parecia favorecer a transformação do regime e do próprio Estado. Assim fazendo, despertava o antagonismo visceral das oligarquias regionais que, se eram contrárias à reforma do regime, o eram muito mais ainda à mudança do Estado.

Como que respondendo às acusações de Osvaldo Aranha, a "Proclamação ao Exército" revelava, um mês depois das cartas, os pontos de vista da jovem oficialidade revolucionária. A maior ênfase de seu programa ia para o ataque à "politicalha dos partidos", sobretudo os do Rio Grande do Sul e de Minas Gerais. Os de São Paulo eram menos atacados, certamente por causa da presença de um interventor tenente nesse estado. A Proclamação pedia o fortalecimento das Forças Armadas (incluindo elevação dos efetivos a 130 mil, quase o triplo do existente), a incorporação ao Exército das polícias militares e várias reformas sociais como salário mínimo, lei de greve, divisão de latifúndios e promoção da indústria siderúrgica. Terminava atacando exatamente as polícias militares e as Legiões imaginadas por Osvaldo Aranha, consideradas instrumentos do fascismo, cadafalso da liberdade, morte do Exército. A única concessão que fazia, destoando aí das posições em geral tomadas pelos revolucionários, era a aceitação do parlamentarismo como forma de governo. O fato talvez se explicasse por razão tática, pois os tenentes buscavam o apoio dos libertadores gaúchos contra Flores da Cunha.[60]

O último ponto é importante, uma vez que evidencia o problema central enfrentado pelo Exército e pelas oligarquias regionais. Os signatários da Proclamação atacavam os partidos estaduais, mas, ao mesmo tempo, tentavam conquistar o apoio de um deles e poupavam o Partido Democrático de São Paulo que ainda apoiava o governo revolucionário. Os dois lados eram incapazes de se apresentar unidos diante do adversário. Se o Exército estava profundamente dividido, também o poder civil não se conseguia organizar, com ou sem Legiões, apesar dos esforços de Osvaldo Aranha. Borges de Medeiros não aprovou as Legiões. Em São Paulo, elas ficaram nas mãos tenentistas de Miguel Costa e em Minas também não prosperaram. Os grandes estados continuaram divididos internamente e competindo entre si.

A criação da Frente Única Paulista, no entanto, possibilitou a formação de uma coalizão com dissidentes de Minas Gerais, do Rio Grande do Sul e do Exército para tentar uma solução pela força. Foi o primeiro grande round da luta em que o problema do regime se colocou em primeiro plano: demandava-se o fim da ditadura, a volta ao sistema constitucional e, do lado militar, a volta à obediência, à hierarquia e aos princípios da disciplina. A vitória dos revoltosos era possível, só não acontecendo devido à retirada da adesão prometida por outros estados, sobretudo pelo Rio Grande do Sul. Osvaldo Aranha passou insistentes e desesperados telegramas a Flores da Cunha, tentando garantir sua lealdade. O principal fator da não adesão de Flores da Cunha talvez tenha sido o receio das consequências de uma eventual vitória paulista no bojo dos ressentimentos acumulados depois da derrota de 1930. Em carta a Borges de Medeiros, Osvaldo Aranha voltou a insistir no perigo do restabelecimento do predomínio paulista.[61]

Do lado do Exército, e mesmo da Marinha, eram grandes as simpatias pelos constitucionalistas. Tasso Fragoso pediu demissão da chefia do Estado-Maior do Exército em protesto contra o bombardeio aéreo de São Paulo, e o Clube Naval lançou manifesto em apoio ao chefe da Esquadra que se negara a executar a ordem de bombardear. As *Memórias* que Góis Monteiro escreveu durante a luta indicam a precariedade militar das tropas do governo e admitem ter existido a possibilidade real de uma vitória, mesmo na ausência da adesão dos outros estados. Um mês depois do início da guerra, o general registrou simpatias gerais pela causa paulista, inclusive no Rio de Janeiro (onde "o derrotismo é um esporte"), na burguesia, entre os intelectuais, no funcionalismo, nos meios proletários, entre os militares.[62]

Apesar da vitória, o governo saiu do conflito cônscio da precariedade de suas bases de sustentação civis e militares. Foram abandonados os namoros com uma ditadura reformista e admitiu-se a constitucionalização do país. A campanha serviu para dramatizar a precariedade do Exército como máquina de guerra. O fato foi aproveitado pelas autoridades militares, Góis Monteiro à frente, para pressionar o governo no sentido de dotar o país de Forças Armadas aparelhadas para executar suas tarefas internas e externas. Grandes somas foram gastas na compra de armamentos, especialmente aviões, e aumentou a pressão militar pela "emancipação da indústria bélica que é a vida do Exército".[63]

Góis Monteiro formulou com clareza as novas ideias em documento que enviou a Vargas no início de 1934 estabelecendo as condições para aceitar o cargo de ministro da Guerra. Depois de denunciar a inexistência de uma política de guerra desde a Proclamação da República e de atacar o total descuido dos governos pelos problemas da defesa nacional, o general propunha uma longa série de medidas de caráter militar, incluindo a criação de um Conselho Superior da Defesa Nacional.

A parte mais importante do documento, no entanto, era o amplo diagnóstico da situação econômica, social e política do país e as medidas sugeridas para enfrentá-la. Segundo Góis, com a nova Constituição, o Brasil regredia ao liberalismo moribundo, ao domínio do individualismo e dos regionalismos.

O país exibia suas massas empobrecidas e ignorantes, suas indústrias sujeitas ou pertencentes a concessões estrangeiras, suas elites parasitárias e exploradoras. Mais do que a falta de uma política de guerra, dizia ele, "não há *uma política verdadeiramente nacional*, aferida para realizar um destino nacional, declarado e patente" [ênfase de Góis Monteiro]. Quanto à defesa externa, o país devia preparar-se com uma política e um plano de guerra visando principalmente "a mais poderosa nação americana". Propunha um plano de sete anos que possibilitasse o domínio aéreo e marítimo e a organização de um Exército de campanha para o primeiro choque.

Na política interna, sugeria um vasto elenco de medidas que iam desde a promoção da indústria nacional, sobretudo de motores, aviões, viaturas e siderurgias, até planos que envolviam a educação moral, cívica e física, a imprensa, a organização sindical. Insistia no combate ao estadualismo, no reforço ao espírito de nacionalidade, na regulação da vida econômica, na reforma das instituições do Estado e lamentava não ter sido criado um partido *social-nacionalista* que fornecesse quadros para o Estado e guias para as massas. Em países como o Brasil, dizia mais, "um Exército *bem organizado* é o instrumento mais poderoso de que dispõe o governo para a educação do povo, consolidação do espírito nacional, neutralizador das tendências dissolventes introduzidas pelo imigrantismo" [ênfase de Góis Monteiro].[64]

Estava aí enunciado todo o projeto do intervencionismo controlador: ampla interferência estatal em todos os setores; ênfase na defesa externa e na segurança interna; preocupação com a eliminação do conflito social e político em torno da ideia nacional; industrialismo nacionalista; e a liderança das Forças Armadas, sobretudo do Exército, na condução das mudanças, a partir de uma posição hegemônica dentro do Estado. Em 1937, as circunstâncias internas e externas permitiram à corporação militar, já suficientemente unida, implantar a ditadura dentro das novas diretrizes. Góis Monteiro já aventara a possibilidade de golpe em 1935, mas descartara a ideia por falta de consenso, mesmo dentro da corporação.[65]

Não vamos reconstituir os acontecimentos. Do ponto de vista de nossa análise, além das revoltas de 1935 que possibilitaram a intensificação do expurgo de elementos divergentes dentro do Exército, o fato que merece atenção especial é a queda de Flores da Cunha em 1937. Pode-se dizer que terminou aí de fato a Primeira República. Era a culminação do esforço do Exército no sentido de obter o controle das forças policiais estaduais. Sem esse controle, a responsabilidade constitucional do Exército pela defesa nacional e pela garantia das instituições não passava de ficção. Esse era um ponto que unia todos os militares, independentemente de suas orientações políticas.[66] Não havia como negar que as polícias militarizadas extrapolavam de muito, em termos de efetivos e armamentos, o necessário para uma atividade meramente policial. No entanto, tinham sido muitas vezes úteis ao próprio Exército no combate a revoltas militares, como as da Coluna Miguel Costa-Prestes. Mas era crucial que elas deixassem de ser uma força à disposição dos governos estaduais e passassem a ser auxiliares do Exército, sob o controle do Estado-Maior, como foi de fato determinado pela Constituição de 1937.

A crise gaúcha vinha se desenvolvendo fazia muito tempo e ao final transformou-se em verdadeira operação bélica, conforme fica claro no relatório do general Daltro Filho, comandante da 3ª Região Militar e executor da operação. Além dos 6 mil soldados da Brigada, Flores dispunha dos batalhões de provisórios que uma fonte avaliava, certamente exagerando, em 300 mil homens, para enfrentar uma força de 20 mil soldados federais. A defecção de parte da Brigada e a incerteza quanto ao apoio de outros estados levaram Flores a ceder e não arriscar seu próprio 1932.[67]

A conjuntura de 1937, no entanto, era muito diferente da de 1932. Daí o sentido também diverso da queda de Flores. À vitória de 1932 seguiram-se medidas que significavam, na verdade, a vitória dos derrotados, pois implicavam a aceitação da principal reivindicação dos revoltosos: o regresso ao regime constitucional. Em 1937, ao contrário, a vitória do governo sobre Flores da Cunha foi seguida de imediato pelo golpe que interrompeu o processo eleitoral em andamento e impôs a volta ao regime discricionário, ao qual se opunham Flores da Cunha, os interventores da Bahia e de Pernambuco e os candidatos à presidência, à exceção de Plínio Salgado. O governo venceu em toda a frente e o sentido da vitória foi além da simples eliminação do último foco de política regional.

Neste segundo round, não era mais o regime político que constituía a principal preocupação dos contendores. A campanha presidencial adquirira contornos que a diferenciavam das anteriores. Um arguto contemporâneo assim a analisava: "Todos se iludem pensando que vamos para uma campanha política no sentido anterior a 1930. Dessa vez a posição social está enquadrada no terreno. Questão social é revolução. Isso vai virar Espanha". O mesmo analista via quatro correntes em luta violenta: o integralismo, o comunismo, o Exército e o regionalismo com suas polícias estaduais. Das quatro, Exército e integralismo tendiam a se aliar, ficando os comunistas em posição dúbia: embora fossem antirregionalistas, apoiavam Flores da Cunha, um aliado na luta contra o integralismo. Mas também apoiavam José Américo, líder popular da luta democrática.[68]

A campanha de José Américo, candidato inicialmente apoiado pelo governo, foi aos poucos adquirindo tonalidades inaceitáveis para o poder. Segundo outro observador, a campanha, "procurando agradar diretamente às classes populares, criou uma situação de alarma geral". E ainda outro, no mesmo tom, dizia que a opinião pública do sul do país (escrevia de São

Paulo) já procurava outra solução, pois "está verdadeiramente *alarmada, mesmo alarmadíssima*, com os rumos que os acontecimentos estão tomando", já se falando com simpatia de uma ditadura militar [ênfase do missivista]. Ou mais diretamente ainda: "O homem [José Américo] está fazendo agitação proletária e das massas inconscientes. É um ambicioso criminal". E acusava o candidato de ser apoiado pelos comunistas, pelas massas operárias e rurais e pelo Exército (referia-se aos tenentes de segunda classe — talvez os comissionados convocados), a caminho de uma frente popular.[69]

Os missivistas eram pessoas ligadas ao governo e podiam estar fazendo o jogo deste, que era exatamente o de preparar o ambiente para o golpe. Mas não há dúvida de que se invertera a situação em relação àquela descrita por Osvaldo Aranha em 1931. Percebia-se novamente um perigo para a ordem social, mas agora não proveniente do Exército. Pelo contrário, este já aparecia como garantia da ordem e aceitava-se mesmo a mudança do regime operada por um golpe militar. De ameaça ao regime e à ordem social, o Exército, e sem dúvida também a Marinha, passava a ser esteio do Estado.

Não quer isso dizer que o golpe tenha sido consensual. Mas as resistências foram pequenas. Houve protestos de alguns generais, logo reformados, dos interventores da Bahia e de Pernambuco, logo substituídos, e dos candidatos Armando Sales e José Américo. Mas todos os outros interventores o aceitaram, inclusive o de São Paulo, a quem foram prometidas medidas de apoio à economia cafeeira. O PRP logo depois também deu seu apoio. Algum apoio popular foi orquestrado pelos integralistas, os maiores incentivadores do golpe. Poucos dias antes da intervenção, os camisas-verdes fizeram desfilar 40 mil adeptos ao lado dos militares.[70]

A maior reação militar verificou-se exatamente quando foi fechada a AIB a 3 de dezembro de 1937. O general Newton

Cavalcanti, conhecido integralista, enviou carta de protesto ao governo. Vários generais foram exonerados de seus postos e começaram as conspirações para o movimento que afinal explodiu em maio de 1938, com grande apoio na Marinha e de alguns generais do Exército. O putsch integralista foi também reprimido com severidade, enchendo-se novamente os cárceres do Rio de Janeiro, como em 1935. Se ideologicamente o integralismo tinha posições próximas das que predominavam na cúpula militar, o pertencimento simultâneo a duas organizações tão absorventes criava conflitos de lealdade que terminavam por minar a disciplina militar. Além disso, o integralismo mobilizava as massas e provocava reações, mantendo assim viva a atividade política. Isso era exatamente o que não interessava à cúpula militar, que via a oportunidade de extirpar de vez a atividade política e conseguir assim eliminar também as perturbações disciplinares motivadas pelo partidarismo.

A queda de Flores era o fim definitivo da velha ordem e do papel subalterno que nela representava o Exército. O golpe, vindo na esteira da agitação popular que se fazia em torno das eleições (não importa se exagerada pelo governo), inaugurava nova ordem em que entravam no jogo político novos atores sobre os quais as antigas lideranças não tinham controle, incluindo entre eles os próprios integralistas. Se, sete anos antes, uma parcela do Exército liderara o movimento de destruição da velha ordem, agora a instituição servia de parteira da nova ordem, diferente da imaginada pelos revolucionários de 1930. A ênfase agora não estava nas reformas sociais, na representação classista, no combate ao latifúndio, mas no desenvolvimento econômico, na indústria de base, na dívida externa, na exportação, nas estradas de ferro, no fortalecimento das Forças Armadas, na segurança interna e na defesa externa.[71]

Desaparecera totalmente a ideia de Exército como vanguarda do povo e firmava-se a do Exército coexistindo com a estrutura do Estado, como elemento dinâmico deste, de que falava Azevedo Amaral, citado no início do trabalho. A citação vem precedida do trecho seguinte que a completa:

> Estado e Nação formam uma unidade, que se completa pela integração perfeita das classes armadas na organização política, como força executiva da vontade estatal. Estabelece-se assim uma colaboração harmoniosa entre o Exército e o Estado, que é a expressão orgânica da própria Nação.

Sem dúvida, tais afirmações eram em boa parte tributárias da retórica totalitária da época. Mas procuramos mostrar que transformações reais vinham se processando no sentido de modificar o papel da organização militar na política nacional. A mudança independia em parte do discurso político predominante e fazia parte das transformações maiores que se davam na própria sociedade e no Estado. O enunciado dos projetos do novo regime em matéria de desenvolvimento econômico revela um conteúdo que de muito extrapolava o autoritarismo político, aspecto sempre salientado pelos opositores. É sintomático que depois do frustrado putsch de 1938, e com o início da guerra, elementos da própria esquerda, vinculados à Aliança Nacional Libertadora, passaram a apoiar o governo em suas ações desenvolvimentistas e nacionalistas.[72]

A ênfase no desenvolvimento econômico e, sobretudo, industrial foi secundada abertamente pelo Exército e mais ainda pela Marinha. O problema da siderurgia já fora objeto de destaque em entrevista do general Leite de Castro em março de 1931, quando ministro da Guerra da revolução. Foram constantes durante os anos seguintes as manifestações em favor da criação de uma indústria bélica nacional. A Marinha, devido a dificuldades de câmbio para a compra de navios, envolveu-se a partir de 1936 em amplo plano de construção naval, retomando a tradição imperial interrompida desde o início da República. No início, ela importou aço dos Estados Unidos, mas logo passou a produzi-lo em fornos elétricos montados na ilha das Cobras, aguardando a solução da implantação da grande siderurgia nacional, medida pela qual não cessavam os ministros de clamar como condição de libertação da tutela estrangeira. Foi feito apelo também à indústria privada, e desenvolveram-se projetos nacionais de vários produtos. Com o Estado Novo essas atividades adquiriram ritmo intenso.[73]

O Exército demorou um pouco mais a tomar medidas concretas, mas o fez a partir de 1939, quando um aviso do ministro ordenou maior entrosamento com a indústria civil nacional, preferência à matéria-prima e máquinas nacionais, incentivos a novas indústrias pela garantia de compra etc. O Departamento de Material Bélico passou imediatamente a implementar a orientação, dinamizando e ampliando ao mesmo tempo a produção das fábricas do Exército e oferecendo assistência técnica às indústrias particulares. Na expressão de seu diretor, estava em implantação "um verdadeiro parque industrial adequado às necessidades militares". Vários oficiais tinham sido enviados à Europa para treinamento e já haviam conseguido, em colaboração com empresas nacionais, fabricar máquinas, antes importadas, a preços muito inferiores. Conseguira-se mesmo produzir aços especiais para fabricação de armas.[74]

Com a aproximação da guerra, essa atividade cresceu substancialmente. Dela decorreram a criação de Volta Redonda, com intensa participação de dois oficiais do Exército, Edmundo de Macedo Soares e Sílvio Raulino, a Fábrica Nacional de Motores, a fábrica de aviões de Lagoa Santa, e os esforços para a exploração do petróleo.[75]

Por trás da retórica da identificação Exército-Estado e da visão de ambos como expressão orgânica da nação, estava a realidade de um projeto que se caracterizava pela nacionalização da política, pelo industrialismo e pela ideologia de nova ordem não liberal, mas inequivocamente burguesa. Um capitão perguntava-se em 1935 se seria necessário um novo conceito de Forças Armadas e respondia positivamente, dizendo estar superado o papel de simples guarda das instituições que o liberalismo a elas atribuía. O grande mudo francês não era mais, segundo ele, o exemplo a imitar. Em seu lugar surgiam os exemplos dos Exércitos nacionalistas, fascistas, nazistas e comunistas".[76] O projeto da intervenção controladora dos militares sem dúvida fugia do modelo de Exército burguês clássico. Mas o conteúdo concreto da intervenção, sobretudo em seus aspectos nacionalizantes, industrializantes e de contenção política, revelava-se compatível com a ordem burguesa industrial que se gestava no país, embora fosse a antítese do liberalismo político.

As transformações trazidas pela guerra e que resultaram, ao final, na queda do Estado Novo alteraram o quadro apenas parcialmente. As motivações que levaram a cúpula militar a agir novamente em 1945 foram em parte semelhantes às de 1937. As grandes mobilizações de massas promovidas no bojo do queremismo, os discursos populistas do presidente, o exemplo do peronismo, constituíam agora uma ameaça mais concreta à ordem social e política do que a percebida em 1937.[77] O golpe de 1945 foi consistente com o de 1937 e não por acaso teve à sua frente os mesmos chefes militares. Seu sentido pode ser em parte, e pitorescamente, ilustrado por episódio em aparência pedestre: o brigadeiro Ivo Borges, participante ativo do golpe, ao chegar em casa, encontrou o almoço por fazer devido à deserção de suas empregadas, que o acusavam de ter derrubado "nosso amigo Getúlio Vargas".[78]

4.
Vargas e os militares: aprendiz de feiticeiro[1]

A era Vargas, definida de maneira ampla como o período que vai de 1930 a 1964, foi marcada por mudança radical nas relações entre o presidente e as Forças Armadas. A primeira fase dessas relações, que poderíamos chamar de namoro, vai da Revolução de 1930 ao estabelecimento do Estado Novo, em 1937. Ao chegar ao governo, em 1930, no vácuo de poder aberto pela crise oligárquica, Vargas incentivou a transformação das Forças Armadas em ator político. Mais ainda: fez delas um dos pilares de sua sustentação, um contrapeso às forças oligárquicas. O auge do entendimento, a lua de mel, deu-se durante o Estado Novo (1937-45), quando houve total coincidência dos interesses do presidente e da corporação militar. Nos últimos anos do Estado Novo, no entanto, começou o processo de divórcio que caracterizou a terceira fase (1945-64).

A organização militar, que se alterara profundamente na estrutura, na ideologia e no poder político por força do próprio acordo com Vargas, mostrou-se incompatível com a reorientação ideológica e política do presidente. Incompatível, sobretudo, com a tentativa de mobilizar novo ator político, o operariado. A partir daí, a luta foi sem trégua. A morte de Vargas, em 1954, não pôs fim ao conflito, pois se passou então a combater sua herança política, ou seu fantasma, que se diziam encarnados em Juscelino Kubitschek e João Goulart. Em 1964, travou-se a batalha final que deu a vitória à facção militar anti-Vargas e a seus aliados civis, abrindo-se um novo ciclo político na história do país.

Primeira fase: namoro (1930-7)

A primeira fase teve como principais protagonistas o presidente Vargas e o general Góis Monteiro. Sendo bem conhecidas a pessoa e a atuação de Vargas, cabe falar um pouco do segundo.[2] Aluno brilhante da Missão Militar Francesa, inteligente, ambicioso, dotado de grande facilidade de expressão verbal e escrita, Góis Monteiro percebeu como nenhum outro militar de sua época a mudança dos tempos e o espaço que se abria à participação dos militares na política nacional. Vislumbrou também os pré-requisitos para viabilizar tal participação. Adepto, de início, da visão de seus mestres franceses sobre a necessidade de permanecerem os militares neutros na luta política (a doutrina do Exército como grande mudo), combateu ao lado das tropas governamentais na perseguição à coluna rebelde Miguel Costa-Prestes (1924-7).

Em 1930, no entanto, por obra do destino, caiu-lhe no colo o convite para comandar o movimento revolucionário planejado pelas oligarquias dissidentes, lideradas por Vargas, em aliança com os militares rebeldes que ele, Góis, combatera de armas na mão. Para um tenente-coronel sem perspectivas claras de acesso na carreira, uma vez que o mérito não era na época garantia de promoção, a oportunidade pareceu suficientemente atraente para convencê-lo a renunciar aos princípios de seus mestres. Os riscos eram sem dúvida elevados, pois revoltas anteriores tinham fracassado e dezenas de oficiais subalternos continuavam fora do Exército, sem anistia, desde 1922, alguns deles no exílio. Até mesmo um general, Isidoro Dias Lopes, chefe da revolta de 1924, fora punido com severidade. O instinto político deve ter sugerido a ele que em 1930 o ambiente estava maduro para a mudança. A dissidência das oligarquias mineira, gaúcha e paraibana, com o precioso auxílio de suas polícias militares, era garantia de meia vitória. O resto dependeria de sua capacidade de estrategista e de um pouco de sorte. Nenhuma das duas lhe faltou.

A vitória foi mais fácil do que esperava. Embora apenas parcela minoritária do Exército tenha tomado parte na revolta, e todos os generais da ativa tivessem permanecido leais ao governo, o sistema político montado por Campos Sales no início da República já se achava suficientemente desmoralizado, carcomido, na linguagem da época, para que ninguém se dispusesse a arriscar a vida em sua defesa. A grande batalha da revolução, a de Itararé, foi celebrada pelo poeta Murilo Mendes como a maior batalha da América do Sul que não houvera. No melhor estilo brasileiro, quando a sorte do movimento pendeu para os rebeldes, todos aderiram, inclusive os generais do presidente Washington Luís.

A facilidade da vitória tornou-se um problema no dia seguinte. Do lado militar, a condução da revolta ficara nas mãos de capitães e tenentes, muitos deles excluídos do Exército nas revoltas anteriores de 1922 e 1924. O mais alto posto entre os rebeldes era o de Góis Monteiro. Para que esse grupo adquirisse hegemonia dentro da organização militar, sem destruí-la pela inversão da hierarquia, era necessário que fosse rapidamente promovido e que fossem substituídos os generais da velha República. Havia ainda o problema dos comissionados. Como muitos tenentes e capitães tivessem se mantido fiéis ao governo durante a revolta, tinha sido necessário comissionar dezenas de sargentos no posto de segundo-tenente. Boa parte das tropas marchou sob o comando imediato desses sargentos. O comissionamento em massa criara expectativas que, não atendidas pelo novo governo, se tornaram nova fonte de conflito.

O tenente-coronel Góis Monteiro viu-se então a braços com um Exército profundamente dividido, além de mal treinado, mal armado, sem plano adequado de carreira: uma organização incapaz de exercer o papel que ele via abrir-se para ela com o fim do domínio da política oligárquica. As divisões internas inviabilizavam o exercício de tal papel. Havia confronto entre militares rebeldes e legalistas; entre oficiais subalternos, de um lado, e oficiais superiores e oficiais-generais do outro; entre oficiais e praças; entre Exército e Marinha; entre Exército e policiais militares. Iniciadas em 1922 com os tenentes, as agitações dentro do Exército multiplicaram-se depois da vitória de 1930. Entre essa data e 1934, ano da constitucionalização do país, houve 51 incidentes envolvendo militares de todos os escalões, compreendendo agitações, protestos e revoltas.

Aos tenentes juntaram-se agora as praças, sargentos e cabos, que, inspiradas no exemplo do sargento Fulgêncio Batista que assumira o poder em Cuba na crista de uma revolta militar, passaram a exigir melhorias em sua situação funcional e propor reformas radicais na própria sociedade. Em 1931, as praças depuseram o governador do Piauí, depois de sublevar o 25º Batalhão de Caçadores de Teresina. Reprimidas sempre com violência, mesmo pelos oficiais revolucionários de 1930, as revoltas de graduados revelavam as sérias dificuldades que enfrentavam dentro da organização: falta de estabilidade, precariedade do sistema de promoção, baixos salários, inexistência de aposentadoria, pensão e outros benefícios sociais. Particularmente vexaminosa era a exigência de constantes reengajamentos, dependentes sempre da avaliação subjetiva dos comandantes. As promoções estavam suspensas desde 1930 sob a justificativa de que tinha havido muitos comissionamentos durante a revolução. Apesar das justas reivindicações, a atitude do oficialato foi sempre, na melhor das hipóteses, de suspeita em relação aos movimentos de sargentos. Mesmo iniciativas pacíficas, como a Federação de Sargentos, fundada em 1935, não foram aceitas por Góis Monteiro sob a alegação de que quem devia defender os sargentos eram seus chefes. Era grande o receio de que o movimento de praças contribuísse ainda mais para a subversão hierárquica e a consequente fragmentação da organização. Era ameaça mais séria do que as rebeliões de oficiais.

Também os oficiais-generais se envolveram em manifestações políticas, em revoltas, em tentativas de golpe. Seu envolvimento não era novo: era a própria marca registrada da República. Mas, enquanto durou a *pax oligarchica*, suas ambições foram contidas pela hegemonia civil. No máximo podiam competir, junto ao governo, por promoções rápidas, boas comissões, postos de prestígio. Agora se abriam as janelas para voos mais ambiciosos. Até mesmo a presidência da República passava a ser objetivo atingível. De fato, quase todos os generais importantes da época envolveram-se em conspirações. Góis Monteiro foi um permanente candidato a presidente da República. Em 1934 houve tentativas abertas de fazer dele um candidato de oposição a Vargas.

A desunião inicial dos militares permitiu a Vargas, mestre da manipulação, utilizá-los em benefício de seus interesses políticos. Interessava ao chefe da revolução a existência de uma força armada suficientemente forte para servir de contrapeso às remanescentes lideranças oligárquicas e às novas lideranças civis que despontavam, mas não tão forte que ameaçasse sua própria liderança. Era um jogo complexo e arriscado a que Vargas se dedicou com êxito durante quinze anos. O jogo incluía o fortalecimento da organização militar e o controle simultâneo de seus chefes. A tática permitiu que Vargas se mantivesse no poder nos momentos de crise como a sucessão presidencial de 1934, as revoltas de 1935 e o golpe de 1937. Nem mesmo nesse último ano, quando o Exército já estava expurgado dos dissidentes, o general Eurico Gaspar Dutra, ministro da Guerra, e Góis Monteiro, chefe do Estado-Maior do Exército, se sentiram com força suficiente para dispensar a mediação de Vargas na implantação do Estado Novo.

A situação era particularmente difícil para Góis Monteiro. Embora dotado de habilidade política, estava longe de poder competir com Vargas. O presidente lhe dava carta branca para moldar o Exército de acordo com a nova concepção que desenvolvera. Para conferir autoridade a seu aliado, o presidente o promoveu a toque de caixa. Tenente-coronel em 1930, Góis tornou-se coronel em março de 1931, general de brigada em maio desse mesmo ano e general de divisão, o mais alto posto na época, em outubro de 1932. Com todo esse prestígio, era natural que ambicionasse a presidência e se tornasse alvo constante das tentativas de sedução por parte dos inimigos de Vargas. Barravam-no, no entanto, a fidelidade ao presidente e, talvez mais ainda, o reconhecimento da indispensabilidade de Vargas como moderador dos conflitos políticos de civis e militares. Suas incursões golpistas terminavam sempre no regresso contrito à aliança com o presidente. O fato de não ter tentado se impor pela força evitou a disputa aberta entre generais e facilitou o trabalho de unificação do Exército. Apenas em 1945, com o auxílio da conjuntura pós-guerra, ele e seus aliados sentiram-se com força o bastante para enfrentar vantajosamente o presidente.

Do ponto de vista de Góis, a tarefa principal era exatamente fortalecer o Exército a ponto de torná-lo capaz de agir com independência, inclusive em relação a Vargas. Para isso, era necessário suprimir a infinidade de conflitos que minava a organização militar. Segundo sua famosa expressão, era preciso acabar com a política no Exército para se poder fazer a política do Exército. Havia dois tipos distintos de conflito, um entre praças e oficiais, outro entre oficiais. O primeiro era estrutural, dividia o Exército e a Marinha horizontalmente, provinha do modelo de organização militar adotado no Brasil, comum nos Exércitos ocidentais, que separava nitidamente o oficialato das praças. Nesse modelo, a posição das praças é sempre difícil e incômoda, pois se veem em permanente e rígida desvantagem diante do oficialato. Momentos de mobilização política podem facilmente despertar movimentos reivindicatórios. O segundo conflito era de natureza ideológica e política. Correspondia a modelos distintos de relação entre militares e política. É possível detectar três modelos, nem sempre formulados com clareza por seus adeptos.

O primeiro refletia a influência do profissionalismo alemão e francês introduzido pelos jovens oficiais que estagiaram no

Exército alemão entre 1906 e 1912, os Jovens Turcos, e pelos alunos da Missão Militar Francesa. Era o modelo que se desenvolvera nas democracias liberais: à medida que se firmava a hegemonia burguesa, o Exército podia, e devia, dedicar-se primordialmente à defesa externa. Na política interna devia ser o grande mudo da expressão francesa. Era esta a posição de muitos oficiais, certamente a dos que tinham se recusado a aderir à revolução. Era a posição de Góis antes de 1930, quando repetia os ensinamentos da Missão Francesa, afirmando que nas lutas internas o Exército devia calar-se. A única política do Exército, ainda segundo Góis, deveria ser a preparação para a guerra. Os generais Bertoldo Klinger e Estevão Leitão de Carvalho, antigos estagiários do Exército alemão, estavam também entre os maiores defensores dessa posição.

A segunda concepção, que podemos chamar de intervencionismo reformista, era um híbrido típico de países em que, por razões históricas, o oficialato não se ligava às classes dominantes e em que a instabilidade política permitia, e quase exigia, a intervenção dos militares na política interna. No Brasil, essa concepção surgiu com os positivistas no fim do século XIX e ampliou-se com o tenentismo da década de 1920. Pode ser encontrada nos documentos do Clube 3 de Outubro e em outras proclamações anteriores dos tenentes. Nesses documentos, encontra-se um extenso programa de reformas econômicas, políticas e sociais, incluindo a reforma agrária, salário mínimo, legislação de greve, desenvolvimento da siderurgia. Lá estão também propostas de fortalecimento do Exército e de incorporação a ele das polícias militares estaduais, e a defesa de um papel de liderança para a elite militar considerada a mais bem organizada, a mais autorizada, a mais capaz.

A terceira concepção pode ser detectada entre militares mais radicais, oficiais e praças. Em sua forma extremada, refletia a influência do Partido Comunista do Brasil, cujo prestígio entre as Forças Armadas cresceu muito depois de ter conseguido a adesão do ex-capitão Luís Carlos Prestes em 1931. Esse grupo propunha um Exército popular semelhante ao que surgiu durante as revoluções russa e chinesa. O Exército devia ser um instrumento da luta de classes. Era esse o conteúdo de uma carta de Prestes, de 1931, conclamando soldados e marinheiros a voltar suas armas contra os oficiais, lacaios da burguesia. Depois da derrota da revolta comunista de 1935, o Partido Comunista e sua extensão política, a Aliança Nacional Libertadora, tentaram organizar um Exército revolucionário ao estilo das milícias populares, mas sem êxito. Esse modelo que, no dizer de um cadete, considerava o Exército a vanguarda do povo, implicava mudança completa na organização militar e no papel político das Forças Armadas. Assustava as elites civis e, mais ainda, o oficialato, mesmo o da corrente reformista.[3]

As circunstâncias políticas do momento tornavam o primeiro e o último modelos irrealistas. Em tempo de agitação política, de realinhamento de forças, de atores políticos mal organizados, era quase impossível aos militares permanecerem à margem da política. Muitos dos que se diziam profissionais puros viram-se liderando protestos e revoltas em aberta contradição com suas convicções. Góis Monteiro liderou a Revolução de 1930, esquecido do grande mudo; Klinger chefiou a revolta paulista de 1932. Por sua vez, os que advogavam um Exército popular enfrentavam dificuldades ainda maiores: os setores mais agressivos do proletariado, seu aliado natural, tinham longa tradição anarquista de antimilitarismo, e os oficiais, e mesmo as praças, eram demasiadamente voltados para sua própria corporação para serem capazes de mobilizar trabalhadores e camponeses.

Sobravam os intervencionistas reformistas que estavam presos a um dilema: para implementar as reformas precisavam conseguir o controle da organização; mas ao tentar controlar a organização não podiam evitar danos à hierarquia, pois eram oficiais subalternos; tais danos, por sua vez, reduziam o poder da organização e sua capacidade de intervir de maneira eficaz na política. O impasse foi claramente percebido por Góis, que, a partir dele, formulou sua estratégia e a colocou em prática. O modelo que foi implementando aos poucos até se tornar vitorioso em 1937 pode, à falta de melhor expressão, ser chamado de intervencionismo tutelar. Seus elementos constitutivos podem ser resumidos nos seguintes pontos. Primeiro, uma visão do Estado como fator preponderante na vida política; segundo, a necessidade da formulação e implementação pelo Estado de uma política nacional; terceiro, a necessidade de elites bem treinadas e capazes para dirigir o Estado. Esses três primeiros pontos podem resumir-se na ideia, muito difundida na época, da falência do liberalismo como filosofia política e como instrumento de governo. No que se referia à realidade brasileira, Góis postulava a inadequação tanto do sistema político, cuja base era o liberalismo, como das elites dirigentes, que acusava de incapazes, divididas, egoístas, sem visão nacional. Nesse quadro, salientavam-se as Forças Armadas como a elite capaz, organizada e de visão nacional. Caberia a elas a liderança na formulação e implementação da política nacional. Para que isso fosse possível, para que fosse feita a política do Exército, no entanto, era necessário que fossem eliminados os conflitos internos, que a hierarquia fosse fortalecida, que o poder da organização em termos de efetivos, armamento e treinamento fosse aumentado.

A reforma da organização foi sendo realizada sistematicamente, sob as bênçãos de Vargas, a quem interessava um aliado confiável e sólido. Ela foi descrita no capítulo anterior. Abrangeu a efetivação do serviço militar obrigatório, o treinamento de reservas, a desprofissionalização dos sargentos, a homogeneização e doutrinação dos oficiais, o expurgo dos dissidentes e a formação de um núcleo hegemônico de oficiais dentro do Exército. Esse grupo formou-se a partir de 1932 e consolidou seu poder no golpe de 1937. Sua cabeça pensante era sem dúvida Góis

Monteiro. Mas Góis era irrequieto, dispersivo, boquirroto, politicamente ambicioso. Além do mais, a morte trágica do filho em acidente de aviação em 1937 deixara-o psicologicamente abalado e com tendência para se exceder na bebida. Não tinha condições de administrar a realização de suas próprias ideias.

Teve, no entanto, a sorte de encontrar seu complemento perfeito no general Eurico Gaspar Dutra. Modesto, tímido, sem ambição política, sem pretensões intelectuais, Dutra era um executor, um administrador, um disciplinador, um homem da caserna.[4] Seguia as orientações políticas de Góis, que, por sua vez, confiava totalmente em sua ação. Os dois ocuparam posições-chave, desde 1933, no Ministério da Guerra, na chefia do Estado-Maior do Exército e na presidência do Clube Militar. De 1937 a 1945, com pequenas mudanças nos dois últimos anos, simplesmente monopolizaram o controle do Ministério e do Estado-Maior do Exército. Dutra só renunciou ao Ministério em 1945 para concorrer à presidência da República, sendo substituído por Góis.

Vargas percebeu sem dúvida o aspecto complementar da dupla de generais. A liderança intelectual de Góis aliada à disciplina e à lealdade de Dutra garantia sua base militar. Quando necessário, usava um contra o outro para mantê-los sob controle. Góis, particularmente, foi mantido sempre próximo, pois tinha maiores ambições políticas. De Dutra nada tinha a temer politicamente e tinha muito a ganhar como garantia do apoio militar.

A primeira fase do relacionamento de Vargas com as Forças Armadas foi, assim, algo turbulenta. Góis e seus aliados contaram com Vargas para promover expurgos e reformas. O presidente pôde contar com seus chefes militares nos momentos difíceis, como a revolta paulista de 1932, a eleição de 1934, as revoltas de 1935, o golpe de 1937. Ao longo do processo, não só se consolidaram as Forças Armadas como novo ator, mas também se redefinira seu papel político.

Segunda fase: lua de mel (1937-45)

Em 10 de novembro de 1937, Vargas, com o apoio e incentivo das Forças Armadas, fechou o Congresso, outorgou nova Constituição e estabeleceu uma ditadura batizada com o nome de Estado Novo. Já foi analisado o jogo político que se desenrolava desde 1930 e que culminou no golpe. Em embates sucessivos, fortaleceram-se as Forças Armadas e perderam poder as oligarquias estaduais. Aos poucos, sob a batuta de Vargas, desenvolveram-se pontos de contato entre ambas. Assim, com o apoio adicional dos ventos autoritários que sopravam na Europa, e da percepção de um iminente conflito internacional, estabeleceu-se a ditadura de 1937 sob a tutela das Forças Armadas.

A política do Estado Novo seguiu as orientações estabelecidas por Góis Monteiro em documento apresentado a Vargas em 1934 tanto no que se referia ao fortalecimento e à redefinição do papel das Forças Armadas como no que dizia respeito à política econômica. Dois dias antes do golpe, Vargas escreveu a O. Aranha, então embaixador em Washington, sobre o plano de reformas do novo regime. O plano punha ênfase na defesa interna e externa, no fortalecimento das Forças Armadas, no desenvolvimento econômico, na promoção das indústrias de base, na exportação. Mesmo dando o devido desconto para a retórica, não há como negar que por trás do autoritarismo do regime, e em parte como justificativa desse autoritarismo, havia um projeto de desenvolvimento nacional sob a liderança do Estado e com o apoio das Forças Armadas. A participação militar no esforço tornara-se mais fácil pelo fato de que oficiais tinham passado, desde 1930, a ocupar posições na administração civil. Até 1937, estavam presentes como interventores nos estados e como congressistas. Dos 87 interventores, quarenta haviam sido militares e 47, civis. Apenas três estados não tinham tido interventores militares. A presença militar se fazia também sentir nas comissões técnicas, como a Comissão Nacional de Siderurgia, criada em 1931 pelo ministro da Guerra. Depois de 1937, ela se tornou comum nos novos órgãos de formulação de políticas, como o Conselho Nacional do Petróleo, e nas indústrias vinculadas à defesa nacional, como a Companhia Siderúrgica Nacional e a Fábrica Nacional de Motores. Aparecia ainda nas comissões especiais criadas dentro do influente Conselho Federal de Comércio Exterior.

O Estado Novo veio coroar e levar às últimas consequências o modelo visualizado por Góis Monteiro. Ao eliminar totalmente a política partidária na sociedade, permitiu aos chefes da facção hegemônica militar eliminá-la também nas Forças Armadas.

Com o acordo em torno do Estado Novo, Vargas e as Forças Armadas atingiram o ponto máximo de sua influência, derrotando os adversários e eliminando sua capacidade de reação pelo fechamento dos mecanismos de participação. Os militares se consolidaram como atores políticos, assumindo, pelo lado político, a garantia da base social das elites tradicionais e, pelo lado econômico, a promoção dos interesses da burguesia industrial emergente. A ênfase posta no controle político, na integração nacional e na industrialização reforçava a emergência do capitalismo industrial, contrariando apenas os interesses políticos das oligarquias. Era um reordenamento, via Estado e Forças Armadas, do antigo sistema de dominação, feito no entanto sem ampliar a participação política, isto é, sem democratização. Era um capítulo da modernização conservadora.

Foi exatamente a sensibilidade para o aspecto participativo demonstrada por Vargas nos anos finais do Estado Novo que o manteve em posição oposta aos militares e marcou a terceira fase de suas relações com eles, e também um período qualitativamente distinto da política nacional.

Terceira fase: divórcio (1945-64)

Desde o início da era Vargas, tornara-se evidente a preocupação governamental com o problema social, revelada sobretudo na produção de ampla legislação sindical e trabalhista que culminou na Consolidação das Leis do Trabalho (1943). No entanto, uma aproximação política entre o governo e os sindicatos só se configurou nos anos finais do Estado Novo, sobretudo a partir de 1942, quando o ministro do Trabalho deu início a palestras radiofônicas semanais dirigidas aos trabalhadores. Capitalizando sobre a legislação sindical e social por ele criada, Vargas — diretamente e por intermédio de seu ministro do Trabalho — passou a dirigir-se explicitamente aos sindicatos e à classe operária, sem dúvida com um olho na eventual necessidade de terminar a ditadura e contar com um novo ator político com peso eleitoral.

À medida que se tornava previsível a vitória dos aliados, intensificou-se a preparação para a democratização e o apelo aos operários. A imagem de Vargas como o "pai dos pobres", o amigo dos operários, foi sendo sistematicamente construída. O movimento chegou ao auge com a proposta de uma assembleia constituinte com Vargas, que foi apoiada até mesmo pelo Partido Comunista do Brasil. Essa guinada, que tinha semelhança com o fenômeno peronista em marcha na Argentina desde 1943, foi a causa imediata do divórcio entre Vargas e as Forças Armadas, que, então tomadas pelo anticomunismo e pela pretensão de guiar o Estado, não aceitaram a busca de novo ator político que lhes era política e ideologicamente antagônico.

Nas circunstâncias da época — luta interna contra a ditadura e externa contra o nazifascismo —, o motivo do divórcio foi obscurecido pela aspiração geral de democratização que punha do mesmo lado parceiros heterogêneos como os socialistas e os liberais. Dentro das próprias Forças Armadas, o quadro não era claro.[5] Em 1945, ficaram contra Vargas os principais entre seus antigos auxiliares, como Góis, Dutra, Canrobert, tidos sempre como simpatizantes do Eixo. Movia esse grupo o receio da política trabalhista de Vargas, que vinculavam de modo quase paranoico ao perigo comunista. Ficaram também contra ele antigos aliados da época pré-Estado Novo, como os generais Juracy Magalhães e Juarez Távora, e o brigadeiro Eduardo Gomes, este candidato à presidência em 1945. Embora o anticomunismo e o medo de uma política populista ao estilo de Perón estivessem também presentes nesse grupo, ficavam em parte encobertos sob a capa da luta contra a ditadura, pela defesa do liberalismo e da democratização. Ao evoluir dos acontecimentos, a aliança entre esses dois grupos, que foi conjuntural em 1945, se consolidou e constituiu a nova facção militar que se tornou vitoriosa em 1964, quase vinte anos depois.

Ao lado de Vargas, ficaram uns poucos generais e alguns oficiais que tinham participado da Força Expedicionária Brasileira na Itália, como o general Paquet, comandante da Vila Militar, o general Odílio Denys, comandante da polícia, o general Estillac Leal, o brigadeiro Nero Moura. Além da lealdade pessoal, movia o grupo que permaneceu leal a Vargas, sobretudo em seus escalões intermediários, a simpatia pela política nacionalista e social. Politicamente, sua posição era incômoda, pois implicava defender o ditador em um momento no qual as pressões pela democratização eram gerais entre a elite, inclusive nos setores de esquerda. Foram grandes as pressões sobre os militares para acabar com a ditadura que eles próprios tinham ajudado a implantar. Democratas, liberais e reacionários, todos pediam a saída do ditador.[6]

As pressões generalizadas e o receio de que Vargas tentasse permanecer no poder sustentado no apoio popular, frustrando o processo eleitoral já em curso, levaram à sua deposição pelas Forças Armadas em outubro de 1945. Pelo lado dos militares, a deposição foi uma operação inédita: pela primeira vez as três Armas agiram conjuntamente. Foi o primeiro golpe planejado pelos três Estados-Maiores. De fato, para efetivar a deposição foi criado o embrião do que seria posteriormente o Estado-Maior das Forças Armadas (EMFA). As vozes discordantes ou estavam em escalões inferiores ou não tinham condições de se manifestar. Foi uma ação típica do ideal de Góis: a corporação agindo como um todo, pela voz da hierarquia. Não houve expurgos como em 1932, 1935 ou 1937. A calmaria durou até 1950, com o general Dutra na presidência da República e o general Canrobert no Ministério da Guerra.

Mas a imunização da organização militar contra a contaminação política externa não pôde resistir à abertura política, à retomada do debate na sociedade. O centro da discórdia continuou sendo a figura do ex-ditador e sua política. Uma vez apresentada a candidatura de Vargas às eleições presidenciais de 1950, as posições começaram a se extremar. O general Estillac Leal foi lançado candidato à presidência do Clube Militar como uma espécie de teste da viabilidade militar da candidatura do ex-ditador. A vitória de Estillac mostrou que ainda havia apoio entre setores do oficialato. Uma vez eleito, Vargas foi buscar no próprio Estillac seu ministro da Guerra. O brigadeiro Nero Moura, outro aliado de 1945, foi feito ministro da Aeronáutica.

No entanto, de acordo com a maioria dos observadores, amigos e inimigos, Vargas voltou ao governo sem a acuidade política e a vontade de poder que tinham sido sua marca registrada. Ele calculou mal a influência de seus partidários dentro das Forças Armadas. Não percebeu também a dimensão das transformações operadas na organização militar com sua própria conivência. Não havia mais lugar para tenentismos. Seus antigos amigos tenentes eram agora seus inimigos generais. E também não era mais tão fácil jogar com as ambições de generais, lançando uns contra os outros. Na realidade, a vitória de Estillac no Clube devera-se a uma esperta campanha de filiação de oficiais do quadro auxiliar, isto é, de antigos sargentos promovidos a tenentes, e de oficiais reformados. A quase totalidade do generalato não aceitava Estillac Leal, assim como Nero Moura não tinha o controle da Aeronáutica, onde dividia a liderança com o brigadeiro Eduardo Gomes, que fora novamente derrotado nas eleições presidenciais de 1950. Além do mais, alguns generais de prestígio fiéis a Vargas, como Zenóbio da Costa, eram também ferrenhos anticomunistas, ponto em que se aproximavam dos inimigos do presidente. Zenóbio também disputava com Estillac o comando do Exército, dividindo assim as já debilitadas forças de Vargas.

A luta concentrou-se no Clube Militar. Começou já em 1950, depois da publicação de um número da *Revista* do Clube no qual apareceu o artigo "Considerações sobre a Guerra da Coreia", redigido pelo diretor da *Revista*. O artigo combatia a ideia de envio de tropas brasileiras à Coreia. Os dois grupos que tinham se unido para derrubar Vargas em 1945 consolidaram sua aliança e começaram um combate sem tréguas contra a direção do Clube, criando o movimento chamado Cruzada Democrática. Em setembro de 1951, mais de 2 mil oficiais pediram assembleia extraordinária do Clube para discutir a política da diretoria e a linha editorial da *Revista*. Alegando falar em nome da sobrevivência da organização militar e da própria democracia, pediam o fim da política no Exército. A direção do Clube apelou para a tradição participativa dos militares ao final do Império, para a ideia do soldado-cidadão. Isto é, apelou para a tradição pré-Góis Monteiro. A assembleia acabou não sendo realizada, mas a liderança de Estillac ficou abalada, inclusive porque o outro esteio de Vargas, Zenóbio, também considerava o Clube um "ninho de mazorqueiros". Em 1952, Vargas foi forçado a exonerar os dois generais, descobrindo-se ainda mais. Nesse mesmo ano, a Cruzada derrotou Estillac, que se candidatara à reeleição para a presidência do Clube. As bases militares de Vargas estavam quase completamente destroçadas.[7]

Em 1953, a conspiração militar, aliada a grupos civis, sobretudo aos liberais conservadores da União Democrática Nacional (UDN), caminhou rapidamente à medida que Vargas dava sequência a sua política nacionalista sancionando a lei que criou o monopólio estatal do petróleo e propondo ao Congresso projeto de lei que limitava os lucros extraordinários. O almirante Pena Boto criou, então, a Cruzada Anticomunista Brasileira, que envolvia amplos setores da Igreja, ex-integralistas e até mesmo pessoas ligadas aos meios sindicais e às escolas de samba.

Em 1954, os acontecimentos se precipitaram. Em fevereiro, foi publicado o "Memorial dos coronéis", assinado por 82 oficiais superiores lotados no Rio, concentrados no Estado-Maior do Exército e na Escola Superior de Guerra. Redigido pelo coronel Golbery do Couto e Silva, o "Memorial" punha ênfase na precariedade da situação funcional do Exército, com queixas contra a insuficiência de verbas, a falta de estímulo profissional, os baixos vencimentos, a desunião. Mas, segundo admitem mesmo pessoas ligadas aos signatários, a finalidade principal era atingir João Goulart, ministro do Trabalho, cujo projeto de aumento de 100% do salário mínimo era criticado ao final do "Memorial". Na pessoa de Goulart, o alvo era o mesmo de sempre, a alegada influência comunista nas Forças Armadas e no país, tolerada pelo presidente. Embora tivessem agido à revelia dos comandantes, os signatários não foram punidos como exigia a legislação militar, indicação clara da conivência dos chefes. Na realidade, o "Memorial" pretendia incentivar os generais para uma ação anti-Vargas.

Em maio, o general Canrobert foi eleito presidente do Clube Militar. Em agosto, o assassinato de um major da Aeronáutica, Rubens Vaz, quando protegia o líder udenista Carlos Lacerda, foi a gota d'água. Foi enorme a irritação na Aeronáutica, houve reuniões exaltadas nos clubes das três armas em que se pedia, de início, a apuração do crime, depois a própria renúncia de

Vargas. Abalado pelas investigações do assassinato que incriminaram membros de sua guarda pessoal, acuado também pela UDN, cujo líder na Câmara, Afonso Arinos, em discursos histéricos, segundo sua própria avaliação, pedia sua renúncia, Vargas se viu indefeso. Diante do ultimato dos generais, brigadeiros e almirantes, e sem apoio civil organizado, decidiu pela morte voluntária dando um tiro no coração em 24 de agosto de 1954.

Era a segunda vitória da facção que o derrubara em 1945. Novamente teve êxito uma operação integrada da hierarquia militar dentro da qual a ação da facção anti-Vargas se escondia atrás do interesse de toda a organização. Os partidários militares de Vargas não tiveram força nem legitimidade para reagir. Os neutros se deixavam levar pelo argumento corporativo e anticomunista. Mas não fora a vitória final. A candidatura de Juscelino Kubitschek, lançada pelo Partido Social Democrático (PSD), reacendeu o udenismo militar. Os mesmos que combatiam Vargas passaram a combater Juscelino, que acusavam de continuador do varguismo, e levantaram a tese da exigência de maioria absoluta de votos na eleição presidencial de 1955. Dessa vez, no entanto, os partidários militares de Vargas se organizaram no Movimento Militar Constitucionalista para a defesa do mandato de Juscelino, uma causa que contava com amplo apoio popular. Em 11 de novembro de 1955, esse grupo conseguiu, pela ação dos generais Henrique Lott e Odílio Denys, impedir a marcha do novo golpismo dando um paradoxal golpe preventivo e depondo o presidente em exercício que era conivente com o antivarguismo.

A vitória, no entanto, deveu-se mais ao apoio popular a Juscelino. Para as Forças Armadas, o Onze de Novembro foi traumático. Dividiu o Exército internamente e o incompatibilizou com a Marinha e a Aeronáutica. Na Marinha, quase todo o almirantado era anti-Vargas. Na Aeronáutica, o inconformismo atingiu o ponto mais alto. Manifestou-se em rebeliões armadas, com as de Jacareacanga (1956) e de Aragarças (1959). Em carta a Juscelino em 1956, o general Cordeiro de Farias apontou a existência de uma guerra fria entre as Armas e sugeriu a nomeação de ministros civis para pacificá-las.

A luta contra o fantasma político de Vargas continuou algo amortecida durante o governo de Juscelino (1955-60), mas voltou a aguçar-se em 1961, com a posse de seu herdeiro político, João Goulart, em seguida à renúncia de Jânio Quadros, o presidente eleito em 1960. A posse em si já foi um compromisso na medida em que Goulart foi forçado a aceitar o regime parlamentarista. Sob o aspecto militar, ela apresentou uma característica da década de 1930: foi, em boa parte, garantida pela ação dos sargentos. Foram os sargentos responsáveis, entre outras coisas, pela desativação de aviões em Canoas, no Rio Grande do Sul, por planos de resistência no Rio de Janeiro, pela retirada dos tambores de óleo colocados no aeroporto de Brasília por oficiais da Aeronáutica para impedir a chegada do presidente, ação precedida da prisão dos oficiais. Os sargentos retomavam a luta de trinta anos antes por melhores condições funcionais, acrescentando a demanda do direito político de ser eleitos. Mais do que na década de 1930, sua ação se entrosava agora com a de grupos civis de esquerda como o Comando Geral dos Trabalhadores, a União Nacional dos Estudantes, a Frente Parlamentar Nacionalista.

Foi intensa a mobilização política durante o governo Goulart em torno do que se chamava na época de reformas de base. Afetados pela conjuntura participativa e por sua inexperiência política, os sargentos revoltaram-se em 1963 na capital do país e tomaram as bases aéreas de São Paulo, prendendo os oficiais. Embora fracassados, os dois movimentos causaram pânico entre o oficialato, que via ameaçado seu controle sobre a organização. Seguiram-se outros movimentos de praças. No início de 1964, marinheiros e fuzileiros navais reuniram-se no Sindicato dos Metalúrgicos no Rio. A reação do ministro da

Marinha transformou a reunião em rebelião, assustando ainda mais a oficialidade. Por fim, em 30 de março de 1964, o presidente Goulart compareceu a uma festa de sargentos em que pronunciou um discurso inflamado. Foi o que bastou para desencadear, em 31 de março, o movimento golpista de militares e políticos, que rapidamente se tornou vitorioso.

A intensidade dos conflitos que marcavam o governo Goulart permitiu, uma vez mais, que a facção anti-Vargas mobilizasse a maioria do oficialato sob a alegação de ameaça à hierarquia militar e à ordem social. Boa parte do oficialato não queria quebrar a ordem constitucional, mas também não se dispunha a lutar pelo governo, que, por sua vez, foi incapaz de usar os recursos de força com que ainda contava. Como observou um general da facção vitoriosa, muitos militares dormiram legalistas e amanheceram revolucionários.

Dentro das Forças Armadas a polarização era grande e os ódios, maiores. Depois da vitória, seguiu-se expurgo semelhante aos da década de 1930. De 1964 a 1968, 1312 militares foram expulsos da corporação, dos quais 574 oficiais e 738 praças.[8] Não é difícil imaginar quem constava das listas de punição: entre os oficiais, os líderes da corrente nacionalista do Clube Militar, os que apoiaram Lott em 1955, os que apoiaram Goulart; entre as praças, as que participaram das manifestações de 1963 e 1964.

Medidas tomadas pelos militares vitoriosos em 1964 implementaram reformas organizacionais que retomavam o ideal de Góis de imunizar as Forças Armadas contra as divisões políticas. Além dos expurgos dos opositores, intensificou-se o controle hierárquico e ideológico sobre os oficiais, expandiram-se os serviços de inteligência, reformou-se o sistema de promoção e reforma de modo a impedir a permanência por muito tempo de oficiais na ativa ou no mesmo posto. De novo, a eliminação da política na sociedade, mediante a censura e a repressão, serviu também para ajudar a eliminar, ou ocultar, os conflitos internos. Nos vinte anos que se seguiram o país foi governado por generais escolhidos pela corporação militar e apenas confirmados por um Congresso cujo poder era fictício.

Conclusão

Encerrou-se o ciclo de Vargas com a vitória de seus inimigos, sobretudo militares. O feitiço voltara-se contra o feiticeiro. De 1930 a 1964, mudaram as Forças Armadas, mudou Vargas, mudou o Brasil. Politicamente, mudou o Brasil em boa medida em decorrência das relações entre Vargas e as Forças Armadas. Para ocupar o espaço aberto pela crise oligárquica e engendrar um novo esquema de dominação política, Vargas aliou-se à facção militar que o levara ao poder e permitiu que ela fizesse das Forças Armadas um ator com recursos suficientes para influenciar os rumos da nação e com uma ideologia abertamente interventora. Enquanto se tratava de reconstituir o poder, de realinhar os setores tradicionalmente dominantes ou mesmo de promover novos interesses, como os da burguesia industrial, Vargas e os militares caminharam juntos.

Mas Vargas foi adiante e buscou uma redefinição do poder pela expansão de suas bases, pela incorporação do povo ao processo político, sobretudo do povo organizado nos sindicatos, mesmo que o fizesse dentro do estilo paternalista do populismo. Nesse momento, ele teve contra si os militares e os interesses de poderosos grupos sociais. Na medida em que a política populista se confundia com protecionismo econômico e com o nacionalismo de esquerda, interesses internacionais também se sentiam prejudicados pelo getulismo.

Os conflitos adquiriram nitidez e profundidade maiores na terceira fase. A aliança das Forças Armadas com setores da burguesia, apenas esboçada antes, agora se tornou nítida. A Escola Superior de Guerra e órgãos como o Instituto de Pesquisas

Econômicas e Sociais (Ipes) serviram de instrumentos ideológicos e práticos na aproximação da elite militar com as elites econômicas. Seria exagero dizer que as Forças Armadas se tornaram instrumentos dos interesses empresariais, mas pela primeira vez os empresários encontraram nelas um parceiro confiável. Excetuando-se elementos isolados, em 1964 já desaparecera o Exército temido por Osvaldo Aranha como ameaça à ordem social. Desaparecera o militar reformista das décadas de 1920 e 1930. Graças a expurgos sucessivos e mudanças organizacionais, as Forças Armadas tornaram-se mais fortes, mais coesas e mais conservadoras. Ajudaram a destruir a República oligárquica dos coronéis da Guarda Nacional, mas implantaram a República autoritária dos generais, exemplo de modernização conservadora.

O populismo varguista, mesmo levando-se em conta que estava longe de ser um sistema democrático, tinha exigências distributivas que eram vistas como incompatíveis com um processo acelerado de acumulação de capital. Mas seria difícil explicar 1964 e todo o conflito entre as Forças Armadas e Vargas com base nesse tipo de argumento. As Forças Armadas teriam acompanhado facilmente o nacionalismo econômico e o industrialismo de Vargas não fosse sua face populista. Talvez tenha sido antes o desencontro político que levou ao divórcio. As Forças Armadas, convencidas do poder que tinham adquirido e obcecadas pelo anticomunismo, foram incapazes de aceitar a competição de novos atores e o conflito democrático. Vargas, em seu segundo governo, assim como João Goulart mais tarde, foi incapaz de entender as características da nova organização militar que ajudara a criar, não mais manipulável pela cooptação de generais. O desencontro talvez não fosse inevitável. Que tenha existido foi uma infelicidade para o país, na medida em que impossibilitou um processo de modernização econômica menos concentrador e um processo de democratização mais acelerado.

5.
Fortuna e *virtù* no golpe de 1964

Lembro-me bem do dia 31 de março de 1964. Era aluno do curso de sociologia e política da Faculdade de Ciências Econômicas da Universidade Federal de Minas Gerais e militava na Ação Popular, grupo de esquerda católica. Era grande a politização do mundo estudantil, em consonância com o que se passava na política nacional. Muitos de nós acreditávamos ingenuamente que o país caminhava para o socialismo e queríamos fazer parte da jornada. O presidente Goulart era visto com suspeita, mas acreditávamos que o movimento popular, os operários, os estudantes, os camponeses, operariam a mudança com ou sem ele. Eu atuava no Movimento de Educação de Base (MEB), da Conferência Nacional dos Bispos, criando sindicatos rurais. Já antevia o Vale do Rio Doce tomado pelos operários das grandes siderúrgicas em aliança com os trabalhadores das grandes empresas de reflorestamento.

No dia seguinte, 1º de abril, já não havia dúvida sobre a vitória do golpe. Saí em companhia de colegas a vagar pelas ruas de Belo Horizonte, todos nós meio perdidos, sem entender bem o que se passava, com a sensação de que o céu desabara sobre a nossa cabeça. Contemplávamos, perplexos, a alegria dos que celebravam a vitória e assistíamos, assustados, ao início da violência contra os derrotados. Alguns alunos da faculdade, partidários do golpe, andavam armados pela cidade caçando os colegas de esquerda. O sonho do socialismo esboroava-se como um castelo de areia.

Foram duas grandes surpresas. A primeira, imediata, atingiu a todos, esquerda e direita: a facilidade da vitória dos conspiradores. Para os golpistas, foi boa notícia; para a esquerda, foi um choque. Como fora possível uma vitória tão fácil? Onde estavam os sindicatos, os estudantes, o movimento popular, os generais do povo, o dispositivo militar? É verdade que todos esperavam algum tipo de golpe. O presidente denunciava o golpe da oposição de direita, que denunciava o golpe do presidente; a esquerda radical, liderada por Brizola e seus Grupos de Onze, denunciava o golpe do presidente e da direita e era acusada por ambos de preparar o próprio golpe. Mas ninguém esperava um desfecho tão rápido.

A segunda surpresa, que também atingiu a todos, veio um pouco depois, quando começaram a ser publicados os atos institucionais, contendo demissões e cassações de direitos políticos, e quando o general Castelo Branco assumiu o governo. Os dois lados admitiam envolvimento militar em um eventual golpe, mas ao estilo cirúrgico das intervenções de 1945, 1954, 1955 e 1961, dirigidas para a derrubada do presidente, seguida da devolução do poder aos civis. Nenhum dos lados previa um golpe liderado e controlado por militares, seguido de um governo militar. O desapontamento aí foi maior entre os conspiradores civis de olho na presidência da República, mas a surpresa foi geral. Como militante da AP, perguntei-me pelas razões da primeira surpresa; como aluno de ciências sociais, indaguei-me das causas da segunda. Como militante e aluno, restou-me da experiência traumática a sensação de que o golpe fora produto de ações e omissões de atores políticos, e não de forças sociais irresistíveis.

Hoje olho para o passado e tento explicar as duas perplexidades. Começo pela segunda. Já na época, pareceu-me que a falta de previsão sobre a natureza do golpe devia ser atribuída à falta de conhecimento sobre um ator fundamental da vida republicana que eram os militares. Dediquei meu primeiro trabalho universitário a estudar esse ator, verificando que desde a década de 1930, sob a liderança de Góis Monteiro, ele vinha passando por grandes transformações internas que o preparavam para um papel hegemônico na política. Essas mudanças não foram percebidas por estudiosos e políticos, nem mesmo por Vargas, que delas foi cúmplice. As possíveis razões para essa cegueira são discutidas em outro capítulo deste livro e não serão repetidas aqui.*

É mais complexo encontrar as razões da primeira surpresa. Começo com o tema da predominância da ação, da *virtù*, sobre fatores não controláveis, a *fortuna*, para usar as conhecidas expressões de Machiavel. Foram várias as tentativas de atribuir o golpe e seu êxito a uma inevitabilidade histórica. Quase todas vieram da esquerda, e não por acaso, pois traziam o bônus adicional de fornecer um álibi para possíveis erros políticos. A explicação mais difundida foi que o golpe se devera a um complô do imperialismo norte-americano, que, por sua vez, era movido pela dinâmica da Guerra Fria. O golpe teria começado em Washington, fora fomentado pela CIA e não haveria como evitá-lo. Moniz Bandeira e Darcy Ribeiro foram defensores dessa tese. Outra explicação, que não excluía totalmente a primeira, deslocava para dentro do país o eixo golpista. Os autores do golpe seriam as classes dominantes, os latifundiários, os grandes empresários e banqueiros, liderados por associações de classe sob a coordenação e a cobertura ideológica do Instituto Brasileiro de Ação Democrática (Ibad) e do Instituto de Pesquisas Econômicas e Sociais (Ipes). Agindo por si ou com apoio externo, essas forças também formariam um bloco irresistível. O principal formulador dessa posição foi René Dreyfus.

Apareceram também explicações ligadas à economia, com várias vertentes. Uma delas era que o golpe seria inevitável porque a implantação de um regime autoritário era indispensável para a manutenção da superexploração do trabalho em um sistema de dependência econômica. A dependência exigia que os capitalistas

* Ver o capítulo "Militares e civis: um debate para além da Constituinte".

nacionais transferissem parte da mais-valia para o exterior e, para compensar a perda, tinham de aumentar a exploração do trabalho nacional. Outra vertente argumentava que o golpe e a consequente implantação de um regime autoritário eram exigência do processo de aprofundamento do capitalismo, isto é, da passagem da fase de substituição de importação de bens de consumo duráveis para a fase de substituição de bens de capital. Uma terceira vertente do argumento econômico dizia que o golpe e o autoritarismo eram necessários para restabelecer a capacidade nacional de poupar, retomar o investimento e recuperar o ritmo de crescimento econômico paralisado desde 1962. Durante o governo Kubitschek, o país crescera a taxas de 7% ao ano. A partir de 1962, caíra o ritmo, ao mesmo tempo que a inflação começava a disparar. No ano de 1963, ela já chegava a 80% ao ano.

Todas essas explicações, elaboradas a posteriori, têm em comum a característica de retirar dos atores políticos a responsabilidade pelos acontecimentos e, portanto, também por seus possíveis erros. Minha sensação na época de que o golpe fora consequência de estratégias dos agentes políticos foi confirmada posteriormente por leituras de depoimentos de participantes. O golpe e sua rápida vitória não foram determinados pela ação da *fortuna*, mas pela ausência de *virtù*.

No que se refere à interferência norte-americana, deve-se notar que a documentação sobre ela só foi conhecida muito depois, quando foram abertos os arquivos do presidente Lyndon Johnson. Soube-se, então, que a Operação Brother Sam consistia em plano de interferência a ser posto em ação apenas no caso de haver guerra civil em que os golpistas necessitassem de apoio. Sem dúvida, os Estados Unidos estavam interessados na derrota de Goulart, havia dinheiro americano no Ibad e a CIA não descansava. Mas tudo isso no máximo encorajou os golpistas. A conspiração foi interna, como também internas foram as causas de seu êxito.

Não sendo economista, recorro, para refutar as teses mecanicistas, ao artigo de José Serra publicado na revista *Dados* em 1979, intitulado "As desventuras do economicismo: Três teses equivocadas sobre a conexão entre autoritarismo e desenvolvimento". O autor contesta um por um os três argumentos que atribuem a causas econômicas o golpe de 1964. Por exemplo, no caso da tese do aprofundamento do capitalismo, ele mostra que a substituição de importação de bens de capital já começara bem antes de 1964 e lhe foi dada pouca importância depois do golpe. A prioridade dada à indústria de bens de capital só foi definida durante o governo do general Geisel.

Não há dúvida de que havia uma conspiração da direita em andamento desde a renúncia de Jânio Quadros e a subida de Goulart, ou melhor, desde 1954, quando Vargas, pelo suicídio, a derrotou. Depoimentos dos principais militares e civis envolvidos não deixam dúvidas a respeito. No entanto, esses mesmos depoimentos mostram as grandes dificuldades encontradas pelos conspiradores. O Ipes, por exemplo, foi tido como um ator primordial da conspiração e do golpe. Mas um depoimento de seu diretor revela que o instituto teve enorme dificuldade em arrancar dinheiro dos empresários. A maioria dos homens de negócio tinha receio de se envolver, ou simplesmente não queria gastar dinheiro. Os proprietários rurais, os famosos latifundiários, simplesmente não apoiavam o Ipes porque o instituto defendia uma reforma agrária moderada. De reforma agrária não queriam ouvir falar, mesmo moderada.

O mesmo problema atingia os conspiradores militares. Lendo-se seus depoimentos, percebe-se a grande dificuldade que tinham em convencer os colegas da necessidade de derrubar o presidente. Havia um legalismo inercial nas Forças Armadas. Envolver-se em ação golpista comportava um grande risco. O fracasso da aventura podia significar o comprometimento definitivo da carreira. Disso sabiam muito bem os que tinham participado da frustrada tentativa de golpe de 1961 para impedir a posse de Goulart. Como se sabe, a decisão golpista da cúpula militar foi contestada pelo III Exército e gerou resistências em várias outras unidades militares. Em 1964, até as vésperas do golpe, o grosso da tropa não estava preparado para embarcar na aventura. Excluindo-se os grupos ideologicamente motivados, à esquerda e à direita, a maioria dos militares permanecia em cima do muro, à espera de que os acontecimentos indicassem com alguma segurança em que direção soprariam os ventos.

Nada era ponto pacífico até 31 de março. As opções estavam abertas até o último momento. Houve, sem dúvida, nos últimos meses antes do golpe, uma polarização das forças políticas. Grandes manifestações se verificavam a favor e contra Goulart nos principais centros urbanos. Lembro-me de um comício de Leonel Brizola em Belo Horizonte, em 25 de fevereiro de 1964, que foi desbaratado por opositores apoiados pela polícia estadual do governador Magalhães Pinto. Do conflito resultaram mais de cinquenta feridos. O prédio da Secretaria de Saúde foi tomado por opositores e a mesa foi ocupada por senhoras que agitavam terços. Brizola não passou do hall de entrada. O comício de 13 de março em frente à Central do Brasil no Rio de Janeiro, em apoio às reformas, mobilizou 150 mil pessoas. Em São Paulo, no dia 19 de março, os inimigos do presidente reuniram 500 mil manifestantes na "Marcha da família com Deus pela liberdade". No dia 2 de abril, calcula-se que 1 milhão de cariocas tenham desfilado no Rio de Janeiro para festejar o êxito do golpe.

Apesar dessas manifestações, há motivo para crer que a polarização atingia apenas as cúpulas políticas e os setores mais politizados da população. Uma pesquisa do Ibope, feita em março de 1964, mês do golpe, cujos dados foram revelados por Antônio Lavareda em seu livro *A democracia nas urnas*, mostra que, ao serem questionados sobre suas preferências para as eleições presidenciais previstas para 1965, os entrevistados indicaram como favorito o ex-presidente Juscelino Kubitschek, um homem de centro. Reduzindo as respostas aos quatro candidatos principais, Juscelino tinha a preferência de 37% dos eleitores, Carlos Lacerda, de 25%, Adhemar de Barros, de 9%, e Magalhães Pinto, de 7%. Outra pesquisa do mesmo Ibope, feita em junho de 1963, mostrava que 45% da população preferia uma solução de centro para o país (Juscelino Kubitschek e Magalhães Pinto), 23% optavam pela direita (Carlos Lacerda e Ademar de Barros), 19% pela esquerda (Leonel Brizola e Miguel Arraes), e 13% não sabiam responder.

Uma das razões aparentes para a radicalização era a visão negativa que se tinha na época da atuação dos partidos e do Congresso. Ecoando a tese de Celso Furtado, provavelmente correta, que dizia ser o Congresso mais conservador do que o Executivo, e constituir obstáculo às medidas reformistas, lideranças mais radicais começaram a propor soluções revolucionárias que passavam ao largo do sistema representativo. Os exemplos mais claros dessa orientação foram os pedidos de convocação de uma assembleia constituinte e a criação dos Grupos de Onze por Leonel Brizola. Este último pediu abertamente, no Comício das Reformas de 13 de Maio, o fechamento do Congresso e a convocação de uma constituinte.

Pesquisas posteriores mostraram que, embora o Congresso fosse de fato mais conservador do que o Executivo, havia possibilidade de acordo, mesmo em relação a reformas polêmicas. A mais polêmica de todas, pelas violentas reações que provocava (os fazendeiros armavam-se ostensivamente), era a reforma agrária. Ora, o mais importante partido da época, o PSD, considerado porta-voz do conservadorismo rural, apoiava uma reforma agrária que abrangesse propriedades improdutivas acima de quinhentos hectares. Mais ainda, concordava com o pagamento das desapropriações com títulos da dívida pública, um ponto essencial da reforma. Isso significa que mesmo no Congresso havia possibilidade de acordo. Desde, é claro, que houvesse disposição para a negociação.

A alegação da falência dos partidos políticos também não corresponde à realidade. A pesquisa do Ibope do mês de março mostra que 64% dos entrevistados se identificavam com os partidos políticos tradicionais. Os três maiores deles, o PTB, o PSD e a UDN, juntos, comandavam a lealdade de 50% dos entrevistados. Era um número muito alto, mesmo para os padrões internacionais. Era idêntico ao verificado na Alemanha, superior ao da França (63%) e ao da Bélgica (58%). O índice brasileiro aproximava-se do de democracias avançadas. Os partidos nacionais consolidavam-se e se nacionalizavam.

Então, por que se caminhou para a polarização e para o final traumático? Examino o caso do principal ator, o presidente da República. Foi grande na época nossa irritação com a atuação de Goulart. Ainda hoje, dispondo de maiores informações, ela me parece difícil de entender. O presidente parecia fazer tudo o que seus adversários pediam a Deus que fizesse para facilitar o golpe. Depoimentos de pessoas próximas a ele, como Amaral Peixoto e o chefe do Serviço Federal de Informações e Contrainformações (SFICI) do governo, o capitão de mar e guerra Ivo Corseuil, mostram que Goulart não dava atenção aos frequentes alertas que lhe faziam sobre os riscos políticos de muitos de seus atos. Nomeava generais não confiáveis para o comando de postos-chave, como os do III Exército, mantinha, às vésperas do golpe, no Ministério da Guerra, um general hospitalizado e, no Gabinete Militar, outro general vítima de alcoolismo a que fora levado por crise familiar, não ouvia os conselhos para agir com mais firmeza na manutenção da disciplina militar ameaçada por rebeliões de sargentos e marinheiros.

Sobretudo, Goulart não atendeu aos apelos dramáticos de Tancredo Neves e outros amigos no sentido de não comparecer à festa dos sargentos da Polícia Militar do Rio de Janeiro, realizada no Automóvel Clube em 30 de março. Respondeu que devia muito aos sargentos e não podia decepcioná-los. Não só compareceu à festa como abandonou o texto escrito do discurso e falou de improviso, em tom exaltado, para um auditório de que fazia parte o famigerado "cabo" Anselmo. Como se sabe, o discurso precipitou o início do golpe. Ao ouvi-lo, o general Mourão Filho decidiu deslocar suas tropas de Juiz de Fora em direção ao Rio de Janeiro. Nas palavras de um dos conspiradores, muitos militares dormiram legalistas em 30 de março e acordaram revolucionários no dia seguinte. A atitude do presidente diante dos movimentos dos sargentos e marinheiros era tudo o que faltava para que os conspiradores militares conseguissem o apoio da maioria de oficiais que hesitava em aderir a seus planos. Corroer as bases da disciplina era inaceitável para qualquer oficial, mesmo para os que apoiavam as reformas propostas pelo presidente.

A atitude do presidente tornou-se ainda mais difícil de entender quando se recusou a autorizar a resistência ao golpe que vinha de Minas sob a alegação de que não desejava derramamento de sangue. A ordem para não resistir foi dada ao mesmo tempo que não atendia aos apelos do comandante do II Exército, general Amauri Kruel, no sentido de desautorizar o CGT como condição para não ser deposto, e recusava proposta semelhante do chefe do Estado-Maior das Forças Armadas, general Peri Bevilacqua, que o visitou no palácio. Dois dias depois, em Porto Alegre, reiterou o gesto, discordando da posição de Leonel Brizola, que queria repetir a resistência vitoriosa em 1961, e desconsiderando a garantia do general Ladário, afinal posto no comando do III Exército, de que a reação ainda era possível.

Como entender a atitude do presidente que, de um lado, radicalizava suas posições em uma disputa com Leonel Brizola pelo comando das reformas e, de outro, não apenas descuidava de seu "dispositivo militar", como se dizia na época, mas explicitamente o sabotava? Se sua intenção fosse dar um golpe, o que não parece provável, teria de reunir forças para executá-lo. Nesse ponto a postura coerente foi de Leonel Brizola, que criou seus Grupos de Onze. Se apenas queria cumprir o mandato, teria de negociar as reformas e defender a legalidade, se necessário com o uso da força. Aqui, novamente, a coerência estava com Brizola, que insistiu em resistir. Se desejava simplesmente abandonar tudo, como acreditava o próprio Corseuil, por que não o fazer sem tumultuar a vida política do país?

Antônio Calado apresentou uma hipótese explicativa, que exponho aqui livremente. O comportamento de Goulart teria sido um suicídio incruento. A comparação óbvia era com o suicídio cruento de Vargas. De fato, em seu segundo governo, Vargas escalava o desafio aos inimigos na mesma proporção em que perdia força política, como se quisesse provocar um impasse. Pressionado pela esquerda, Goulart escalava a retórica das reformas sem cuidar das bases de sua sustentação política perante a direita. A grande diferença entre ele e Vargas teria sido a cena final. Vargas optou pelo suicídio físico, agregando páthos à derrota política. Goulart decidiu preservar a vida física, chancelando sua derrota política. Seu suicídio foi apenas político sem drama e sem glória, morte sem ressurreição. Não saiu da vida nem entrou na história.

Diziam os antigos que aqueles a quem Zeus queria perder antes os enlouquecia. *Quos Zeus vult perdere prius dementat.* Zeus parecia estar muito ativo no Brasil em 1964. Mas talvez não seja necessário recorrer a hipótese tão dramática como a do suicídio ou invocar antigas divindades. A corrida para a polarização e o fechamento de alternativas por parte do presidente e de grupos mais à esquerda talvez se possa explicar de maneira mais simples. O povo invadira a política republicana ao final do Estado Novo e, sob o regime democrático, ampliava constantemente sua capacidade de intervenção. Essa novidade quebrara o padrão tradicional de fazer política. Era um momento de grande experimentação, inevitavelmente algo caótico. Afinal, o país buscava realizar em curto espaço de tempo uma tarefa que outras nações tinham cumprido ao longo de séculos. Partidos e líderes políticos que interpelavam o novo ator, e as próprias lideranças sindicais e populares, todos estavam aprendendo o novo jogo, experimentando novas táticas. Ao lado do desafio, a situação apresentava óbvios riscos diante da novidade e do grande medo causado pela emergência do novo ator político.

No processo, era previsível que se cometessem muitos erros de avaliação. Para me limitar à esquerda, as cúpulas sindicais, sobretudo do Comando Geral dos Trabalhadores (CGT) e do Pacto de Unidade e Ação (PUA) e as lideranças estudantis comandadas pela União Nacional dos Estudantes (UNE), acreditavam ter o poder de controlar suas bases e de serem capazes de mobilizá-las quando necessário, paralisando as atividades produtivas. O apoio de alguns generais dava credibilidade a tal convicção. Os inimigos de bom grado acreditavam, ou pretendiam acreditar, no mesmo poder, pois com isso podiam acusar Goulart de querer implantar no país uma República sindicalista. Ao mesmo tempo, eram também vítimas de distorções de percepção, na medida em que a Guerra Fria alimentava a histeria anticomunista. Criava-se uma bola de neve radicalizante que se afastava cada vez mais da realidade. Sobre-estimando a própria força e subestimando a do inimigo, o presidente e as esquerdas se empenharam em uma corrida para o abismo.

O dia 31 de março trouxe de volta, de maneira traumática, o princípio da realidade. Não apareceu o dispositivo militar, não houve greves importantes, não se verificaram grandes manifestações populares. Viu-se que a agitação era mais retórica do que indicação de real capacidade de ação. Não havia bases debaixo das cúpulas, não havia organização nos movimentos populares. No dia 1º de abril, nem o presidente quis reagir.

Uma atenuante para a aparente falta de *virtù* dos atores políticos era o fato de que em 1964 a convicção democrática era tênue tanto na esquerda como no centro e na direita. Nossos liberais não hesitavam em recorrer às Forças Armadas para derrubar o governo. Nossa esquerda não valorizava os métodos democráticos de promover a reforma social. A democracia política era vista com desconfiança pelos reformistas sociais, assim como a democracia social não era tida pelos liberais como condição de sustentação da própria liberdade.

Volto ao ponto de partida. Explicadas ou não as surpresas de 1964, reafirmo a convicção de que o desfecho se deveu muito mais a ações e omissões de agentes políticos, à *virtù*, do que a grandes causas sociais, à *fortuna*. Não me parece que o processo democrático que se construía a duras penas tenha sido interrompido por fatores independentes da ação humana. Uma vez envolvidos na corrida para a radicalização devido à equivocada avaliação das forças em jogo, os atores políticos, aí incluído o presidente, perderam a capacidade de controlar o carro em movimento. Reformas viáveis, posto que moderadas, foram rejeitadas em nome de mudanças radicais ilusórias. Predominou o voluntarismo de lideranças afastadas das bases e do sentimento do grosso da população. É perfeitamente possível imaginar um cenário em que Goulart, mesmo que aos trancos e barrancos, chegasse ao final do mandato e Kubitschek o substituísse, eleito presidente em 1965, como sugeriam as pesquisas.

A responsabilidade principal pelo golpe foi dos que o deram e não dos que o sofreram. Os vencedores contaram, no entanto, com a ajuda dos perdedores. Como um Ulisses às avessas, a esquerda tinha criado suas próprias sereias a cujo canto sucumbiu. Não foi preciso um Zeus para enlouquecê-las.

6.
Juarez Távora e a modernização pelo alto

Juarez Távora foi membro preeminente de um grupo político que marcou o cenário brasileiro durante meio século. Não é, portanto, possível falar dele sem referência ao contexto político nacional. Outros já se encarregaram de salientar suas qualidades pessoais, dentre as quais se destacam, sem dúvida, a integridade moral e o profundo espírito público.

Falar de Juarez Távora no sentido aqui proposto é, de imediato, falar do tenentismo, de que foi uma das figuras mais marcantes. O tenentismo foi a segunda investida dos militares, como instituição, no sentido de ampliar e fortalecer sua posição dentro da máquina estatal e dentro da sociedade. A primeira investida, que poderíamos chamar de primeiro tenentismo devido à forte presença de jovens oficiais entre seus agentes, deu-se por ocasião da proclamação da República. Foi uma tentativa frustrada, na medida em que, logo depois do governo do marechal Floriano Peixoto, as oligarquias estaduais, lideradas pela paulista, assumiram o domínio incontestado da política nacional, devolvendo a corporação militar a posição subalterna, embora não tão subalterna como a que tivera durante o Império. A segunda investida, de que Juarez Távora foi participante ativo, ao contrário, teve pleno êxito, no sentido que adiante se esclarecerá.

De início pouco nítido em sua orientação política, o tenentismo fragmentou-se posteriormente. A primeira grande cisão deu-se em 1930, quando o então capitão Luís Carlos Prestes aderiu ao comunismo, rompendo com os antigos companheiros. A discordância em relação ao rumo tomado pelo antigo comandante da coluna rebelde foi formulada com clareza por Juarez Távora em carta bem conhecida. Prestes passou, então, a liderar a corrente de esquerda revolucionária do tenentismo, de grande atuação na década de 1930, portadora de proposta de mudanças radicais. Juarez Távora, por sua vez, tornou-se um dos principais representantes da corrente que poderíamos classificar de centrista, de longa vida, propugnadora de mudanças que não alterassem radicalmente a natureza do sistema social vigente. Outros tenentes distribuíram-se em posições intermediárias às duas principais.

Apesar das diferenças, pode-se, no entanto, argumentar, como argumentarei, que todas as correntes do tenentismo concordavam em alguns pontos centrais para o debate e a ação política posteriores a 1930. A convergência de pontos de vista poderia ser atribuída à formação militar comum do grupo e à posição que a força armada ocupava na estrutura de poder. Listo quatro desses pontos.

Nacionalização da política. Todos os tenentes, da esquerda à direita, lutavam contra o domínio que, desde o governo Campos Sales, as oligarquias estaduais exerciam sobre a política nacional. Todos eles eram favoráveis a um retorno à centralização política, entendendo-se por isso maior poder ao governo central em detrimento dos estados. Na esquerda tenentista, a proposta de centralização era radical. Mas ela era grande mesmo na corrente que estou chamando de centrista. Todos os tenentes apoiavam a restituição, ao governo central, da capacidade de propor e implementar políticas em todos os domínios da vida nacional. Todos eram contrários ao federalismo, pelo menos na forma em que era praticado na Primeira República.

Antiliberalismo. Dentro do espírito dos anos 1930, os tenentes de todos os matizes de opinião eram também antiliberais, no sentido de defenderem papel preponderante para o Estado em detrimento do mercado. O antiliberalismo era mais intenso na esquerda tenentista, mas também marcava a corrente centrista. Sem defender a sociedade totalmente planificada, Juarez Távora e seus companheiros eram favoráveis à forte presença do Estado nacional na regulamentação da sociedade e da economia. Essa característica reforçava a anterior.

Antirrepresentativismo. A oposição ao sistema democrático representativo era outra unanimidade tenentista. A esquerda do movimento repudiava esse sistema em qualquer circunstância e modalidade. A corrente centrista repudiava-o nos termos em que era praticado no Brasil. No caso de Juarez Távora, o repúdio já aparece com clareza no primeiro livro que escreveu, quando ainda no exílio, e que foi publicado em 1927. Refiro-me a *À guisa de depoimento sobre a revolução brasileira de 1924*. Justificando as revoltas de 1922 e 1924, o autor defende sem meias palavras o direito, ou mesmo o dever, que teria a força armada de intervir no processo político para derrubar governos que julgasse estarem exorbitando da lei. Não há no texto qualquer referência ao Congresso Nacional como representante do povo e fiscalizador do Executivo. O povo é visto como "massa imbele", incapaz de reagir por si mesma ao arbítrio do poder. Os que viam perigo de militarismo em sua proposta são ridicularizados como "vestais do civilismo". Segundo Juarez Távora, a força armada tinha, nos termos da Constituição de 1891, o papel de árbitro do sistema político, de vingadora da nação contra os abusos do poder constituído.

Na carta de 1930, em resposta a Prestes, Juarez Távora fez uma defesa da representação política. Mas referia-se à representação corporativa, ideia certamente tirada de Alberto Torres, e tratava-se muito provavelmente de argumento ad hoc contra a alternativa comunista de Prestes. A prova disso é que sua corrente apoiou a ditadura do governo provisório e lutou por sua prorrogação até que fossem introduzidas as reformas que julgava imprescindíveis. Ela também não hesitou em aderir à conspiração de 1964 que pôs fim a outro governo legalmente constituído. A justificativa em 1930 eram os abusos do governo das oligarquias; em 1964, era o perigo representado pelo que, no texto de 1927, era chamado de "populacho".

Reformismo. Todas as correntes tenentistas propunham reformas políticas, sociais e econômicas. Nenhuma delas era conservadora no sentido de defender a ordem político-social vigente. O que variava era a profundidade das reformas propostas. Elas eram radicais na corrente de esquerda, a ponto de subverterem a ordem capitalista, e eram moderadas na corrente centrista, destinadas a modernizar essa mesma ordem. O Clube 3 de Outubro, porta-voz do tenentismo nos anos iniciais de sua ascensão ao poder, formulou um vasto programa de reformas, algumas inaceitáveis para os grupos dominantes da época.

Esses quatro pontos comuns permitem precisar melhor o sentido da atuação da corrente de Juarez Távora nos anos, na realidade décadas, que se seguiram a 1930. Como se sabe, tendo apoiado Vargas incondicionalmente nos primeiros anos, a corrente passou a combatê-lo e aderiu ao movimento que o derrubou em 1945. Regressando o antigo ditador ao poder em 1950, ela participou, ao lado de grupos civis, sobretudo da UDN, da luta contra seu governo. Depois do suicídio de Vargas, em 1954, a luta dirigiu-se contra as correntes políticas consideradas suas herdeiras. O desfecho deu-se em 1964, quando o varguismo foi derrotado por nova intervenção militar, totalmente apoiada pelo grupo de Juarez Távora, tendo este assumido um ministério no governo do general Castelo Branco. A presença conspícua do grupo na luta contra Vargas evidencia-se nas candidaturas presidenciais de Eduardo Gomes em 1945 e 1950 e do próprio Juarez Távora em 1955.

O movimento de 1964 representou a vitória final do tenentismo de Juarez Távora. Para usar expressão mais significativa do que centrismo, poderíamos caracterizar esse tenentismo como defensor da modernização pelo alto, ou da modernização conservadora, segundo a terminologia cunhada por Barrington Moore. A prova da modernização está no fato de que o Brasil saiu dos governos militares como um país capitalista, industrializado e urbano, com sólida infraestrutura de energia, transporte e comunicação, muito distante daquele que os tenentes encontraram quando chegaram ao poder em 1930. A transformação foi conseguida graças a intensa atuação do Estado, sobretudo do governo federal. Juarez Távora teve participação direta em algumas mudanças, como as referentes à política mineral e do petróleo, além de ter contribuído para a formulação do ideário da modernização conservadora quando no comando da Escola Superior de Guerra.

O lado conservador, a ação pelo alto, tem a ver com a maneira pela qual a mudança foi promovida. Além de ter sido dirigida pelo Estado, ela buscou restringir a participação política quando esta parecia ameaçar os rumos traçados. A modernização conservadora exigia a quebra do poder da oligarquia rural, exigia o planejamento econômico, a industrialização, a urbanização. Mas exigia também a manutenção das premissas básicas da ordem liberal capitalista. Se era justificável subverter o sistema representativo que sustentava o regime oligárquico, o que foi feito em 1930, era igualmente justificável subverter o sistema representativo que dava guarida à ação de movimentos julgados ameaçadores da ordem liberal capitalista, o que foi feito em 1964. Em um caso, alijava-se a hegemonia oligárquica, em outro, evitava-se o predomínio do "populacho". Era o programa de Juarez Távora desde 1927.

Foi, assim, plena a vitória da corrente tenentista da qual Juarez Távora foi batalhador incansável, arrojado e leal.

7.
Euclides da Cunha e o Exército*

Introdução

Não são muitos os estudos sobre as relações entre Euclides da Cunha e o Exército. Com poucas exceções, dentre as quais avulta a do general Umberto Peregrino,[1] o tratamento do tema limita-se à experiência na Escola Militar, com destaque para o episódio da insubordinação, sem maior aprofundamento.

Uma das razões desse relativo desinteresse pelo tema pode dever-se ao fato de ter Euclides abandonado a farda como primeiro-tenente, ainda no início da carreira, tempo que seria curto para marcar sua personalidade. Outra razão, talvez inconsciente, poderia ser o desejo de evitar a lembrança da morte trágica do escritor nas mãos de um aspirante a oficial, que também matou o segundo filho de Euclides. Uma terceira razão, ligada à anterior, pode ser a animosidade contra os militares, exacerbada durante a campanha civilista de Rui Barbosa, que disputava a presidência com o marechal Hermes da Fonseca, no mesmo ano da morte do escritor.

Seja como for, a desatenção não se justifica.

Em primeiro lugar, porque Euclides da Cunha, embora não tivesse ido além de primeiro-tenente, passou no Exército nove anos de sua vida, entre 1886 a 1896, à exceção apenas de

---

* Agradeço a Renata Peixinho Dias Vellozo pela ajuda no levantamento de dados para a redação deste capítulo.

1889. Além disso, viveu cercado de militares. Seu sogro, o futuro general Sólon, e três cunhados pertenciam a tradicional família de militares gaúchos. Dilermando de Assis, que o matou em 1909, era filho e sobrinho de militares gaúchos. O irmão de Dilermando, Dinorah, era na mesma época da morte de Euclides aluno da Escola Naval. Euclides Ribeiro da Cunha Filho era aluno da Escola Naval quando também foi morto por Dilermando, em 1916. Finalmente, Euclides foi a Canudos como adido do Estado-Maior do ministro da Guerra, marechal Carlos Machado Bittencourt. Voltou a cercar-se de militares quando chefiou a Comissão Brasileira de Reconhecimento do Alto Purus.

Em segundo lugar, porque militares foram protagonistas de dois episódios cruciais de sua vida, o que o tirou da obscuridade em 1888, na Escola Militar, e o que o tirou da vida em 1909, em uma casa do bairro da Piedade. Em terceiro lugar, porque a Escola Militar e a Escola Superior de Guerra fizeram sua cabeça política e filosófica. Em quarto lugar, porque o ensino da Escola, em sua parte técnica, forneceu a Euclides elementos preciosos para analisar e avaliar com mais precisão os aspectos militares da campanha de Canudos.[2] Em quinto lugar, porque foi o Exército que incutiu no filho de um guarda-livros um profundo senso de brasilidade. Por fim, porque sem as relações de Euclides com o Exército simplesmente não teríamos celebrado o centenário de *Os sertões* em 2002, o que seria ruim, e não estaríamos lembrando este ano o centenário de sua morte, o que seria bom. Não há, portanto, diria Euclides, como fugir à análise do tema.

O Tabernáculo da Ciência

Depois de cursar durante um ano a Escola Politécnica, Euclides Rodrigues da Cunha inscreveu-se na Escola Militar da Corte em 26 de fevereiro de 1886. Segundo a ficha de matrícula, tinha vinte anos de idade, 1,65 metro de altura, cor morena, olhos pardos e cabelos castanhos lisos, que, segundo depoimento de colegas, estava ele sempre a pentear e alisar e no qual ninguém podia tocar. A ficha só registra a cor dos olhos. Mas o que em sua figura impressionava a todos eram os olhos grandes e brilhantes. Sua futura mulher, Ana Emília Ribeiro, quando o viu pela primeira vez em 1889, achou-o um "tipinho esquisitinho" e muito feio, mas registrou seu "olhar fulgurante".[3] O tipinho recebeu o número 308, foi incorporado à segunda Companhia e passou a fazer parte de uma comunidade de cerca de oitocentos alunos.

A Escola Militar da Praia Vermelha, sediada em um prédio imponente, fora reaberta em 1874. Desde então, e até seu fechamento, em 1904, motivado pela participação dos alunos na Revolta da Vacina, representou papel importante na vida da cidade e na política nacional.[4] Separada da Escola Central, que, sob o nome de Politécnica, se encarregou do ensino da engenharia civil, a Escola Militar continuou a dar ênfase ao ensino das ciências e da engenharia. A quem completasse os cinco anos do curso, como foi o caso de Euclides, era concedido o diploma de bacharel em matemática e ciências físicas e naturais, um título nada militar. Sua importância na formação de Euclides foi muito grande. Buscarei resumi-la distinguindo quatro dimensões, a cultural, a intelectual, a política e a social.

Pelo lado cultural, paralelamente às matérias do curso, fortemente centradas nas matemáticas, engenharias e ciências da natureza, os alunos desenvolviam intensa atividade extracurricular em sociedades, clubes e revistas literárias. As revistas eram porta-vozes dos clubes. Destacaram-se, por ordem cronológica, a *Phenix Literária* (1878), a *Club Acadêmico* (1879), e a *Revista da Família Acadêmica* (1886). O conteúdo dos debates nas sociedades e dos artigos das revistas tinha muitas vezes pouco a ver com a arte da guerra. Era, sobretudo, literário, científico e filosófico. A revista *Phenix* trazia artigos sobre "A poesia científica", "O celibato", "A positividade do século". A *Revista do Club Acadêmico* não destoava e publicava trabalhos sobre "A morte do amor". A *Revista da Família Acadêmica*, de cuja direção fazia parte Cândido Mariano da Silva (Rondon), falava sobre "Evolução cósmica", "H. Spencer e o evolucionismo", "Concepção de Leibniz".

Além das sociedades literárias, havia grupos teatrais que montavam peças e as encenavam em espetáculos abertos ao público. Um dos mais destacados atores militares foi o futuro marechal Setembrino de Carvalho, ministro da Guerra de Artur Bernardes. Era tal o entusiasmo dos alunos pelo teatro e pelas atrizes que certa vez tomaram o lugar dos cavalos que puxavam a carruagem de Sarah Bernhardt. A música foi também cultivada dentro da Escola e nas serenatas noturnas em homenagem às belas de Botafogo e do Flamengo. Depoimentos de ex-alunos da época de Euclides garantem mesmo que o maxixe teria sido inventado lá dentro nos caroços, que vinham a ser bailes em que dançavam cadetes vestidos de homem com cadetes vestidos de mulher.[5] Fico imaginando uma parada militar ao ritmo de um maxixe.

No que diz respeito à dimensão intelectual, a Escola era marcada pela invasão de filosofias importadas da Europa, uma invasão também verificada nas academias de direito e medicina e na Politécnica. As correntes mais populares eram o positivismo e o evolucionismo, com seus respectivos gurus, o francês Auguste Comte, os britânicos Charles Darwin e Herbert Spencer, e o alemão Ernest Haeckel. A juventude estudantil militar era dominada por crença fanática no poder da ciência. Esse cientificismo, partindo das ciências exatas e da biologia, estendia-se à sociedade, como doutrinavam Comte e Spencer. A sociedade, ou, no caso de Comte, a Humanidade com H maiúsculo, eram governadas por leis tão rígidas quanto as da biologia ou da astronomia. Contra tais leis lutavam inutilmente os inimigos do progresso. "Os vivos são sempre e cada vez mais governados pelos mortos", sentenciara Comte. A terminologia cientificista permeava discussões e artigos dos cadetes. Os editores da *Revista da Família Acadêmica* apresentaram-na, no primeiro número, de novembro de 1887, como "fenômeno superorgânico e tanto quanto um ser vivo que se modifica no sentido de suas conformações com o meio, sob a ação incoercível da lei biológica da adaptação". Um aluno escreveu na *Revista do Clube Acadêmico*, citando o monista Haeckel, que a forma mais antiga e simples do amor era "a afinidade eletiva de duas células diferentes, a célula espermática e a célula ovular".[6]

A faceta política da Escola é mais conhecida porque é um componente da conjuntura que vivia o país na segunda metade da década de 1880. A Escola Militar, as outras escolas superiores, a imprensa, o mundo político, todos discutiam a abolição e, sobretudo depois de 1888, a República. Os militares envolveram-se ainda no que ficou conhecido como a Questão Militar. Na Escola, os três temas, abolição, questão militar e República, estiveram estreitamente relacionados e se alimentaram mutuamente. O abolicionismo lá chegou já em 1880, quando foi criada uma Sociedade Emancipadora que fazia propaganda e coletava fundos para a libertação de escravos. Em 1883, ela se uniu a outras sociedades dedicadas à mesma causa para fundar a Confederação Abolicionista. Em 1887, os alunos publicaram por conta própria um discurso de Rui Barbosa pronunciado na Confederação Abolicionista, aplaudindo a adesão do Exército à causa da libertação dos escravos. Como se sabe, houve várias manifestações de militares em favor da abolição. A mais contundente foi o apelo que o Clube Militar dirigiu ao governo, em 1887, assinado por seu presidente, o então general Deodoro, solicitando que o Exército não fosse empregado na captura de escravos fugidos. Os alunos da Escola foram ainda mais longe. Segundo alguns depoimentos, eles teriam desenvolvido ação semelhante à dos caifazes de Antônio Bento em São Paulo: furtavam escravos, escondiam-nos em suas repúblicas e os enviavam para o Norte.[7]

A causa da República vinha estreitamente acoplada ao abolicionismo. A luta contra a escravidão era muitas vezes um pretexto para combater a monarquia. Há registro da existência de um clube republicano na Escola Militar já em 1878, quatro anos depois da sua reabertura. Outro foi fundado em 1885, um ano antes da incorporação de Euclides. Em maio de 1888, os alunos fizeram uma grande festa para seu professor, Benjamin Constant, a propósito de sua promoção a tenente-coronel. Com isso, conseguiram seduzi-lo e levá-lo a assumir posição de militância republicana.[8] Benjamin era um professor de matemática que as grandes dificuldades financeiras para sustentar a família tinham levado à carreira militar para a qual, como Euclides, não tinha vocação alguma. Apesar de ter participado como engenheiro da Guerra do Paraguai, era contra guerras e achava que o destino das armas no futuro seria a aposentadoria no museu da história. Sua única atuação política anterior se verificara durante a Questão Militar, quando tomou posição ao lado dos colegas que defendiam os interesses da corporação contra o que consideravam arbítrio do governo. No entanto, coerente com sua fé positivista, era um republicano convicto. Para Comte, a ditadura republicana era o regime que deveria presidir à transição final do estado metafísico para o estado positivo da humanidade.[9] A partir da festa dos alunos, ele se tornou seu porta-voz, sustentando suas reivindicações com a autoridade de um oficial superior. Quando a efetivação da abolição em 1888 reduziu o ímpeto oposicionista dos republicanos, o recrutamento do tenente-coronel revelou-se estratégico para a reativação da Questão Militar como nova arma contra a monarquia.

A notória insatisfação de Deodoro com o governo foi explorada ao máximo com a finalidade de convencê-lo a liderar um movimento antimonárquico. Entre os principais incentivadores do conflito estava a mocidade da Escola Militar e agora também da Escola Superior de Guerra, criada em 1889 para abrigar os alunos dos dois últimos anos do curso da Praia Vermelha. A eles se juntavam os jovens oficiais, capitães e tenentes, recém-saídos da Escola e alocados em regimentos da capital. Um reforço importante para a luta chegou em 1889, vindo do Rio Grande do Sul, o major Frederico Sólon de Sampaio Ribeiro, também republicano, e futuro sogro de Euclides da Cunha. Sólon ficou conhecido por precipitar os acontecimentos ao sair espalhando boatos pela cidade no dia 14 de novembro. Inventou que Deodoro e Benjamin tinham sido presos e que os regimentos de São Cristóvão seriam atacados pela Guarda Nacional, pela Guarda Negra e pela polícia. Seus quinze minutos de glória aconteceram quando entregou a Pedro II a intimação para deixar o país. Os boatos tiveram efeito imediato. As unidades puseram-se em marcha para a praça da República sem que Deodoro disso tivesse conhecimento. Segundo depoimentos de participantes, a maioria dos soldados estava convencida de que ia lutar contra as duas guardas e a polícia.[10]

Finalmente, a dimensão social. Pelo que já foi dito, e como o reconhecem os historiadores, a Escola Militar da Praia Vermelha não formava soldados, formava bacharéis fardados. Há muitos depoimentos de ex-alunos nessa direção. Baste-me citar o do marechal Estevão Leitão de Carvalho, militar ilustre, ex-membro do grupo de oficiais que estagiou no Exército alemão e que ficou conhecido como Jovens Turcos. Leitão de Carvalho frequentou a Escola no início do século XX:

> A ausência de espírito militar nos cursos das escolas do Realengo e da Praia Vermelha tinha feito de mim um intelectual

diletante, que não sabia bem para onde se virar: se para as ciências exatas, a literatura ou, simplesmente, os assuntos recreativos do espírito.[11]

Veio de outro ex-aluno, contemporâneo e amigo de Euclides, Alberto Rangel, a definição da Escola como "uma academia em um quartel". Os alunos referiam-se em geral a ela como Tabernáculo da Ciência, título que lembra o de Sorbonne usado para designar a moderna Escola Superior de Guerra. Suspeito que meu saudoso professor Francisco Iglésias se referiria às duas designações com um adjetivo que só dele ouvi: desfrutáveis.

Mas é importante notar que havia grande diferença entre os bacharéis fardados e os bacharéis civis. Iguais na formação, nas ideias, na mobilização política, eles diferiam na origem social. Muitos dos alunos que frequentavam as escolas de direito e medicina eram filhos de famílias capazes de sustentá-los longe de casa no Recife, em Salvador, em São Paulo ou no Rio de Janeiro. Muitos eram filhos de membros da elite política que governava o Brasil desde a independência. O destino principal dos bacharéis em direito era a burocracia, como magistrados, e a política. Foi só nas últimas décadas do século que o excesso de oferta de bacharéis em relação à oferta desses cargos e ao mercado para advogados reforçou neles a tendência à rebeldia política.

Outra era a situação dos alunos das escolas militares. Em sua grande maioria provinham de famílias militares e de famílias de poucos recursos. Não tinham condição de sobreviver sem ajuda adicional. Essa ajuda era fornecida pelas escolas militares. Além de oferecerem ensino gratuito, elas forneciam alojamento e pagavam um pequeno soldo mensal. Na época de Euclides, esse soldo era de 3410 réis, ou seja, 365 mil-réis por ano. A quantia era muito modesta, pois um servente de repartição pública ganhava 600 mil-réis. Mas era suficiente para pagar as despesas essenciais. Na Praia Vermelha, havia ainda uma prática entre os alunos de ajudar financeiramente os colegas mais necessitados. À noite, alguém colocava algum dinheiro sob seus travesseiros.

Essa inferioridade social, responsável também pelo preconceito contra os militares do Exército, foi compensada pelo nivelamento educacional. Ao final do século, os bacharéis fardados que permaneciam no Exército desenvolveram a autoimagem de uma contraelite, ansiosa por disputar o poder aos bacharéis civis. A proclamação e os primeiros anos da República constituíram o ponto culminante de sua luta.

Euclides, bacharel fardado

Definidas as características da Escola Militar, qualquer estudioso de Euclides reconhecerá nele todas elas. Na Escola, ele pôde combinar os estudos técnicos e científicos com a literatura e a filosofia. Boa parte de suas contribuições à *Revista da Família Acadêmica* consistiu em poemas como "A flor do cárcere", "Fazendo versos", "Cristo" e "Estância". Um de seus poucos artigos foi dedicado a desancar os críticos literários. E nada mais fácil do que identificar em *Os sertões* uma combinação única da ciência com a filosofia e a poesia. Estará aí talvez a razão da dificuldade que todos encontram em classificar o livro em algum gênero literário.

A presença do espírito e das filosofias do século XIX em sua obra é evidente. Seu cientificismo está alicerçado nos autores lidos na Escola, com o acréscimo posterior de alguns outros. Os artigos que publicou na *Província de São Paulo*, depois *Estado de S. Paulo*, após sua exclusão da Escola Militar, estão repletos de conceitos tirados de Comte e Spencer. Fala na "marcha retilínea e imutável das leis naturais da civilização", na "história natural das sociedades", no fato de que "a República se fará hoje ou amanhã, fatalmente, como um corolário de nosso desenvolvimento", refere-se "às cabeças geniais de Comte, Huxley, Haeckel, Darwin e Spencer".[12] Referindo-se a Comte, diz que, embora não pertencesse ao grupo dos seguidores ortodoxos do filósofo, "em nosso tirocínio acadêmico nos [subordinamos] ao método filosófico do eminente instituidor da síntese subjetiva, o mais admirável livro do século XIX, e o [veneramos] como o maior dos mestres". No poema "Lirismo a disparada", coloca-se modestamente a caminhar no firmamento em companhia de Comte e Voltaire: "eu, o Voltaire e o Comte".[13]

Politicamente, Euclides estava de todo sintonizado com o ambiente da Escola, embora não se tenha destacado durante o curso, seguramente por causa de suas proverbiais timidez e introversão.[14] Foi abolicionista convicto e republicano fanático. E aqui é inevitável falar do caso de sua insubordinação diante do ministro da Guerra, um momento-chave em sua vida. Apesar de relativamente recente e de ter havido várias testemunhas oculares, o episódio não foi até hoje esclarecido satisfatoriamente. Sua verdade histórica é sua ambiguidade. Apresento alguns elementos dessa ambiguidade com o auxílio de alguns depoimentos de testemunhas oculares e das versões de alguns jornais.

Rondon registrou o seguinte: "uma espada que se devia abater em continência é atirada aos pés da pacífica autoridade, depois de vergada em um esforço nervoso que a tentara em vão quebrar".[15] Alberto Rangel, confessando que nada tinha visto por pertencer à 4ª companhia, estando Euclides na 1ª, depôs por esse modo: "Euclides, em um gesto característico de impulsivo, tirou a arma do ombro em dois movimentos de ordenança bem resumidos e, tentando talvez simbolicamente quebrá-la no joelho, atirou-a aos pés do ministro da Guerra".[16] O general Hastimphilo de Moura, que foi depois ministro da Guerra de Epitácio Pessoa, forneceu mais detalhes:

[...] todos viram, com grande estupefação, um aluno sair de forma, marchar resoluto para o ministro da Guerra, junto de quem tentou partir o sabre, fincando-o repetidas vezes ao chão. Não o conseguindo, retirou-o da carabina, que abandonou, e, segurando-o pelas extremidades, empenhou-se em quebrá-lo contra o joelho.

E segue dizendo que, não conseguindo quebrar a arma, atirou-a ao chão e disse ao ministro que a razão do gesto fora a falta de promoção a alferes-aluno e o fato de ser republicano.[17]

Do lado do governo, há duas testemunhas, o ministro da Guerra, Tomás José Coelho de Almeida, e o senador Silveira Martins, que o acompanhava e tinha um filho matriculado na Escola. O incidente se dera no dia 4 de novembro, um domingo. O jornal *A Gazeta de Notícias*, de Ferreira de Araújo, publicou na segunda, dia 5, uma notícia sensacionalista dizendo que o aluno Euclides da Cunha "despedaçou a arma e a arremessou contra o sr. Tomás Coelho", e que, ao se retirar o ministro, "os alunos prorromperam em vivas a Lopes Trovão", o líder republicano que desembarcava nesse dia da Europa.[18] No mesmo dia 5, alguns deputados liberais, inclusive Joaquim Nabuco, referindo-se à nota da *Gazeta*, cobraram explicação do ministério conservador de João Alfredo. O ministro da Guerra escreveu uma carta que foi lida na Câmara pelo ministro do Império, José Fernandes da Costa Pereira Junior. A carta dizia: "[...] quando o corpo de alunos marchava, formado, em continência, um deles atirou a arma ao chão e tentou quebrar a baioneta, que também arremessara, saindo da forma. É, porém, inteiramente falso que houvesse atirado a arma ou a baioneta em direção a mim".[19]

No Senado, Silveira Martins depôs: "um moço visivelmente nervoso atirou a arma ao chão, torceu a baioneta e saindo de forma retirou-se". Acrescentou que o moço parecia uma pilha elétrica, tão nervoso estava.[20] No resto da imprensa, o *Jornal do Commercio*, como era de esperar, adotou a posição do governo, criticando duramente a *Gazeta*. O republicano *O Paiz*, de Quintino Bocaiúva, relatou que um aluno, moço distinto, "acometido inesperadamente de violenta superexcitação nervosa, desrespeitou um dos primeiros postos do Exército atirando-lhe aos pés o cinturão e o sabre que anteriormente procurara quebrar".[21] A *Revista Illustrada*, do também republicano Angelo Agostini, censurando a *Gazeta*, disse apenas que "um aluno produziu gestos e movimentos irregulares".[22]

Como se vê, não há acordo algum sobre o que Euclides fez. O que chama a atenção é que o próprio Euclides nunca escreveu qualquer coisa no sentido de esclarecer um gesto que foi responsável por sua notoriedade inicial e lhe reabriu as portas do Exército um ano depois. Pode-se perguntar se não teria motivo para manter as versões contraditórias. Minha impressão é que sim. Ele não escreveu sobre o episódio, mas falou. A 15 de abril de 1906, jantando na casa de Gastão da Cunha, contou que havia um plano combinado entre seis ou sete alunos de não apresentarem armas ao ministro e de dar vivas à República durante o desfile. Aconteceu que na hora, à ordem de apresentar armas, todos obedeceram e ninguém cumpriu o trato. Indignado com o recuo dos colegas, tirou o sabre do cinturão e tentou quebrá-lo. Não o conseguindo, atirou-o ao chão "com todo o cuidado para que caísse junto de si. Absolutamente não atirou contra nem na direção do ministro".[23] Essa versão se aproxima da que nos foi transmitida por Afrânio Peixoto, que sem dúvida também a ouviu de Euclides. Esse autor acrescenta que, simultaneamente ao gesto, Euclides teria gritado: "Infames! A mocidade livre cortejando um ministro da monarquia!".[24]

A se confiar na memória de Euclides e na de Gastão da Cunha, relatadas por Rodrigo Melo Franco, pode-se entender seu silêncio e seu interesse em manter a guerra das versões. Surpreendentemente, a versão do rebelde coincide com a do ministro e a de Silveira Martins no que se refere ao gesto e à intenção: ele não jogou a arma em direção à autoridade nem pretendeu desrespeitá-la. Difere das duas na medida em que elas buscaram atribuir o gesto apenas a uma crise de nervos. Ela reafirma a natureza política do gesto, só que contra os colegas e não contra o ministro. Ora, Euclides, expulso do Exército, foi rapidamente recrutado pelo jornal *A Província de São Paulo* para fazer propaganda republicana. Logo depois da proclamação, seus ex-colegas, agora na Escola Superior de Guerra, conseguiram de Benjamin Constant,[25] novo ministro da Guerra, sua promoção a alferes-aluno e a reintegração ao Exército e o apresentaram a um dos heróis do momento, o major Sólon, em cuja casa conheceu a futura mulher. Euclides tornara-se uma espécie de herói da República. Nessa situação, entende-se que seria muito incômodo para ele admitir que o protesto fora contra os colegas, e que os chamara depreciativamente de infames. Ao mesmo tempo, não estava em sua personalidade dizer inverdades. A saída para o dilema era o silêncio. De qualquer modo, a versão do episódio mais seguida até hoje é a menos "verdadeira", a da *Gazeta de Notícias*. Assim se faz a história.

Resta falar da condição social de Euclides. Como vimos, os alunos da Escola Militar provinham em sua maioria de famílias militares e de famílias de posses modestas. Consta que Euclides teve um tio materno, Cândido José de Magalhães Garcez, que era coronel. Mas, como se tratava de fazendeiro, é quase certo que fosse coronel da Guarda Nacional e não do Exército. Mas Euclides se enquadrava no segundo critério. Seu pai era contador. Comprou uma fazenda em São Paulo, para onde se mudou em 1886. Mas não parece ter tido muito êxito porque faleceu em 1909 devendo 280 contos. O fato de ter Euclides, com a mudança do pai para São Paulo, trocado a Politécnica pela Escola Militar pode indicar dificuldades financeiras. O pai seguramente lhe disse que não tinha mais condições de sustentá-lo, ou ele não quis ser pesado ao pai. Nessas circunstâncias, o alojamento e o soldo da Escola Militar eram muito bem-vindos. Os biógrafos concorrem em dizer que, ao longo de toda a vida, a situação financeira de Euclides nunca foi folgada. Ele próprio se referia com frequência nas cartas a amigos às muitas contas que tinha para pagar e se definiu como um pobretão.[26] Quando quis sair do Exército em 1895, consultou o sogro, já feito general, sobre que decisão tomar.[27] O general opôs-se à ideia dizendo que o serviço militar era a melhor profissão do país. Afirmação dessas só poderia ser feita a alguém de posses modestas, pois os soldos não eram altos, embora tivessem subido bastante depois da proclamação da República. Pode-se concluir que, como quase todos os seus colegas da Escola Militar, Euclides não se identificava com a elite econômica do país. Era um bacharel fardado, pobre e caboclo.

Outro traço que herdou de seu contato com o Exército, embora não particularmente marcante na Escola, foi o nacionalismo. Não poupava críticas ao país, do qual muitas vezes chegava a desistir. Mas nunca abandonou realmente o zelo patriótico que se exacerbou durante a Revolta da Armada, "nunca o senti tão violento".[28] De maneira mais benigna, o nativismo reapareceu quando entrou em contato com militares peruanos no exercício da chefia da Comissão Brasileira de Reconhecimento do Alto Purus. Uma vez aborreceu-se com a ausência de bandeira brasileira em banquete de comemoração oferecido pelos peruanos. Outra vez sentiu-se humilhado ao assistir à celebração da data nacional do Peru e ouvir os soldados cantarem o hino. Não poderia fazer o mesmo na data nacional brasileira porque nosso hino simplesmente não tinha letra. Ao regressar, contou o caso ao deputado Coelho Neto, que, por sua vez, convenceu os colegas a aprovarem uma lei criando um concurso para a escolha do hino brasileiro. O concurso, como se sabe, foi ganho por Osório Duque Estrada.[29] Confesso que ignorava essa contribuição de Euclides a nosso hino.

Euclides, Exército e deusas gregas

A influência do Exército e, em particular, da Escola Militar na formação intelectual, política e cívica de Euclides não impediu que fosse tumultuada a convivência entre eles. É conhecida sua relação com a instituição depois do ato de insubordinação na Escola Militar. Excluído da força por incapacidade física, graças ao apelo do pai e de um tio à clemência do imperador, foi reintegrado após a proclamação da República. Em 1892, recebeu o diploma de bacharel em matemática e ciências físicas e naturais e foi promovido a primeiro-tenente, o posto mais alto que atingiu na carreira. Depois de transitar por vários postos na condição de engenheiro militar, inclusive montando baterias durante a Revolta da Armada, obteve afinal a reforma em 1896, abandonando o que chamou de "madrasta classe militar".[30] Saiu deixando uma pífia fé de ofício, pontilhada de rebeldias, licenças médicas, agregações.[31]

Ainda na Escola, confessara ao colega Moreira Guimarães que sua aspiração era ser jornalista.[32] No mesmo ano da diplomação, manifestou em carta a Porchat o desejo de "abandonar uma farda demasiadamente pesada para os meus ombros", de deixar uma "carreira incompatível com o meu gênio".[33] Voltou ao assunto em 1895, dizendo-se incapaz fisicamente para a vida militar, e acrescentando: "incapaz fisicamente porque moralmente creio-me incompatível de há muito com ela".[34] Mas as relações não foram cortadas. Em 1897, quando o Estado de São Paulo o convidou para ser seu enviado a Canudos, ele foi nomeado por Prudente de Morais adido do Estado-Maior do ministro da Guerra marechal Carlos Machado Bittencourt. Desse oficial, que foi assassinado ao regressar de Canudos, quando tentava proteger o presidente do ataque de um fanático, Euclides traçou magnífico perfil, assim como o fizera de Floriano Peixoto e do coronel Moreira César. Foi nessa posição privilegiada que viajou a Canudos e observou os últimos dias do arraial. Voltou a se encontrar com militares na Comissão Brasileira do Reconhecimento do Alto Purus. E teve com militares o encontro final a 15 de agosto de 1909.

Uma objeção que se pode levantar à tese da importância do Exército na vida e no pensamento de Euclides é o fato, aqui apontado, de ter a Escola imitado as academias civis. Euclides, poder-se-ia argumentar, teria a mesma cabeça se frequentasse a Politécnica do Rio de Janeiro ou a Faculdade de Direito de São Paulo. A objeção é válida apenas para o campo das ideias, não para a política. Já vimos que diferenças sociais separavam os bacharéis de farda dos bacharéis civis. A diferença social foi instrumentalizada politicamente na Escola pela teoria do soldado-cidadão pregada por Benjamin Constant. Segundo essa doutrina, o militar era um cidadão fardado com os mesmos direitos políticos dos cidadãos desarmados. O próprio Rui Barbosa, em sua campanha contra o gabinete Ouro Preto, ajudou a difundir esse conceito deletério da disciplina militar. Se, por hipótese, Euclides tivesse praticado qualquer gesto de protesto na Politécnica, ele não teria tido nem de longe o efeito daquele que executou na Escola Militar, dentro das premissas do soldado-cidadão. O gesto não teria sido discutido na imprensa, na Câmara e no Senado, e não teria feito dele um herói da República. No máximo, o colocaria ao lado de um Lopes Trovão ou de um Silva Jardim. Praticado na Escola Militar, transformou Euclides em símbolo do conflito da juventude castrense com o governo, que era também um conflito com o sistema político vigente.

As consequências do gesto são conhecidas: baixa do Exército, recrutamento pelo jornal republicano *Província de São*

Paulo, reincorporação em 1889, apresentação ao major Sólon, casamento com Ana Emília, ida a Canudos, escrita de *Os sertões*, ingresso na ABL e no IHGB, traição da mulher, morte em 1909. Tire-se o gesto de 1888 e o resto da história cai por terra. Euclides parece ter pressentido a sombra da fatalidade em sua vida. Doze dias antes da morte, falou no destino que o andava jogando como peteca pelo mundo.[35] Em 1º de fevereiro de 1909, em plena crise matrimonial, escreveu a Vicente de Carvalho: "Quem definirá um dia essa maldade obscura e misteriosa das coisas que inspirou aos gregos a concepção indecisa da Fatalidade?". Ele, que se dizia um grego perdido em Bizâncio e que acreditava em uma humanidade guiada pelas leis da ciência, encontrara dentro de si sintomas de outro mundo, alheio à razão, e que o acabrunhava. À frase citada ele acrescentou, pensando seguramente nas teorias de Comte e de Spencer: "Às vezes julgo necessário um Newton na ordem moral para fixar em uma fórmula formidável o curso inflexível da Contrariedade".[36] No mundo grego, essa aspiração correspondia ao território de Atena, a deusa da inteligência e da ciência. Mas quem tecia a sorte dos mortais era o capricho das três Moiras, as deusas fiandeiras. Ao falar da fatalidade dos gregos, Euclides parece ter intuído a presença em sua vida dessas tecelãs dos destinos. Dessas Moiras que podiam transformar uma simples decisão do grego Euclides de trocar de escola em uma trajetória para a glória e para a tragédia.

A ninguém melhor do que a Euclides da Cunha se poderia aplicar a sentença do anjo torto de Drummond: "Vai, Euclides, ser gauche na vida". Ele foi gauche no Exército, na engenharia, no casamento, na vida. O mais sublime e genial dos gauches.

Parte III
Política

8.
Os militares, a Constituinte e a democracia

Não há dúvida de que um dos temas que vai despertar grande controvérsia, pública e de bastidores, na Assembleia Constituinte será o da definição do papel das Forças Armadas. A discussão, aliás, já se iniciou antes mesmo que surgissem as sugestões da comissão presidida por Afonso Arinos. Os ministros militares, particularmente o ministro do Exército, já se manifestaram mais de uma vez insistindo na manutenção do texto atual (artigo 91). A comissão propõe três mudanças importantes. A primeira é uma volta parcial ao texto de 1891, mantido em 1946. Trata-se de restaurar a doutrina de que os militares devem defender os poderes (ou instituições) *constitucionais*, e não os poderes *constituídos*, como consta do texto de 1967. A pertinência da mudança é óbvia. Só governos de fato, como o que perdurou de 1964 a 1985, defenderiam a redação de 1967.

A segunda mudança é também correta. Retira-se a infeliz expressão "obediência dentro dos limites da lei". Introduzida em 1891 por Rui Barbosa para refrear o Executivo, serviu posteriormente para justificar todos os intervencionismos, pois parecia dar aos militares o poder de julgar da legalidade das ações do governo. Criou a República o que a Constituição Imperial buscou a todo o custo evitar: uma força armada deliberante.

A terceira alteração é a mais importante e a mais polêmica. Retira das Forças Armadas o papel de garantir a lei e a ordem, também introduzido com a República, cingindo-as à defesa da soberania nacional e dos poderes constitucionais. Justificável talvez em 1891, quando a alternativa para a manutenção da ordem era a oligárquica Guarda Nacional, o papel de garantes da lei e da ordem tornou-se também aos poucos fácil justificativa para intervenções e transformou as Forças Armadas em polícia de luxo, lançando o país no pretorianismo. Em regimes democráticos, lei e ordem são tarefas da polícia. A força armada só poderá intervir em casos excepcionais, dentro, agora sim, dos limites da lei e sob a supervisão do Legislativo.

A proposta, apesar de moderada, não será facilmente aprovada. Contra ela estarão não só os militares, mas também todos os interessados nas intervenções, ou seja, os beneficiários da ordem econômica e social vigente no país. Além disso, mesmo se aprovada, é evidente que de pouco servirá se não houver transformações também na sociedade, no sistema político e nas próprias Forças Armadas. Mas a mudança da lei é importante na medida em que tornará as intervenções inconstitucionais e dará legitimidade aos que a elas se opuserem, particularmente dentro das próprias Forças Armadas.

É preciso, no entanto, ir além e indagar sobre as probabilidades de, uma vez mudado o texto constitucional, ou mesmo sem sua mudança, dar-se a consolidação do governo civil. Por questão de espaço, nossa análise vai se limitar aos aspectos militares da questão, que não são de longe os únicos relevantes nem os mais importantes. Mas eles são importantes na medida em que não só afetam a natureza política das intervenções, como também contribuem para criar as condições que as tornam possíveis. Tem sido erro por demais comum e recorrente entre os analistas políticos no Brasil desprezar tais aspectos, como se os atores políticos mais bem organizados, de maiores recursos e de influência mais regular na cena política nacional depois de 1930 não tivessem sido as Forças Armadas, ao lado da Igreja católica.

Como se sabe, o projeto das Forças Armadas interventoras a serviço da ordem vem da década de 1930 e é de autoria do general Góis Monteiro. A doutrina Góis previa a eliminação da política dentro das Forças Armadas para que pudessem agir mais eficazmente como ator político. Em consequência, o Exército foi expurgado de divergentes e submetido a intensa doutrinação. Previa ainda a tutela sobre as forças políticas civis e uma política de industrialização baseada na iniciativa estatal. O Estado Novo concretizou os planos de Góis. Depois de 1964, um esforço semelhante foi desenvolvido. Novos expurgos e novo esforço de doutrinação, agora calcado na doutrina da Escola Superior de Guerra (ESG), o Góis coletivo. A aliança externa era ainda com o setor industrial, mas sem a característica nacionalista de Góis. A nova modernização proposta passava pela intensa participação do setor privado, nacional e estrangeiro.

O chamado Estado Novo da UDN, ou a República dos Generais, corporificou o novo projeto. Mas agora tanto a capacidade de coerção das Forças Armadas como a pujança do setor industrial eram muito maiores, além de ter durado o regime duas vezes mais que o primeiro. Em consequência, as mudanças havidas, tanto na sociedade como nas Forças Armadas, foram muito mais profundas do que no caso anterior. Daí também que a nova abertura se faz em condições distintas das de 1945 no que se refere às relações entre as Forças Armadas e a sociedade.

A abertura de 1945 reintroduziu nas Forças Armadas as divisões políticas que tanto preocupavam o general Góis. O conflito aprofundou-se com o agravamento da crise política nacional, até que em 1964 o grosso do oficialato aderiu à intervenção, certamente mais por preocupação com a sobrevivência da organização do que por concordância com os argumentos dos golpistas. A grande pergunta hoje — e é uma pergunta não apenas teórica, mas também de grande relevância prática — é se há probabilidade de repetição do fracionamento das Forças Armadas como se deu no pós-1945. Mais importante ainda, se esse fracionamento, se a divisão *política* das Forças Armadas, é hoje desejável do ponto de vista da consolidação democrática.

O argumento em favor da politização, defendido por muitos, inclusive por militares vítimas dos expurgos, postula que só pela penetração nas Forças Armadas dos conflitos ideológicos e políticos da sociedade será possível neutralizar as tendências antidemocráticas que nelas têm predominado, e fazê-las mais sensíveis aos problemas sociais do país. Os que defendem essa posição parecem crer mesmo na possibilidade de democratização do próprio aparelho militar ao fazer dele como que um espelho da sociedade. Vejo nessa postura reminiscências da tradição positivista republicana que insistia em ver no militar o soldado-cidadão. Essa tradição ganhou vida nova nos anos 1930, quando se fundiu com a esquerda do tenentismo, e teve seus momentos de glória na década de 1950 nas memoráveis lutas do Clube Militar. Não foi por acaso que Góis Monteiro combateu a influência positivista e que o governo militar procurou por todos os meios evitar divisões internas, mesmo quando expressas no Clube Militar.

Embora em princípio a tese da divisão possa ter validade, nas presentes circunstâncias não me parece que ela seja o melhor caminho para a democratização. Em primeiro lugar, porque a ameaça à integridade da organização que ela tende a gerar será sempre um poderoso argumento nas mãos de golpistas para convencer os indecisos. Em segundo lugar, porque a neutralização pelo conflito é inerentemente instável e mais cedo ou mais tarde leva ao confronto, em que as probabilidades de vitória da direita são sempre maiores. Finalmente, e em consequência do que vai acima, a proposta de neutralização pela divisão política acaba sendo na verdade uma proposta de intervenção reformista em oposição a intervenção reacionária. É a boa intervenção contra a má intervenção. Quer-me parecer que no Brasil de hoje não só é indesejável a má intervenção, como também a boa intervenção. Ambas acabam desembocando no pretorianismo que é incompatível com a construção da democracia.

A pergunta é, então, em que se baseará a neutralização política das Forças Armadas? Não se trataria de simples ingenuidade política ou de cediço formalismo jurídico? Creio que não. Há elementos que apontam na direção de um afastamento por meios não políticos, embora muito concretos. Já foi dito que o problema central das Forças Armadas é seu desemprego estrutural. Não havendo ameaça externa convincente, atribuir-lhes o papel exclusivo de defesa externa seria condená-las ao desemprego, seria tirar-lhes a justificativa da própria existência. Haveria hoje alternativa a esse impasse?

As profundas transformações econômicas por que passou a sociedade brasileira durante o governo militar podem ter criado, ou começado a criar, condições para tal alternativa. A modernização capitalista alcançou níveis muito mais profundos em comparação com 1945, ou mesmo com 1964. Diversificou-se o parque industrial, ampliou-se a indústria de base, criou-se uma indústria de bens de capital, cresceu a presença do país no mercado de exportação de bens industrializados, avançou muito a pesquisa tecnológica. Tais mudanças abriram espaço para abrigar, como em parte já abrigam, amplos setores das Forças Armadas, dando-lhes uma atividade que as vincula solidamente à sociedade e lhes permite ao mesmo tempo exercer o papel de agentes de defesa da soberania nacional e não de guardas milicianos da ordem.

Pode-se dizer que a Marinha e a Aeronáutica já foram substancialmente afetadas pela nova realidade. Ambas se envolveram na luta pela tecnologia de ponta, pela indústria nacional, pela defesa de novos ramos de atividade econômica. Basta lembrar que a Marinha foi pioneira na promoção da informática, desde o protótipo de computador desenvolvido na USP, alcunhado de Patinho Feio, até a lei de reserva de mercado. No momento, dedica-se à produção do primeiro submarino nuclear e seu amplo espaço de ação na defesa marítima foi valorizado pelas descobertas de petróleo e gás na plataforma continental. A exploração da Antártica também tem propiciado amplos contatos com a comunidade científica. Do mesmo modo, a Aeronáutica investiu pesadamente na indústria e na tecnologia. O Centro Técnico Aeroespacial de São José dos Campos, onde trabalham cerca de 5600 pessoas, entre civis e militares, é o maior complexo tecnológico do país. A indústria aeronáutica constitui êxito espetacular. As atividades espaciais, embora iniciantes, abrem também amplas perspectivas para a pesquisa avançada e para a indústria de alta tecnologia.

As duas forças adotaram também uma política de contratação de civis para a execução de tarefas técnicas; a Marinha abriu as portas para as mulheres. Tudo isso contribui para reduzir o exagerado *esprit de corps*, para "civilizar", ou mesmo democratizar, as duas forças. É sintomático que veio da Marinha, por ocasião da luta pela eleição e posse de Tancredo, a iniciativa de preparar um plano para prevenir um golpe supostamente contemplado por setores do Exército. Igualmente, veio do atual ministro da Aeronáutica a reação contra o apoio à candidatura Maluf defendida pelo ministro anterior. Há informação também de que a oposição à mudança no texto constitucional parte muito mais do Exército do que da Marinha e da Aeronáutica.

O grande problema para a evolução aqui apontada é sem dúvida o Exército. Além de constituir dois terços do efetivo militar, ele chegou muito mais tarde à fase tecnológica e sua natureza se presta menos a tal caminho. Só depois do rompimento do acordo militar com os Estados Unidos, em 1979, é que o Exército se voltou mais seriamente para a indústria bélica e para a tecnologia. É verdade que essa indústria tem crescido rapidamente, mas ela ocupa sobretudo o setor civil.

Não se percebe ainda com clareza como dar ao Exército uma atividade socialmente relevante que se justifique também do ponto de vista da defesa externa. Não é de novo por acaso que venha dele a maior resistência à mudança constitucional. Ironicamente, a força que se vangloriava de ser a mais democrática é a que aparece hoje como a mais resistente à democracia.

A diferença entre as três forças já configura, no entanto, importante divisão que pode constituir um freio ao intervencionismo. Esta nos parece ser a boa divisão para o momento, uma divisão que não se baseia no político, mas no econômico e no social. Ela não pode ser tachada de subversiva, não pode ser apontada como ameaça à integridade da organização, não pode ser desculpa para intervenções.

Dir-se-á que defender uma evolução na direção aqui apontada é apostar na viabilidade da hegemonia burguesa. Não necessariamente. A experiência dos últimos vinte anos mostrou que a construção de outro tipo de hegemonia — e não de um militarismo com sinal trocado — só será possível depois de um lento e paciente trabalho político. Para tal trabalho é fundamental ganhar tempo, o maior tempo possível, pois a maturação democrática só se faz na democracia. A evolução e a política aqui sugeridas, na medida em que permitem ganhar tempo e espaço para a prática democrática, seriam também desejáveis do ponto de vista de hegemonia alternativa.

9.
Militares e civis: um debate para além da Constituinte

Da autocrítica e do varejo

Não apresento aqui resultados de investigação nova. Faço reflexões que são produto da conjunção de dois fatores, a já longa, embora intermitente, convivência com o tema das Forças Armadas e a observação do debate atual sobre o papel constitucional dos militares. A oportunidade para o amadurecimento dessas reflexões surgiu durante reunião de um grupo de trabalho, patrocinado pelo Social Science Research Council (SSRC), realizada no Rio de Janeiro no início de 1987. Sou devedor a todos os participantes do grupo, sobretudo a Alfred Stepan, cujas ideias sobre a necessidade de autocapacitação dos civis em matéria militar incorporo e desenvolvo.[1]

Afasto-me, em dois pontos, do grosso dos estudos sobre militares em geral, inclusive dos meus próprios, e sobre militares e Constituinte em particular. O primeiro afastamento consiste em deslocar a ênfase da acusação aos militares para a ênfase na autocrítica dos civis. Explico-me. Predomina nos estudos sobre militares, certamente naqueles feitos por civis, a tendência a atribuir a eles quase exclusivamente a responsabilidade pelas intervenções na política. Estudam-se a organização e a ideologia militar, a origem social e a profissionalização dos militares, em busca de elementos que expliquem as intervenções. Depois dos anos de governo militar, a busca de explicação incorpora o ingrediente de indignação moral e de acusação contra a farda.

Todos esses estudos são legítimos e úteis. Se há algo errado com eles é serem muito poucos. A indignação também é perfeitamente justificável diante do que aconteceu nos últimos vinte anos, sobretudo diante da tortura e de outras formas de violação dos direitos humanos. Mas, tratando-se especificamente do esforço legislativo no sentido de reduzir, se não eliminar, o militarismo, a atitude de culpar com exclusividade, ou mesmo preponderantemente, os militares pode levar a ilusões amargas. Pretendo argumentar que boa parte da responsabilidade pela interferência dos militares na política cabe também aos civis, inclusive aos universitários, isto é, a nós. A responsabilidade vai da omissão diante da intervenção militar à aberta conivência e é de pessoas com posições distintas no espectro ideológico. A esquerda tem sido omissa; a direita, conivente.

O segundo ponto em que me distancio da maioria das análises consiste em outro deslocamento de ênfase, agora do atacado para o varejo, do macro para o micro. Explico-me de novo. Muitas análises das intervenções militares tendem a atribuí-las a fatores estruturais da sociedade, tais como a posição do país no sistema capitalista, a natureza da luta de classes, o tipo de modernização em vigor, e assim por diante. No debate constituinte, a tendência foi nítida no sentido de dar ênfase ao aspecto macro de definição do papel constitucional das Forças Armadas em detrimento de medidas menos abrangentes, que são menos atraentes do ponto de vista teórico, mas que talvez sejam mais eficazes do ponto de vista prático. Pode-se argumentar que a Constituição deve mesmo cuidar de aspectos macro, de princípios. Mas em outras áreas, inclusive na das relações de trabalho, tem se entrado amplamente em pormenores mais próprios da legislação comum. De novo, não se trata de desqualificar as preocupações com a dimensão macro do debate constituinte — eu mesmo já tratei o problema nessa perspectiva.[2] Discutir o papel constitucional das Forças Armadas, a submissão dos militares ao poder civil legal e legitimamente constituído, a cidadania do militar, tudo isso é relevante e deve ser feito.

Meu ponto, aqui, é que o debate se restringe a esse nível de generalização e se abandona, no Congresso e fora dele, a preocupação com dimensões mais pontuais, como a organização e o controle do Serviço Nacional de Informações (SNI), a organização e o controle do Conselho de Segurança Nacional (CSN), o processo de formulação da política de defesa nacional, a própria formulação da política militar, para citar apenas algumas. Sem atacar o problema por esse lado, qualquer solução que busque eliminar o intervencionismo militar com base em definições gerais será precária e de curta duração. Diria mesmo que a concentração no geral serve, entre os políticos particularmente, para evitar enfrentar o específico, pois este é o que de fato atinge os interesses da máquina militar de controle político e que, portanto, acarreta maiores riscos e custos potenciais para os que o enfrentam.

Da omissão civil

A longo prazo, o problema do intervencionismo militar só será resolvido se grande parte do que foi posto sob a ótica e o controle militar passar a ser também colocado sob a ótica civil e o controle civil. Melhor dito, o problema só será resolvido se deixar de ser militar ou civil para se tornar nacional. Afirmo que os civis têm se omitido sistematicamente em relação aos problemas de organização das Forças Armadas e de defesa nacional. Cito dois exemplos gritantes de omissão, o da comunidade acadêmica e o dos políticos.

Do veto aos estudos militares

Existe na comunidade acadêmica brasileira, na verdade na comunidade acadêmica latino-americana, um veto aos estudos militares. São pouquíssimos os pesquisadores que se dedicam ao tema e os que o fazem quase têm de se desculpar por fazê-lo.[3] O tema não tem legitimidade acadêmica ou teórica, e é considerado suspeito do ponto de vista político. Quem escreve sobre militares corre o risco de ser considerado simpático à instituição militar e a sua ideologia. Tal omissão, com as poucas exceções que começam a surgir e que serão apontadas mais à frente, é escandalosa e chocante, tendo-se em vista a esmagadora, no sentido figurado e literal, presença militar na política nos países hispano-americanos desde a independência e, no Brasil, desde a República. Vale a pena especular sobre as possíveis razões do veto.

Uma delas é de natureza intelectual. Os esquemas de interpretação política predominantes até pouco tempo, ao centro ou à esquerda, têm dificuldade de atribuir aos militares papel de ator político com algum grau de independência. Segundo a vertente liberal, os militares devem ser meros agentes do poder do Estado, sujeitos ao governo civil. A intervenção militar é vista como patologia que macula a imagem do país e do governo e que desgraça os países subdesenvolvidos. Cabe apenas lamentá-la e esperar que um dia dela nos livremos. Na vertente da esquerda, com maior ou menor grau de influência marxista, os militares são variáveis dependentes, são instrumentos das classes dominantes. O intervencionismo é fruto do estádio de expansão do capitalismo e da luta de classes em que nos encontramos. Também nesse caso não há muito a estudar e a fazer no que se refere especificamente aos militares. Os motores da história estão alhures. Variante dessa visão é a tese que por muito tempo predominou entre os estudiosos latino-americanos e norte-americanos que dizia serem os militares meros representantes das classes médias. O comportamento militar nessa abordagem era simples função das vicissitudes políticas e econômicas dos setores médios urbanos.[4]

Ainda no campo acadêmico, havia outra dificuldade. Não se sabia como enquadrar os militares dentro dos esquemas tradicionais da ciência política. Eles não cabiam nos conceitos de partido, de grupo de pressão, de grupo social, de classe social, de simples estrato burocrático. No caso brasileiro, os poucos gatos-pingados dentro da universidade que, depois de 1964, se aventuraram ao estudo dos militares tiveram, para dar conta do fenômeno, de recorrer a categorias sociológicas, em especial ao conceito de organizações complexas. Tal recurso, embora teoricamente fecundo, gerou incompreensões. O pequeno campo dos estudos militares dividiu-se em uma polêmica, com frequência não explicitada, como acontece muitas vezes entre nós, entre os que utilizavam a abordagem das organizações e os que insistiam em salientar fatores macrossociológicos. A abordagem organizacional era vista como limitada e limitadora por negligenciar os aspectos externos à organização, sobretudo (na crítica de esquerda) a luta de classes. Por seu lado, os estudos macrossociológicos eram criticados pelos que empregavam a teoria das organizações por serem excessivamente abstratos e não darem conta da explicação do militarismo.

Só recentemente, e o encontro do grupo patrocinado pelo SSRC foi disso testemunho, as incompreensões começaram a dissipar-se. Parece que afinal a polêmica foi superada. Entendeu-se, de um lado, que não há teoria de organizações que se preze que não dê importância ao ambiente em que elas operam e que não considere como fundamental o intercâmbio entre as organizações e seu ambiente. De outro lado, entendeu-se que não faz sentido estudar os militares sem dar atenção aos aspectos organizacionais. Na verdade, todas as análises que o tentaram fazer acabaram por introduzir tais aspectos pela porta da cozinha. Mas são progressos recentes que ainda não tiveram tempo de gerar resultados significativos.[5]

Outro motivo para a rejeição dos estudos militares é de natureza política e tem a ver com a identificação dos militares com governos ditatoriais. Preocupar-se com temas militares era, e em parte ainda é, algo politicamente suspeito, indício de simpatias direitistas. Os que se dedicavam, e se dedicam, a tais estudos são quase forçados a assumir posição defensiva e pagam às vezes alto preço pela ousadia. A rejeição política aos estudos castrenses é reforçada, em países onde os militares se envolveram mais profundamente na repressão e na tortura, por rejeição psicológica e moral. Quase todos os cientistas sociais desses países, aí incluído o Brasil, ou foram pessoalmente vítimas da repressão ou conhecem parentes e amigos que o foram. A imagem de torturador passa para a categoria militar como um todo e para a própria instituição militar. Por transferência, qualquer estudioso dos militares que não seja simplesmente um denunciador *enragé* da tortura torna-se suspeito de conivência ou, no mínimo, de tolerância com as práticas repressivas.

Finalmente, sugiro que há uma resistência de natureza social aos estudos militares, pelo menos no caso do Brasil. Trata-se de resistência mais antiga, que precede de muito o golpe de 1964. Sempre houve no Brasil um fosso entre a intelectualidade de origem social alta e os militares do Exército, de origem mais modesta. A burguesia agrária e seus intelectuais sempre tiveram certo desprezo pelos militares do Exército — não exatamente como militares, mas como pessoas de classe social inferior. O desprezo vinha também acompanhado de rivalidade política em torno do controle do Estado. De um lado, estava a elite dos bacharéis, cujo domínio foi incontestado durante o Império; do outro, a elite militar que proclamou e sempre quis controlar a República. A campanha civilista de Rui Barbosa marcou o momento mais elaborado dessa luta. O bacharel por excelência do novo regime penitenciava-se de ter incentivado a oposição militar à monarquia e procurava restaurar a pureza do governo civil imperial.

O episódio das cartas falsas atribuídas a Artur Bernardes durante a campanha presidencial de 1921 serviu para desvendar o ressentimento militar em face do desdém das elites civis. O falsificador revelou grande conhecimento da psicologia militar e usou de extrema malignidade ao fazer Artur Bernardes chamar, em uma das cartas, o marechal Hermes, ex-presidente da República e chefe moral do Exército, de "sargentão sem compostura". A ofensa revelou o que no fundo pensavam dos militares os representantes da elite civil e atingiu profundamente o complexo de inferioridade social dos militares. Não é por acaso que, até pelo menos a década de 1930, os poucos intelectuais que se mostraram simpáticos aos militares ou se ligavam a eles por relações familiares, como Olavo Bilac, ou provinham de camadas sociais médias, ou não tinham estudado em escolas de direito. Nos dois últimos casos estão, por exemplo, Raul Pompeia, Sílvio Romero e Virgínio Santa Rosa.[6]

O preconceito social contra os militares está em declínio devido às mudanças na composição social da elite civil e dos militares. A elite civil é cada vez mais formada por industriais e técnicos que têm muito mais afinidades com os militares do que a elite agrário-bacharelesca. Os militares também se modificaram quanto à composição social, adquirindo características menos plebeias. Acrescente-se que a ocupação de inúmeras posições de poder depois de 1964 deu à farda o prestígio social que ela não tinha. Mas não é certamente coincidência que, mesmo hoje, entre os que se dedicam a estudar os militares se encontrem principalmente estrangeiros, parentes de militares e pessoas que participaram dos movimentos de oposição armada. Os últimos constituem o caso mais revelador. Embora tenham sido vítimas da repressão, têm noção mais clara da importância da dimensão militar na luta política. Eles têm também a vantagem de não estarem sujeitos à suspeita de conivência.

O resultado de todas essas resistências é a quase total ausência de estudos acadêmicos sobre militares. Só recentemente, em 1985, foi criado na Universidade de Campinas o primeiro centro destinado a estudos de estratégia, mesmo assim após grande resistência por parte de colegas e de autoridades acadêmicas.[7] Fora da universidade, não há centros de pesquisa dedicados ao tema, como é comum encontrar em outros países. Penso em centros como o Stockholm International Peace Research Institute (Sipri), o International Institute for Strategic Studies (IISS), de Londres, a Brookings Institution, de Washington.

Quanto a temáticas, o campo de estudos militares no Brasil é claramente subdesenvolvido, apesar do esforço dos poucos que a ele se dedicam. Basta mencionar que, quase sem exceção, os estudos são marcados por um politicismo exagerado, mesmo nos autores que partiram inicialmente, ou ainda partem, da perspectiva da teoria das organizações. A intervenção militar na política domina a preocupação de todos. Os militares e a instituição militar aparecem como fenômenos unidimensionais. Os militares existem, pensam e agem como entes puramente políticos; não são seres humanos. Até agora, quase nada tem sido feito sob o ângulo sociológico fora do organizacional; quase nada sobre a família militar, o orçamento doméstico, o lazer, o cotidiano dos quartéis, as condições de vida, as relações sociais. Também não existe quase nada sobre a dimensão cultural, os valores e a mentalidade militar. Poderíamos, por exemplo, perguntar sobre a possível relação entre valores militares e valores sociais. A lembrança mais imediata seria relacionar os valores hierárquicos próprios da organização militar com os mesmos valores que alguns veem como característica básica da sociedade brasileira em geral. Outro ponto óbvio de comparação seria entre o machismo que permeia nossa sociedade e a exaltação dos valores masculinos no etos militar.[8]

Dentro da própria abordagem política, há temas importantes apenas aflorados, se tanto. Bastem duas ilustrações. Tem-se discutido muito, nas análises recentes da política brasileira, o peso da tradição corporativista inaugurada na década de 1930. Ora, nenhuma corporação é mais conspícua, mais coesa, mais poderosa do que a corporação militar. Trata-se, naturalmente, de corporação especial, na medida em que lhe é concedido o privilégio de portar armas. Mas cabe perguntar se a arraigada tradição corporativista e talvez mesmo os valores corporativistas da sociedade não contribuiriam para tornar mais palatável a intervenção dos militares na política. Tal exploração, ao que eu saiba, não foi feita por ninguém. Também é extensa a bibliografia atual sobre a cidadania civil, em especial sobre as dificuldades de construí-la. Os estudos sobre militares também têm acentuado a importância que desde o início teve o problema da definição da cidadania política desses profissionais. Faltam, no entanto, estudos que relacionem os dois problemas, evidentemente interconectados. Essa discussão liga-se à anterior, na medida em que a tradição corporativista tem consequências claras para a prática da cidadania.

Na área de estudos estratégicos, só agora a universidade começa a se capacitar para propor esquemas alternativos aos apresentados pelos militares ou simplesmente para poder discutir o tema com algum conhecimento de causa. Até agora, havia monopólio militar, ou de pessoas ligadas aos militares, sobre o tema. Assim como na década de 1930 Góis Monteiro dominou o pensamento sobre o papel político dos militares, da década de 1950 em diante o general Golbery do Couto e Silva e, depois dele, a Escola Superior de Guerra ocuparam a área dos estudos de geopolítica. Os cientistas sociais que se aventuravam a discutir o tema o fizeram apenas para rejeitá-lo *in limine*. Era como se um país do tamanho do Brasil pudesse prescindir de pensamento e de cálculos estratégicos. Como se o estudo das relações exteriores, por exemplo, pudesse ser feito sem referência à estratégia militar, à política de armamento, à própria política da organização militar.[9]

Da conivência política

Feita a autocrítica da universidade, façamos a crítica da sociedade política, sobretudo do Congresso e dos partidos. Antes, uma pequena digressão histórica. Ela é necessária para demonstrar que já existiu no Brasil um sistema eficiente de governo civil, com controles adequados sobre os militares, um sistema em que os civis controlavam porque assim o desejavam e porque tinham competência para fazê-lo.

No Império, a Constituição definia a força armada como essencialmente obediente, e ela assim permaneceu durante quase todo o Segundo Reinado. Os poderes civis, Executivo e Legislativo, tinham sobre ela efetivo controle. Câmara e Senado possuíam comissões destinadas a discutir os assuntos referentes ao Exército e à Marinha e exerciam de fato suas atribuições. O controle exercia-se principalmente pela definição anual do orçamento e da fixação do contingente. Além disso, a Câmara tinha a iniciativa quanto ao recrutamento militar. Pelo lado do Executivo, o controle civil era ainda mais nítido. Os ministros do Exército e da Marinha eram quase sempre políticos civis. No caso da Marinha, até o fim do Império não houve queixas contra essa situação. Ainda no âmbito do Executivo, havia o Conselho de Estado que possuía uma seção dedicada a assuntos do Exército e outra aos da Marinha. Novamente, os membros dessas seções eram muitas vezes civis.

Como consequência, todos os temas relevantes para a força armada eram discutidos pelos órgãos de representação e de administração. Entre esses temas estavam o recrutamento militar, a organização da força armada, os gastos, a política de defesa interna e externa. Os militares, como militares, restringiam-se a administrar a operação da força armada. Sem dúvida, tratava-se de sistema político menos complexo do que o de hoje, mas não menos complexo do que os de outros países da América Latina, em que o caudilhismo era endêmico. Havia convicção da desejabilidade do controle civil, havia vontade de controlar, havia mecanismos adequados de controle e havia competência para controlar.

Tudo mudou com a proclamação da República. E mudou não por causa da República, mas por causa da maneira como foi proclamada, isto é, por um levante militar contra o governo. As mudanças começaram já na Constituição de 1891, como é sobejamente conhecido. O "essencialmente obediente" do texto imperial foi tornado inócuo com o "dentro dos limites da lei" do texto republicano. A força armada foi definida como instituição permanente e teve suas funções ampliadas para incluir a garantia da manutenção das leis. Além disso, desapareceu totalmente a prática de nomear ministros civis para as pastas militares (com uma única exceção no governo de Epitácio Pessoa). A eliminação do Conselho de Estado também retirou do Executivo uma assessoria técnica e política para lidar com temas militares. Restou apenas o controle pelo Legislativo, que continuava a ser feito pela aprovação do orçamento, do recrutamento e dos efetivos.

Apesar da resistência de alguns liberais e das desconfianças das oligarquias em relação aos militares, os civis já começavam a transigir e a bater em retirada, sobretudo em relação ao Exército. A força armada deliberante, anátema para os políticos do Império, já caminhava para se tornar realidade. O soldado do Império, na expressão de Alcindo Sodré, era o espantalho do soldado da República, tão diferentes eram no comportamento político.[10]

Mesmo assim, a Primeira República ainda produziu alguns políticos capazes de discutir temas militares e estratégicos em pé de igualdade — se não com maior competência — com os próprios militares. Os nomes mais óbvios são os do barão do Rio Branco, que nisso continuou a tradição paterna, e o de João Pandiá Calógeras, o único ministro civil do Exército no período, mais competente do que os ministros militares. Depois de 1930, não há políticos que se comparem a esses dois.

Depois da queda da Primeira República, ao novo avanço dos militares para ocupar posições dentro do Estado correspondeu um aceleramento da retirada dos civis. E isso até mesmo em momentos em que a ameaça do uso da força não se fazia sentir. A Constituição de 1934 reeditou a de 1891 no que se referia ao papel dos militares. E foi mais além: facilitou a participação política dos militares, permitindo a agregação por oito anos contínuos ou doze anos não contínuos sem perda de tempo de serviço e de antiguidade de posto, e fez das polícias militares reservas do Exército. Principalmente, criou um Conselho Superior de Segurança Nacional destinado a estudar e coordenar as atividades relativas ao tema. Do Conselho participavam os ministros, inclusive os dois militares, e mais os chefes do Estado-Maior do Exército e da Marinha (lembre-se de que a Aeronáutica ainda não existia). Antes do golpe de 1937, o Congresso aprovou a criação do Tribunal de Segurança Nacional e vários estados de sítio. Houve também, por parte de muitos políticos e da quase totalidade dos governadores, aceitação do golpe de 1937.

Em contraste com a retirada civil, o Exército desenvolveu, pela pena e palavra do general Góis Monteiro, uma justificativa ideológica para a intervenção na política interna; elaborou, sob a orientação dos oficiais da Missão Francesa, planos de guerra contra a Argentina; e preparou técnicos para gerir empresas estatais nas áreas do petróleo e da siderurgia.

Não é necessário percorrer passo a passo toda a trajetória da conivência. Baste-nos examinar os três anos que se passaram depois do último presidente militar. Durante a República dos Generais, o uso aberto da força poderia justificar o recuo civil, por medo, cautela ou rejeição. Mas fazia parte das promessas da Nova República restaurar o governo civil, isto é, o governo da lei e da democracia, como oposto ao governo do arbítrio e do autoritarismo.

Já vimos que na área da universidade os progressos têm sido lentos e tímidos. Mas pelo menos algum avanço tem havido. Na área política a situação é mais desalentadora. Comecemos pela prometida desmontagem do tentacular sistema de informação e de repressão formado de siglas tristemente célebres: SNI (Serviço Nacional de Informações), Esni (Escola Nacional de Informações), DSI (Divisão de Segurança e Informações), ASI (Assessoria de Segurança e Informações), Codi (Centros de Operações de Defesa Interna), DOI (Destacamentos de Operações Internas), Oban (Operação Bandeirante), além dos serviços de cada força, o CIE (Centro de Informações do Exército), o Cenimar (Centro de Informações da Marinha) e o Cisa (Centro de Informações de Segurança da Aeronáutica), e das segundas seções dos Estados-Maiores, os Deops (Departamentos de Ordem Política e Social), e das P-2, serviços secretos da polícias militares. Tal sistema, montado durante os governos militares, detém, de acordo com levantamentos de Alfred Stepan, maior soma de poderes do que os de todos os regimes autoritários ou ditatoriais recentes. Segundo Stepan, o sistema brasileiro de informações possui um somatório de características que nenhum outro possui, tais como status de ministro de Estado para seu chefe, monopólio do ensino de informação, coordenação de todo o sistema de inteligência, independência, presença de agentes em todos os órgãos públicos, nenhum controle por parte do Legislativo ou do Executivo. Nem mesmo a

KGB soviética possui tal soma de poderes, pois presta contas ao partido. Em sistemas democráticos, naturalmente, há muitos controles. Nos Estados Unidos, existem desde 1977, na Câmara e no Senado, *select committees* que supervisionam as atividades de inteligência. Isso sem falar nas comissões civis de assessoria ao Poder Executivo.[11]

O que mudou com a Nova República? Por iniciativa e pressão civil, praticamente nada. Os Codi-DOI começaram a ser desmobilizados em 1982, ainda no governo dos generais, mas foram substituídos por subunidades operacionais (SOP) que se envolveram em tentativas de minar a candidatura de Tancredo Neves em 1984. Hoje, planeja-se, por exclusiva iniciativa e responsabilidade do Exército, substituir as SOP por um Batalhão de Forças Especiais, ligado à Brigada de Paraquedistas, composto de quinhentos homens. A intenção é manter a capacidade de combate à subversão e à guerrilha.[12] No SNI, nada foi formalmente mudado. As eventuais mudanças deram-se por decisão do chefe do órgão, que pode a qualquer momento voltar atrás. Apesar de se ter discutido o problema no início do governo Sarney, sobretudo por insistência do ministro Fernando Lyra, as DSI e ASI continuam funcionando nos ministérios e nas estatais. Vários ministros civis, se não todos, as conservam, inclusive o ministro da Cultura.[13] Nenhuma iniciativa do Congresso ou dos partidos foi apresentada no sentido de extinguir, modificar ou controlar o sistema nacional de informações. A única exceção talvez seja o direito ao *habeas data*, introduzido na nova Constituição. Mas já foi montado pelo Executivo um esquema que tornará tal direito inoperante.

Na área da política de segurança as coisas não são mais animadoras. Foi alterado pela nova Constituição o Conselho de Segurança Nacional. Mas, novamente por iniciativa do Executivo, boa parte de seus poderes foi transferida para outro órgão, criado à revelia do Legislativo. Persiste a prática anterior de deixar assuntos de segurança exclusivamente a cargo de militares. Não consta que o Congresso Nacional, por suas Comissões de Segurança Nacional, tenha convocado ministros militares para discutir temas de segurança ou para propor modificações no processo decisório na área. O projeto para a Calha Norte, por exemplo, foi feito dentro do CSN, sem qualquer audiência do Congresso. A Comissão de Segurança do Senado produziu um documento sobre a indústria de armamentos em que confessa, candidamente, que nem ela conhecia os dados exatos sobre produção e exportação de armas. Não tinha também informação precisa sobre o programa nuclear militar (*Folha de S.Paulo*, 20 de junho de 1986). Os políticos não apenas não cobram prestação de contas como também legitimam a ação do CSN: Nelson Ribeiro, quando ministro da Reforma Agrária, pediu ao CSN estudos para formular uma política de desenvolvimento rural integrado (*O Globo*, 22 de janeiro de 1985).

Outro exemplo. A política de reorganização do Exército foi toda ela elaborada dentro da própria corporação, mais precisamente pela 6ª Subchefia do Estado-Maior. Essa política, que deverá custar ao país cerca de 2 bilhões de dólares até 1990, define um plano de reforma em três etapas, a última terminando no ano 2015, chamadas FT-90, FT-00 e FT-15. Na definição da reforma do Exército estará naturalmente embutida uma definição de seu papel político. Em vez de se buscar uma capacidade de pronta resposta, que teria a ver com a defesa externa do país, buscou-se aparelhar o Exército para funcionar mais eficientemente em operações internas. Assim é que o plano prevê maior seletividade no recrutamento, a criação de sete batalhões de aviação equipados com helicópteros, o deslocamento de unidades, a mecanização da cavalaria etc. (*Folha de S.Paulo*, 13 abril de 1986; *O Globo*, 4 de abril de 1986; *Jornal do Brasil*, 7 de setembro de 1987). A criação da aviação do Exército é particularmente significativa, pois torna essa força menos dependente da Aeronáutica para operações internas. Ao Congresso nada foi perguntado, nem ele perguntou qualquer coisa. Aparentemente, o Itamaraty também não foi envolvido. É possível mesmo que nem a Marinha e a Aeronáutica o tenham sido. Apesar de tudo isso, não faltaram os recursos. Não só não faltaram como, no reconhecimento de um general, nunca os houve tão abundantes em comparação com os últimos vinte anos. Não é de admirar que o presidente da República conte com o sólido apoio do ministro do Exército. A alocação dos recursos não passou pelo Congresso.

Mas continuemos os exemplos. A política nuclear é outro óbvio indicador de omissão política. A imprensa vem ultimamente revelando boa parte dos segredos da área. Criou-se um programa nuclear paralelo, desconhecido até mesmo da comunidade científica, sob a supervisão da Marinha, que só foi revelado por ter conseguido o enriquecimento do urânio por fora dos controles internacionais. Sem dúvida, a área nuclear não pode ser tratada com completa transparência. Mas a etapa tecnológica vencida abre perspectivas para a construção de uma bomba atômica. Isso é assunto para a Marinha decidir? Para as Forças Armadas? Para o CSN? Ou mesmo para o Executivo, apenas? É claro que não. Trata-se de decisão que não pode ser tomada sem a audiência da nação, pelo menos de sua representação parlamentar. Não consta, no entanto, que o Congresso tenha reivindicado o exercício de suas obrigações. Apenas a comunidade científica tem protestado, aparentemente sem qualquer efeito.

Um último exemplo: a política de produção de material de emprego militar. Essa é uma área em que pesquisadores universitários vêm tentando estabelecer certa competência. No entanto, apesar de todos os esforços, reina na matéria grande mistério quanto a pontos fundamentais, quais sejam, o número de empresas no setor, a quantidade de mão de obra empregada, o valor da produção, o volume de exportação, a transferência de tecnologia do exterior, o intercâmbio com as indústrias civis, os benefícios fiscais concedidos pelo governo, a produtividade etc. Tanto os órgãos de governo envolvidos como a Cacex, o Instituto Nacional da Propriedade Industrial, o Itamaraty e as próprias empresas mantêm segredo. Novamente, trata-se de área que envolve não somente a política de defesa, mas também as políticas econômica, científica e tecnológica. No entanto, nem a Comissão de Segurança Nacional do Senado sabe o que se passa. Tanto a Comissão como os pesquisadores se baseiam em fontes internacionais de informação e em adivinhações.[14]

Os exemplos poderiam continuar. A cada passo, a cada dia, surgem fatos que confirmam a tese da omissão das instituições políticas, particularmente dos partidos e do Congresso. Não é preciso falar da presidência da República. Creio haver consenso entre analistas de nossa política sobre o fato de ter o presidente seu mais confiável sustentáculo político nas Forças Armadas, sobretudo no Exército. Mais eloquentes que qualquer análise política são as charges em que Millôr e Ique têm traduzido o sentimento geral sobre a natureza do relacionamento entre o presidente e as Forças Armadas. O presidente aliou-se abertamente ao ministro do Exército (*remember* os 2 bilhões de dólares) para contestar e pressionar a Assembleia Constituinte. As Forças Armadas são usadas com desembaraço para combater operários em greve. Mas o mais grave é que a reação de outros setores políticos, sobretudo do PMDB, o fiador da Nova República, é tíbia, hesitante ou simplesmente inexistente.

A tática do varejo

Diante dessa omissão perante os aspectos micropolíticos, definições de princípios no texto constitucional perdem muito de sua possível eficácia. Essas definições tratam de princípios e provocam maiores resistências, como ficou claro pelas reações militares. Mesmo que tivesse havido mudança importante (por exemplo, a limitação do papel das Forças Armadas à defesa externa), seria pouca a consequência se não fosse complementada por cuidadosa legislação ordinária cobrindo os pontos aqui discutidos. Por outro lado, uma derrota nos princípios pode ser compensada, pelo menos em parte, por uma ação eficaz na engenharia política. A não mudança do texto constitucional referente à defesa da lei e da ordem não impede, por exemplo, que se estabeleça um controle parlamentar sobre o SNI, ou que o Congresso assuma suas responsabilidades no que se refere às políticas de defesa, nuclear e de armamentos.

A título de ilustração, vejamos algumas medidas que podem ser tomadas, talvez sem grandes traumas. O SNI poderia ser desmilitarizado. Seu chefe perderia o status de ministro e seria nomeado com a aprovação do Senado. Suas operações estariam sujeitas ao controle de alguma comissão ou subcomissão do Congresso, que poderia reunir-se secretamente. A Esni não tem razão de ser e poderia ser extinta. O que lá se aprende (ensinam-se até línguas estrangeiras) poderia ser aprendido nas universidades. O que não pudesse, teria como ser ensinado em cursos intensivos ou no próprio trabalho. As DSI e ASI poderiam ser extintas sem mais conversa.

As comissões de Segurança Nacional do Congresso, ou que outro nome se lhes dê, talvez não tivessem de fazer grandes alterações em sua organização. Bastaria que decidissem exercer seu papel, reivindicar suas atribuições e capacitar-se para fazê-lo. Nos Estados Unidos, a Comissão das Forças Armadas na Câmara é formada de 45 deputados, possui cerca de quarenta técnicos, sete subcomissões, e gasta em torno de 2 milhões de dólares por ano. A do Senado possui quinze membros (sete da oposição) e um corpo técnico de quarenta pessoas. Guardadas as proporções, o que impede que sua equivalente brasileira se equipe e exerça as atribuições que lhe cabem? Junto com a Comissão de Finanças, que gerencia as dotações orçamentárias, ela poderia ter sob seu controle e supervisão todas as atividades militares.

A nova Constituição substituiu o Conselho de Segurança Nacional pelo Conselho de Defesa Nacional. Mas, novamente, a mudança em nada alterará as coisas se o Congresso e os partidos não exercerem suas atribuições. Se não o fizerem, alguém o fará por eles. Como vimos, o Executivo já se encarregou de criar mecanismos de sabotagem da nova lei.

Medida mais complicada, devido à forte oposição militar, seria a criação de um Ministério da Defesa, como foi feito na Argentina e como é a prática na maioria dos países. Tal medida reduziria o número de ministros militares (o ministro da Defesa, em geral, é civil) e daria a eles representação funcional e não política, como bem observa Stepan. Os militares seriam representados nos órgãos que tivessem a ver com suas atividades (inclusive o próprio Conselho de Defesa Nacional) por seus chefes de Estado-Maior ou por alguém por eles indicado. O presidente da República, supondo-se a existência de um presidente a quem isso incomodasse, não se veria, então, sitiado pela pressão dos representantes políticos das três forças.

Tudo isso supõe pelo menos duas coisas: vontade de fazer e competência para fazer. Quanto à segunda, pode levar algum tempo mas é possível consegui-la, uma vez aceita sua necessidade. A própria ampliação das tarefas militares, especialmente nas áreas industrial e tecnológica, cria espaços de convivência entre militares e civis que podem resultar na capacitação mútua de uns no campo dos outros. Exemplos dessa cooperação encontram-se na área nuclear, na produção de armamentos, na exploração da Antártica, na informática etc. Restaria capacitação na área política e de políticas públicas. O Núcleo de Estudos Estratégicos da Unicamp é um bom começo. Do lado militar, a Aeronáutica e, em menor escala, a Marinha têm se mostrado abertas a debates com especialistas civis, sem fugir a temas controversos, como a criação do Ministério da Defesa e a definição do papel das Forças Armadas.

Aos poucos, pode-se conseguir a formação de civis, inclusive políticos, capazes de discutir temas militares, mesmo os mais técnicos, e assim se credenciarem para formular políticas alternativas àquelas dos militares, ou de convencê-los a modificar seu modo de pensar. É preciso reconhecer que os militares, desde a década de 1930, fizeram o esforço na direção oposta, isto é, de se capacitarem em assuntos civis, e que isso foi fator importante no êxito que tiveram em invadir áreas de competência civil e nelas implantar o viés militar. Fator favorável ao movimento paralelo dos civis é estar em fase de declínio o principal órgão de formação civil dos militares e de formação militar dos civis, a Escola Superior de Guerra. A ESG hoje corre atrás dos acontecimentos; corre atrás até mesmo do comportamento de certos setores militares. Dificilmente ela será capaz de repensar a política militar dentro de um contexto de debate democrático. Essa tarefa caberá a pessoas ou instituições civis que sejam capazes de vencer a resistência ainda existente na área civil e de se tornarem interlocutores reconhecidos pelos militares.

Sem a formação desses especialistas, nenhum esforço feito pelas comissões do Congresso no sentido de controlar e supervisionar a política militar terá êxito, pois os congressistas acabarão dependendo das opiniões técnicas dos próprios militares. Sem ela, o novo Conselho de Defesa Nacional ficará também, na prática, senão no direito, dependendo de militares, ou de civis de pensamento militarizado. Sem ela, qualquer política de segurança nacional, ou de defesa nacional, na nova terminologia, se não repetir as aberrações atuais, cairá vítima de romantismo e se autoderrotará. Sem ela, o discurso democrático não se instrumentalizará, não se transformará em propostas políticas concretas, e só restará a seus formuladores reiniciar as lamentações de sempre, quando vier nova intervenção militar. Não se trata, é preciso que fique bem claro, de reeditar a aliança perversa da tecnocracia com os militares. Trata-se exatamente de destruir dois dos aspectos básicos dessa aliança, a saber, a conivência no autoritarismo e a separação das esferas de competência. Trata-se de politizar a discussão militar e de torná-la parte do debate democrático geral.

Se é possível imaginar a possibilidade de capacitação civil em temas militares, é mais difícil visualizar o surgimento de uma vontade política sólida de construir a hegemonia do poder civil. Tal vontade certamente não existe na ação política do atual ocupante da presidência da República e não se manifesta de maneira inequívoca no partido majoritário, o PMDB. Não é nem preciso dizer que não há traços dela no PFL, no PTB e em outros partidos. Quem observa a cena política da Nova República tem a impressão de que a tutela militar é algo normal e que deve continuar a exercer-se. É como se houvesse concordância tácita de que ela não pode ser evitada ou de que não pode ser dispensada. Os democratas, aí incluídos alguns setores liberais e alguns de esquerda, ou evitam debater a questão ou discursam contra o militarismo em termos abstratos, fugindo às definições concretas ou se recusando a negociar com os militares.

A omissão civil, não haja dúvida, contribui para a volta dos militares ao governo. Vinda a intervenção, muitos ficarão talvez felizes por poderem novamente culpar os militares. Mas será mais inteligente, embora menos atraente, se nos corrigirmos agora para reduzir a probabilidade de nova intervenção no futuro.

10.
Intervenção militar começou no Império

O livro de John Schulz, *O Exército na política: Origens da intervenção militar, 1850-1894* (São Paulo: Edusp, 1994), é uma versão algo modificada de sua tese de doutorado defendida em 1973 na Universidade de Princeton, Estados Unidos. As boas modificações foram o enxugamento do texto, a eliminação de um capítulo inicial sobre o Império, desnecessário para o público brasileiro, e a adição de um capítulo sobre Canudos. A menos boa foi a eliminação de um apêndice sobre a educação dos oficiais do Exército. Como o próprio livro demonstra, a educação foi fator central na determinação do comportamento dos militares do Exército. O livro e o leitor perdem com a eliminação do apêndice. Era também desejável que o autor tivesse feito atualização mais completa da literatura publicada desde a defesa da tese. Sente-se, por exemplo, a falta de referências às obras de Edmundo Campos e W. S. Dudley sobre o Exército, de Jeanne Berrance de Castro sobre a Guarda Nacional, de Fernando Uricoechea, Ilmar Mattos e Emília Viotti da Costa sobre a política imperial. Mas se a alternativa que se apresentava para o autor era publicar sem atualização ou não publicar, ele agiu bem, publicando.

Agiu bem porque seu livro continua sendo o que há de melhor sobre o Exército durante o Império. Existem algumas teses de mestrado e doutorado que levam mais fundo a análise do tema, sobretudo para os anos finais do regime, mas elas não foram ainda publicadas. Mesmo que o sejam, o trabalho de John Schulz manterá sua característica pioneira.

A parte mais inovadora e interessante é a identificação do surgimento de uma contraelite militar (militar, no livro e aqui, refere-se apenas aos integrantes do Exército) a partir da década de 1850. Dentro das escolas militares começaram a surgir oficiais com ideias distintas das da elite civil. Da discordância passaram à hostilidade, da hostilidade à disputa pelo poder. O resultado do processo é o golpe de 1889. A tese predominante até então apontava a Guerra do Paraguai como o ponto inicial do surgimento de um Exército politizado.

Segundo Schulz, o início do processo localiza-se na reforma do sistema de promoções introduzida em 1850 pelo ministro Manoel Felizardo de Sousa e Melo. A reforma aboliu o sistema anterior, de origem aristocrática, em que as promoções dependiam da posição social do militar. Introduziu a promoção por mérito e tempo de serviço. A frequência a cursos especializados passou a ser exigência para as armas de artilharia, engenharia e Estado-Maior, nas quais a promoção por estudo podia ser feita até o posto de major. A principal consequência da reforma foi a mudança na composição social do Exército. Oficiais oriundos da elite civil e da aristocracia foram substituídos por filhos de militares e pessoas provenientes da pequena burguesia rural e urbana. Outra consequência foi a criação de um grupo de oficiais com formação superior, sobretudo nas armas técnicas. Além de ser superior, equiparável à da elite política, a formação dos oficiais era mais técnica, escorada nas matemáticas. Por isso, a contraelite militar tinha uma postura que hoje chamaríamos de mais tecnocrática e desenvolvimentista, que desdenhava a formação jurídica dos membros da elite política.

Desde 1855, o jornal *O Militar* queixava-se da desigualdade nas carreiras de um legista (designação pejorativa dos bacharéis em direito) e de um oficial do Exército. Na visão do jornal, o primeiro tinha carreira rápida, fácil e bem remunerada, impulsionada que era pelos contatos familiares e políticos. Sem muito esforço, o legista chegava ao topo da carreira política. Em contraste, o aluno que saía da Escola Militar tinha de suportar a vida de quartel em postos distantes, promoções lentas, salário baixo e a arbitrariedade dos políticos. Com alguns ajustes, as reclamações de *O Militar* poderiam ser confundidas com a retórica militar de hoje.

Poder-se-ia reclamar de Schulz melhor delimitação desse grupo de oficiais inconformados e reformistas, melhor acompanhamento de suas carreiras, melhor distinção entre eles e o restante dos oficiais do Exército. Seria um refinamento que provavelmente não alteraria a tese central do livro, que, a meu ver, permanece correta: ao longo do Império, formou-se uma contraelite dentro do Exército, social e intelectualmente antagônica à elite civil, insatisfeita com a situação do país e, sobretudo, com sua própria posição na hierarquia de poder e prestígio. Essa contraelite forneceu a liderança da intervenção de 1889.

Resta discutir um ponto: o papel da contraelite foi positivo ou negativo? Na tese, a posição do autor parece-me mais clara: foi um papel positivo, os militares lutaram pela abolição, pela imigração, pelo desenvolvimento econômico, por um governo honesto (seja lá o que isso signifique). Lutaram, enfim, por algumas medidas progressistas. No livro a posição é um pouco ambígua, pois se fala em perigo de futuras intervenções militares. Mas se mantém a tese de que os males dos governos militares recentes não devem fazer esquecer as contribuições positivas do Exército para a evolução do Brasil.

Esse é um tema complexo demais para ser discutido em uma resenha. Anoto apenas minhas dúvidas quanto ao conteúdo liberal da atuação dos oficiais reformistas, a não ser que se tome a palavra liberal no sentido amplo que lhe é dado nos Estados Unidos, que abrange também o campo social. Nem os pioneiros de 1850 nem seus continuadores positivistas de 1889 (e nem os tenentes de 1922, poderíamos acrescentar) me parecem liberais em política. Eram, antes, intervencionistas, estatistas, autoritários. Mas essas são avaliações que não dizem respeito à qualidade do livro. Quem quiser entender a história das intervenções militares no Brasil terá de o ler.

II.
O Exército e os negros

No dia 11 de maio de 1988, a Marcha dos Negros contra a Farsa da Abolição, organizada por lideranças negras do Rio de Janeiro, foi bloqueada por seiscentos soldados do Comando Militar do Leste, auxiliados por contingente da polícia militar, diante do panteão de Caxias na avenida Presidente Vargas. O incidente, profundamente inquietante, revelou conflitos impensáveis cem anos atrás, quando se deu a abolição cujo sentido a marcha tratava de discutir à luz dos problemas atuais da população negra. Mesmo admitindo que houvesse da parte dos manifestantes intenção de protestar diante do panteão, a reação militar, nos termos que se deu, não se justificava. Na parte que toca ao movimento negro, é preciso entender que ele dá vazão a um século de frustrações: é natural que haja alguns exageros e impropriedades em sua reação. Da parte do Exército, a instituição já viveu melhores dias no que se refere à sua relação com os negros.

De fato, o Exército da época da abolição continha grande número de negros e mulatos entre as praças, isto é, entre soldados, cabos e sargentos. Como não havia serviço militar obrigatório, as praças eram recrutadas quase à força entre a população pobre das cidades e do campo. Essa população, como acontece até hoje, era, em sua maioria, não branca. No oficialato não era rara a presença de negros e mestiços, sobretudo nos escalões inferiores (alferes, tenentes, capitães). A Guerra do Paraguai, em que tantos negros lutaram, inclusive ex-escravos, facilitara a promoção ao oficialato, por mérito, de muitos graduados. Não consta que houvesse generais negros. Caboclos havia, como Floriano. Mas sob o ponto de vista racial a situação era bastante democrática, muito mais, certamente, do que a da Marinha.

Não é de admirar, portanto, que o Exército se revelasse simpático à causa da abolição. Oficiais e alunos de escolas militares tomaram abertamente posição abolicionista. A primeira das chamadas questões militares do Império teve origem em atitude abolicionista do tenente-coronel Sena Madureira. Esse oficial foi punido por ter recebido na Escola de Tiro de Campo Grande o jangadeiro Francisco do Nascimento, líder dos abolicionistas cearenses. Mesmo oficiais conservadores, como Deodoro, apoiaram a abolição. Deodoro teve o apoio dos abolicionistas em sua campanha para o Senado em 1887. Nesse mesmo ano, o futuro proclamador da República enviou à princesa Isabel documento do Clube Militar, de que era o presidente, solicitando que o Exército não fosse empregado na captura dos escravos que fugiam das fazendas. O documento afirmava ser a liberdade o maior bem que possuímos sobre a terra e que não era tarefa para os integrantes do Exército brasileiro capturar, como se fossem capitães do mato, os que pacificamente buscavam esse bem supremo. Essa atitude contribuiu para o apressamento da abolição. A Guarda Nacional estava desmobilizada e as polícias provinciais eram demasiado fracas para manter a ordem escravista.

Mudou o Exército? Por razões diversas, mudou. As transformações por que passou a instituição, a partir da segunda década do século XX, tanto internamente como em seu papel político, afetaram também sua relação com a população negra. A efetivação do serviço militar obrigatório contribuiu para embranquecer o contingente dos conscritos, agora recrutados entre todos os setores da população. A seguir, já na década de 1930, o bloqueio do acesso de sargentos ao oficialato reduziu substancialmente a presença de negros e mulatos nesse segmento crucial da organização. Finalmente, durante o Estado Novo, e refletindo o ambiente da época, foram baixadas instruções referentes à admissão de candidatos às escolas militares que permitiam, na prática e de acordo com o critério dos comandantes, o veto aos candidatos negros, judeus, não católicos e filhos de estrangeiros. Tais instruções foram posteriormente revogadas, mas o Exército se embranquecera e por algum tempo admitira a discriminação. Isso se dera exatamente no momento em que a instituição assumia papel central na política do país.

O branqueamento interno e o branqueamento político do Exército podem explicar em parte o incidente da avenida Presidente Vargas. Note-se, a propósito, que a promoção de Caxias a herói nacional data também da década de 1930. No Império, ele era um general respeitado, mas um general do Partido Conservador. O herói militar dos liberais era Osório. O incidente de agora e a reação desproporcional do Exército colocaram a instituição militar em posição oposta à que assumiu há cem anos. Não significa isso acusar o Exército de racismo, pois no fundo procurava preservar a memória de seu patrono. Mas houve, sem dúvida, perda de sensibilidade em relação à população negra. A ninguém pode escapar a gravidade para a nação de um possível conflito, ou mesmo de simples antagonismo, entre o Exército e os negros. Tal conflito, além de contrariar as tradições do Exército, só dificultaria completar a tarefa inconclusa da abolição pela absorção da população negra dentro da comunhão plena da cidadania brasileira.

Vale lembrar outro trecho do documento enviado pelo Clube Militar à princesa Isabel: "Em todos os tempos, os meios violentos [...] não produziram nunca o desejado efeito". Há cem anos, o Exército se recusou a parar a marcha dos escravos que buscavam a liberdade. Não pare ele hoje a marcha dos descendentes dos escravos que continuam a buscar os plenos benefícios dessa liberdade que a nação ainda lhes nega.

12.
"Eu chamo o Velho!"[1]

Instado pelos conspiradores republicanos, o marechal Deodoro viu-se à testa do movimento de 15 de novembro e acabou chefe do governo provisório, ou ditador, como preferiam os positivistas. Homem de caserna por excelência, profundamente identificado com sua corporação, era alérgico à política e aos políticos, os "casacas", como diziam pejorativamente os militares à época. A expansão democrática e a efervescência política que caracterizaram os primeiros momentos da República lhe pareciam antes manifestações de anarquia, de desrespeito à autoridade, de falta de patriotismo. De temperamento arrebatado, explodia a qualquer contrariedade maior, pondo em risco ao mesmo tempo sua precária saúde e a saúde do novo regime, não menos precária.

Muito popular ao início do governo, o marechal, já então aclamado generalíssimo, foi perdendo aos poucos o apoio da opinião pública devido aos constantes atritos com seus próprios ministros, com a imprensa e com o Congresso. Em meio a essas crises, tinha frequentes rompantes emocionais e ameaçava renunciar ao cargo e chamar de volta o imperador: "Eu chamo o Velho!". Um dos conflitos mais dolorosos para ele deve ter sido o que o lançou contra o companheiro de armas e de conspiração, o ideólogo dos jovens oficiais, general Benjamin Constant. Por divergências relacionadas a promoções de oficiais, os dois se enfrentaram em reunião do ministério, em setembro de 1890. O generalíssimo acusou o general de promover patriotas de rua. Revidou o general chamando o generalíssimo de monarca de papelão. Descontrolado, o generalíssimo desafiou o general para um duelo à espada, ao que redarguiu o general exigindo que o duelo fosse ali mesmo e já. Intervieram, então, os outros ministros e conseguiram serenar os ânimos.

De consequências mais trágicas foi o episódio que envolveu o jornal *A Tribuna*, cuja redação se localizava no centro do Rio. O órgão monarquista criticava duramente o novo governo, sobretudo nos artigos de Eduardo Prado, mandados da Europa. Foi crescendo a irritação do generalíssimo a ponto de querer mandar prender o redator e fechar o jornal. Em novembro de 1890, ausente a polícia, apesar dos avisos e queixas do redator, oficiais do Exército à paisana, entre os quais parentes do chefe do governo e o exaltado coronel Piragibe, invadiram a redação, destruíram o que encontraram e feriram seis pessoas, uma das quais, um revisor, morreu um mês depois. O ataque provocou uma crise no ministério e teve enorme repercussão pública. Mas o inquérito para apurar o empastelamento não encontrou culpados.

Outro caso rumoroso foi o que envolveu seu amigo íntimo, o engenheiro Trajano de Medeiros. Deodoro insistia em conceder ao engenheiro garantia de juros para construir o Porto das Torres, no Rio Grande do Sul. O ministério discordou, houve ameaças de renúncia de ambos os lados, acabando por renunciar todo o ministério em janeiro de 1891. Deodoro o substituiu pelo que se chamou "ministério dos Áulicos", dominado por seu amigo e compadre, o ex-monarquista barão de Lucena. O episódio indispôs o generalíssimo com os republicanos históricos que o tinham colocado à frente do governo.

A insatisfação refletiu-se logo na eleição indireta para a presidência e vice-presidência, feita pelo Congresso em fevereiro de 1891. A votação transcorreu em clima de grande tensão devido aos boatos de que haveria intervenção militar caso não fosse eleito o generalíssimo. Afinal, ganhou Deodoro, mas teve de amargar a votação maior dada ao candidato a vice-presidente, Floriano Peixoto. No dia da posse, ele foi acolhido no Congresso com frieza, ao passo que ao vice-presidente foi concedida apoteótica aclamação.

O período constitucional foi de crescente divórcio entre o governo e os vários setores da política e da sociedade. Os históricos não aceitavam o ministério do ex-monarquista Lucena; o Congresso, sob a presidência do líder civil da oposição, Prudente de Morais, não aceitava os métodos autoritários do generalíssimo; este, por sua vez, irritava-se com frequência com as críticas da imprensa e do Congresso. A este último passou a chamar de ajuntamento anárquico dominado por radicais e intransigentes. Passara também a euforia do Encilhamento e já se faziam sentir suas consequências no aumento da inflação, na queda do câmbio, na falência de empresas fraudulentas criadas com fins puramente especulativos. O ambiente da época foi descrito pelo insuspeito Aristides Lobo como de "descrença pública cada vez mais cavada e mais profunda".

Deu-se o impasse em novembro de 1891. O generalíssimo fechou o Congresso e fez cercar a Câmara e o Senado com batalhões do Exército. Mas o apoio indiscutível que tivera em 15 de novembro de 1889 já não existia. Deixara-se Deodoro envolver pela influência de alguns amigos fiéis que o isolaram e afastaram do sentimento da nação. Seus próprios colegas de farda o abandonaram. A revolta começou na guarnição do Rio Grande do Sul. Seguiram-se greves operárias na Central do Brasil e um levante da Marinha. Amargurado, o generalíssimo renunciou vinte dias depois do fechamento do Congresso e entregou o governo ao vice-presidente.

O desencanto foi tão intenso que ameaçou jogar ao mar fardas e condecorações. Morreu menos de um ano mais tarde, depois de exigir que fosse enterrado em trajes civis e sem cerimônias oficiais. O povo, no entanto, concorreu ao enterro. Como que percebia a contradição daquele soldado de impulsos generosos, que abraçara a causa da República e que amava a glória, mas que não estava preparado para o exercício do cargo em que o colocaram e fora incapaz de conviver com a prática do conflito democrático, a única capaz de legitimar o regime que ajudara a construir.

13.
1964 visto por um araponga

Todos sabemos o que significa SNI, Serviço Nacional de Informação. Mas poucos se lembrarão da sigla SFICI, Serviço Federal de Informações e Contrainformações. O SFICI foi criado em 1946 e era subordinado ao Conselho de Segurança Nacional. Em geral controlado por oficiais do Exército, em 1964 estava pela primeira vez sob a direção de um oficial da Marinha, o capitão de mar e guerra Ivo Corseuil, que fora levado para o CSN pelo ministro da Marinha, almirante Pedro Paulo de Araújo Suzano. Suzano apoiara o golpe preventivo de 1955, liderado pelo general Lott para garantir a posse de Juscelino Kubitschek na presidência. O gesto valeu-lhe a pecha de "canela preta", dada na Marinha ao grupo de oficiais que tinha apoiado Lott. Fora também favorável à posse de João Goulart em 1961. O legalismo e o reformismo renderam-lhe a nomeação de ministro da Marinha em 1962, posto que ocupou até 1963. Foi reformado compulsoriamente depois do Ato Institucional nº 1 e teve os direitos políticos cassados por dez anos.

Ligado a Suzano, Corseuil era também um "canela preta". No governo Goulart, os "canelas pretas" apoiavam as reformas e opunham-se aos "udenistas" da Marinha, grupo majoritário que combatia a herança de Vargas. Corseuil sobreviveu a Suzano no governo, permaneceu na chefia do SFICI até o dia 1º de abril e manteve acesso fácil ao presidente, a quem apreciava. Escapou à punição, passando para a reserva como vice-almirante.

Figura de segundo escalão no governo, seu nome não aparece nas crônicas do período. Tinha, no entanto, a vantagem de ocupar um posto privilegiado de observação, o serviço de inteligência, encarregado de coletar e passar ao presidente, ou ao CSN, informações sobre as muitas agitações políticas do momento, em que se envolviam civis e militares.

Em 7 de dezembro de 1979, Corseuil me concedeu uma entrevista sobre sua experiência nos bastidores do regime. Vários pontos da conversa merecem ser divulgados. Seleciono alguns. O primeiro tem a ver com a situação do SFICI e a capacidade do governo de se manter informado. O órgão estava sem recursos. No começo do governo Goulart, a Central Intelligence Agency, CIA, oferecera dinheiro e equipamento ao serviço, mas a oferta não fora aceita. O próprio Corseuil recusou uma dessas ofertas. Os americanos dirigiram-se então a Carlos Lacerda, governador da Guanabara, que aceitou de bom grado a ajuda. A consequência foi que Lacerda passou a estar mais bem informado do que o governo federal. No serviço de informações, explicou Corseuil, "a base de tudo é o dinheiro [...]. O Lacerda pagava o dobro a meus informantes para serem informantes dele. [...] O serviço do Lacerda com isso era dez vezes melhor do que o nosso". Mesmo os informantes que atuavam dentro das Forças Armadas muitas vezes não repassavam as informações. Dinheiro brasileiro para o serviço de informação não havia: "Brasileiro é muito valente, mas não dá dinheiro, não".

Até mesmo as boas informações não foram de grande ajuda. Corseuil refere casos em que assessores desaconselharam fortemente certas nomeações para comandos militares que eram afinal efetivadas por razões pessoais do presidente. O caso mais notório foi o da indicação do general Benjamin Galhardo para o comando do III Exército em 1963. Goulart preferiu a opinião do ministro da Guerra, general Jair Dantas Ribeiro, contra o parecer unânime dos oficiais do CSN. A escolha "era a pior do mundo". Se tivesse nomeado o general Ladário, "o III Exército não tinha se revoltado". Ladário foi, afinal, nomeado a 1º de abril, tarde demais. Outros erros teriam sido a nomeação do general Amaury Kruel para o comando do II Exército e do general Justino Alves Bastos para o IV Exército. Nenhum dos dois seria confiável. Kruel encabeçara o Manifesto dos Coronéis que forçara a saída de Goulart do Ministério do Trabalho em 1954.

De erros como esses, segundo Corseuil, viria a fraqueza da sustentação militar de Goulart. O ponto alto do apoio militar ao presidente se dera depois do plebiscito, quando Suzano na Marinha, Osvino no Exército e Anísio Botelho na Aeronáutica lhe davam tranquilidade. Depois desmanchou tudo. Não que existisse qualquer dispositivo militar. O general Assis Brasil falava muito nesse dispositivo, mas na prática tratava-se apenas de ter comandantes leais e competentes nos lugares certos. A situação militar nos últimos dias do regime era quase patética, na descrição de Corseuil. O ministro da Guerra, Jair Dantas Ribeiro, estava hospitalizado, o chefe da Casa Militar, Assis Brasil, era omisso devido a sérios problemas domésticos, o comandante do I Exército, Morais Âncora, de 63 anos, "não podia nem ficar de pé". O Exército estava sem comando. Quando, no dia 31 de março, o general Mourão Filho veio "com aqueles gatos-pingados lá de Minas e não tinha nem munição", não havia quem mandasse. Cunha Melo, comandante das tropas enviadas do Rio para enfrentar os mineiros, ligou de Três Rios pedindo ordens. Responderam-lhe que o presidente não queria derramamento de sangue. Morais Âncora, então, conferenciou com Kruel em Resende e "entregou a rapadura". A falta de reação de Goulart deixou Corseuil perplexo: estavam querendo depô-lo e o presidente se preocupava com derramamento de sangue: "Então, peça demissão!".

A guerra terminou à moda brasileira, como jogo de xadrez: "Um passa pra lá, outro pra cá".

A hesitação de Goulart teria se manifestado também em um episódio da véspera da revolta. Os generais mandaram-lhe uma proposta: fizesse declaração contra o Comando Geral dos Trabalhadores e a indisciplina dos marinheiros que eles lhe garantiriam o mandato. Alta madrugada, discutiam no quarto de Goulart Tancredo Neves, Doutel de Andrade e Assis Brasil. Tancredo recomendou a aceitação em "discurso muito bonito". Goulart tendia a aceitar quando Assis Brasil argumentou que ele devia sua posse aos sargentos e não podia abandoná-los. A proposta foi rejeitada.

O depoimento do chefe do SFICI traz dados adicionais para o esclarecimento de um ponto controverso da crise de 1964: qual era a verdadeira posição de Goulart? Preparava ele um golpe continuísta, como acusavam os adversários? Queria apenas fazer as reformas dentro da legalidade? Mas, admitindo essas duas hipóteses, como explicar o descuido com sua sustentação militar? Como querer os fins sem querer os meios? O SFICI e os aliados alertavam o presidente sobre as consequências potencialmente desastrosas de suas ações e omissões em relação às Forças Armadas, sobretudo tendo em vista todos os outros problemas que enfrentava. Por que, então, no campo militar, parecia facilitar o trabalho dos golpistas da oposição?

Segundo Corseuil, na época "todo mundo conspirava e todo mundo estava em cima do muro". Mas o chefe do SFICI não acreditava na conspiração de Goulart: "Ele não queria dar golpe nenhum. Ele estava louco para sair dali. Ele queria era vender o gado dele". Essa hipótese também não explica o comportamento do presidente. Se queria dar o fora, poderia ter feito compromissos, ou mesmo renunciado. Outra explicação é mais ousada. Foi sugerida por Antônio Calado quando falou em suicídio incruento. Goulart estaria talvez pensando no exemplo de Vargas, que sacrificara a vida para entrar na história. As informações do chefe do SFICI e de outros personagens da época sugerem um comportamento político de fato quase suicida. Nesse caso, no entanto, teria sido um suicídio apenas político, faltando-lhe o ingrediente dramático da morte física que garantiu a Vargas o ingresso na história.

O depoimento também reforça a opinião dos que julgam que o golpe de 1964 não foi uma necessidade histórica. O desenlace deveu-se a ações, omissões e erros de cálculo de agentes políticos de todos os matizes ideológicos, cujo grau de lucidez parecia reduzir-se à medida que aumentava a radicalização política. Outras soluções, além do golpe, eram possíveis.

14.
O cólera das legiões[1]

Convites feitos por comandantes de instituições militares a professores universitários para fazer conferências e participar de debates têm contribuído para lançar pontes sobre o abismo que separa militares de intelectuais desde 1964. Tive oportunidade de participar de alguns desses encontros, o último deles organizado sob a responsabilidade do diretor de Escola de Guerra Naval, contra-almirante Fernando Diégues. Diretor e oficiais da Escola esmeraram-se em bem receber os conferencistas civis. O ambiente dos debates foi marcado pela franqueza e pela vontade de estabelecer um diálogo que todos entendiam ser necessário à construção de bases sólidas para nossa democracia política.

Reconhecendo o grande mérito de tais iniciativas, sobretudo das que vêm sendo tomadas no âmbito da Marinha, e no espírito de aprofundar o diálogo, quero discutir um ponto que me parece constituir uma pedra no caminho do entendimento.

Os militares, como instituição, têm procurado adaptar-se aos mecanismos que regem o sistema democrático de governo, salvo uma ou outra escorregadela, acobertada ou não por citações de centuriões romanos. Seu comportamento durante o processo de impedimento de Fernando Collor foi exemplar. Mas eu diria que eles, como indivíduos e como instituição, ainda não se adaptaram à prática democrática quando se trata de discutir sua própria existência e seu papel na sociedade.

Por mais liberal que seja o militar, ele não admite que um brasileiro possa achar que sua instituição não seja essencial para o país, na forma e com as atribuições que eles querem. Tal brasileiro há algum tempo seria certamente acusado de comunista, hoje seria suspeito de estar a serviço de algum outro interesse escuso. As Forças Armadas, na visão de quase todos os militares, definem suas tarefas, seu tamanho, seu recrutamento, sua organização, sua distribuição geográfica, seu treinamento, seu armamento e apresentam a conta ao governo, que deve patrioticamente pagá-la.

Aos militares parece absurda a ideia de terem que justificar seu papel e mais ainda sua existência. No entanto, em um ambiente democrático seria perfeitamente normal tal justificação. Lembro-me, a propósito, de uma cena que me causou profunda impressão. Lecionava na universidade norte-americana de Stanford. Uma vez por ano, a universidade, que é particular, abre suas portas para que as empresas montem seus estandes de propaganda na tentativa de atrair bons alunos para seus quadros. Até aí tudo bem. A grande surpresa veio quando vi, entre barracas da Standard Oil, GM, IBM, Lockheed e similares, uma barraca do Exército americano, disputando em pé de igualdade a preferência dos novos bacharéis, mestres e doutores.

A novidade era tão grande que fui conversar com o coronel responsável pela barraca. Ele me deu folhetos de propaganda em nada diferentes dos de qualquer empresa que busca vender seu produto. Os folhetos falavam das vantagens do engajamento no serviço ativo do Exército (nos Estados Unidos o serviço militar é voluntário), ou em unidades de formação de reservistas: bons salários, benefícios sociais, boa educação, treinamento especializado. Perguntei ao coronel se achava o método adequado para atrair candidatos a soldados. Mais especificamente, estranhei que não se falasse em pátria e patriotismo. A resposta veio rápida e segura: o patriotismo se exerce em qualquer profissão, não é monopólio nem obrigação apenas de militares.

Para o coronel, era natural que o Exército estivesse ali a disputar com empresas a preferência dos novos bacharéis, mestres e doutores. Certamente não ficaria ofendido se alguém preferisse a IBM, se alguém lhe dissesse que jamais escolheria a carreira militar, ou mesmo se alguém se manifestasse contrário à existência de Forças Armadas. Seria tudo parte do jogo democrático.

É difícil imaginar situação semelhante no Brasil. Desde a Guerra do Paraguai e, sobretudo, desde a República, os militares se sentem donos absolutos do patriotismo e credores da gratidão da pátria. Deodoro inaugurou a nova fase em 15 de novembro de 1889, ao alegar, diante do visconde de Ouro Preto, presidente do Conselho de Ministros, que sua participação na derrubada do ministério justificava-se pelos sofrimentos que padecera no Paraguai. Nos últimos 21 anos, em que os militares governaram discricionariamente o país, trataram como subversão da ordem qualquer crítica a suas chefias, instituições e ações. Apesar do progresso já feito, sobrevive ainda forte resíduo dessa atitude. Civis que admitem a necessidade e a importância das Forças Armadas, mas as querem sob supervisão democrática e adaptadas às circunstâncias do país e do mundo, como é o caso do autor, esbarram nesse obstáculo todas as vezes que sugerem ajustes e reformulações. A ideia de que as Forças Armadas devam reformular alguns aspectos de sua atuação para melhor justificar socialmente sua existência e melhor competir no Congresso por recursos escassos parece ainda ofensiva à maioria dos militares.

A resistência em abandonar a postura de monopolizadores do patriotismo e de credores da pátria é uma espécie de cólera-morbo que afeta a tropa, irmã gêmea daquela outra doença recém-ressuscitada, a *cholera legionum*.

15.
Luz amarela

Era consenso entre os analistas que a crise política brasileira atual trazia uma característica positiva: o silêncio das Forças Armadas. De fato, a ausência de manifestações de chefes militares da ativa era garantia de que não haveria abalos constitucionais. Poderia haver até impeachment da presidente, mas não golpe. Impeachment, como o de Collor, é, por definição, medida legal prevista na Constituição. Para haver golpe, seria necessário que interviesse força extraconstitucional que só poderia vir da Forças Armadas. A marca positiva já não existe desde 25 de agosto deste ano, Dia do Soldado. Nesse dia, o general de Exército Mourão, comandante do Comando Militar do Sul, complementou o texto da ordem do dia do comandante do Exército, general Enzo Peri, declarando diante da tropa, em Porto Alegre, que ainda tínhamos muitos inimigos internos, mas que eles se enganavam achando que os militares estavam desprevenidos. E desafiou: "Eles que venham!".

O general Mourão, um gaúcho de 61 anos, comanda, desde 28 de abril de 2014, 54 mil soldados, um quarto das forças do Exército brasileiro. Falante, o general expressa com frequência suas opiniões políticas, encontráveis na internet. De um lado, admite abertamente ter havido tortura e mortes durante o período autoritário (em sua terminologia) e que os documentos da época devem ser abertos à consulta pública por serem parte da história. De outro, parece ainda muito marcado pelos acontecimentos de 1964, embora tivesse à época onze anos e só viesse a se tornar aspirante em 1975. Longe de serem história, os acontecimentos de cinquenta anos atrás parecem ser para ele memória viva, talvez graças à influência do pai, um general muito ativo no golpe civil-militar. Ele ainda vê, em pleno século XXI, como real a ameaça comunista no país. Nas comemorações deste ano do 31 de março de 1964, diante de oficiais da reserva, celebrou os que impediram que o país caísse "nas mãos da escória moral que, anos depois, o povo brasileiro resolveu por bem colocar no poder". Que eu saiba, não houve até agora qualquer reação de seus superiores militares, do ministro da Defesa ou da chefe suprema da Forças Armadas (artigo 142 da Constituição), a presidente da República. A repercussão na mídia não fez justiça à importância do tema.

O comportamento das Forças Armadas depois de 1985 em relação à vida política do país, à exceção da recusa em abrir a documentação do período militar, tinha sido até agora quase modelar. Minha impressão pessoal, derivada de contatos com oficiais-alunos da Escola de Guerra Naval, era que estavam todos convictamente voltados para suas atividades profissionais, vendo 1964, de fato, como história. As manifestações públicas do general Mourão mudam o cenário. Podem ser sintoma do surgimento do único perigo real para nossas instituições, o envolvimento político das Forças Armadas, um retrocesso de trinta anos. E o general ainda tinha de ter o mesmo nome daquele outro que, em 31 de março de 1964, colocou suas tropas nas ruas, em Juiz de Fora, deslanchando o golpe civil-militar de 1964. Está acesa a luz amarela.

16.
General Figueiredo, pai[1]

Muitos sentem necessidade de ver em dirigentes políticos traços de grandeza e de exemplaridade. A dificuldade, se não impossibilidade, de satisfazer tal aspiração com os dirigentes de hoje talvez explique o renovado interesse por figuras do passado, especialmente por aquelas que melhor possam suprir simbolicamente as deficiências do presente. Do general Euclides Figueiredo, acaba de ser reeditada a *Contribuição para a história da Revolução Constitucionalista de 1932*, juntamente com a edição da coletânea de seus comentários sobre a Segunda Guerra Mundial, sob o título de *De um observador militar*. O esforço de ressaltar o exemplo do general Figueiredo, pai, completa-se com a publicação do volume 23 da série *Perfis parlamentares*, editada pela Câmara dos Deputados, com seleção de discursos e introdução de Vamireh Chacon.

Por lidar com discursos selecionados e por limitar-se ao exame da atuação do deputado Euclides Figueiredo no plenário, excluindo o trabalho nas comissões, o *Perfil parlamentar* permite ampliação e enriquecimento. A ampliação parece ser mais apropriada no que se refere ao tema que foi a preocupação central do deputado e ao qual ele mais tempo dedicou — a investigação e punição das arbitrariedades cometidas contra presos políticos durante o período ditatorial do Estado Novo, arbitrariedades que ele conhecera de perto, pois sofrera duas prisões e quatro anos de cadeia. A trajetória do esforço de

Euclides Figueiredo nessa direção pode ser seguida nos discursos e projetos publicados nos *Anais da Câmara dos Deputados* e, principalmente, em suas intervenções registradas nas atas da Comissão de Inquérito sobre os Atos Delituosos da Ditadura, constantes do *Diário do Congresso*.

Como constituinte, eleito pela UDN do Distrito Federal, o general Figueiredo apresentou, em 30 de abril de 1946, o requerimento de número 109 que pedia "profundas e severas" investigações no Departamento de Segurança Pública "no sentido de conhecer e denunciar à nação os responsáveis pelo tratamento dado a presos políticos" nos vários estabelecimentos policiais e correcionais do Rio de Janeiro e dos estados. Solicitava ainda que apurassem os responsáveis pelo agravamento de penas impostas pelo Tribunal de Segurança Nacional e que fossem levantados o montante e o destino das verbas alocadas às organizações de vigilância e segurança. O requerimento foi aprovado em 2 de maio e em 7 desse mês foi criada a comissão encarregada de examinar os serviços do Departamento Federal de Segurança Pública, tendo na presidência o senador Dario Cardoso. O general Figueiredo não foi indicado para integrá-la.

A falta frequente de quórum fez com que a comissão funcionasse precariamente, mesmo depois de ter sido aumentado para nove o número de seus membros. A Constituinte encerrou as atividades em 19 de setembro sem que os trabalhos tivessem progredido. Inconformado com o destino dado a sua iniciativa, o general Figueiredo requereu nova comissão em 7 de novembro de 1946, já durante a sessão ordinária da Câmara (requerimento nº 122). Segundo então afirmou, a matéria "não é daquelas que podem ser esquecidas. Trata-se de fazer justiça, descobrir e apontar os responsáveis por crimes inomináveis, praticados com a responsabilidade do governo; e, mais que isso, defender nossos foros de povo civilizado".[2] E disse mais:

As grandes nações democráticas que fizeram a guerra ao totalitarismo já julgaram e executaram os responsáveis pelos horrendos crimes contra a humanidade. Nós também tivemos criminosos, não de guerra mas de paz, de plena paz, e contra brasileiros. Talvez fossem eles os precursores dos nazistas. Convém não perdoá-los de plano. Importa, igualmente, que os julguemos. Para julgá-los, importa conhecê-los.[3]

Citou, a seguir, pedindo transcrição nos *Anais*, reportagem de David Nasser em *O Cruzeiro* intitulada "Falta alguém em Nuremberg". Este alguém era o capitão Filinto Müller, por longos anos chefe de polícia no Distrito Federal. Finalizou a justificação do requerimento com apelo emocional aos deputados no sentido de criar nova comissão para que

> ao menos se conheçam os responsáveis pelas barbaridades, pelos gastos, pela prodigalidade, a fim de que outros, que possam vir mais tarde, tenham receio de ver ao menos seus nomes citados, como desejo que sejam conhecidos os daqueles bárbaros que tanto maltrataram o povo do Rio de Janeiro, da capital da República, de todo o Brasil![4]

Em 12 de novembro, foi instalada a nova comissão por requerimento assinado por um terço dos deputados. A finalidade era apurar os abusos e violências praticados pelas autoridades públicas durante o período ditatorial, anterior e posterior à Constituição de 1934, para que fossem punidos os culpados. Tomou o nome de Comissão de Inquérito sobre os Atos Delituosos da Ditadura e foi presidida pelo deputado Plínio Barreto. O general Figueiredo não fazia parte da composição inicial mas, por desistência de Aliomar Baleeiro, foi incluído em 23 de dezembro. No dia 26 já falava novamente sobre o tema, reclamando da insuficiência das informações fornecidas pelo Tribunal de Contas, mas ainda confiante em que os atos delituosos "como já agora se vêm denominando as barbaridades cometidas [...] aos presos políticos [...] hão de ser trazidas à luz da publicidade, com os nomes dos responsáveis, quando mais não seja, para que a nação e o povo conheçam seus algozes e os possam julgar".[5]

A nova comissão teve destino apenas um pouco menos melancólico do que sua antecessora, pois foram de novo frequentes as ocasiões em que não pôde reunir-se, ou deliberar, por falta de quórum. De falta de interesse não era culpado o general: as atas publicadas pelo *Diário do Congresso* atestam sua presença constante às reuniões. Durante o ano de 1947 foram ouvidas várias pessoas, umas por se dizerem torturadas, outras por serem acusadas de torturadoras. Em 25 de agosto, por exemplo, depôs Carlos Marighela, deputado pela Bahia do Partido Comunista do Brasil, denunciando torturas sofridas na Polícia Central e na Polícia Especial, sob as ordens de Serafim Braga, chefe da Delegacia de Ordem Política e Social, do capitão Emílio Romano, chefe do Departamento de Segurança Política, e do tenente Euzébio de Queiroz, chefe da Polícia Especial. Segundo Marighela, a tortura consistiu em espancamento com canos de borracha, aplicado especialmente nas solas dos pés e nos rins, queimaduras com pontas de cigarros, introdução de alfinetes por baixo das unhas, projeção contra os olhos do foco de poderosas lâmpadas. Disse ter testemunhado o uso, em outros presos, de maçaricos com que se arrancavam as solas dos pés ou pedaços das nádegas. Às mulheres aplicavam-se na vagina esponjas embebidas em mostarda. Ao final do depoimento de Marighela, o general Figueiredo declarou considerar aquele dia talvez o de maior culminância nos trabalhos da comissão e elogiou a atitude corajosa do depoente: "Tendo eu sido seu companheiro de prisão, em uma dessas fases que acaba de citar, dou meu testemunho e louvo duplamente sua atitude. Como representante brasileiro aqui prestou esse depoimento e como cidadão desassombrado contou tudo quanto viu e sofreu".[6]

As atividades da comissão passaram a sofrer dificuldades cada vez maiores a partir do ano de 1948. O fenômeno acentuou-se depois do depoimento do capitão Emílio Romano em 24 de junho desse ano. Desde então os *Diários* não mencionam mais nenhuma reunião até que a comissão deixa de ser listada em 24 de setembro de 1949, terminando aparentemente sem apresentar conclusões. Uma das razões para tal fim pode estar contida no relato do jornalista Vítor Espírito Santo. Segundo ele, o médico Nilo Rodrigues, da Polícia Militar, lhe afirmara poder denunciar muitos fatos, mas não o fazia porque "as pessoas que se encontram no poder são as mesmas que praticaram as mencionadas violências". Ao que o general Figueiredo acrescentou: "E as que fazem parte da polícia especial também ainda são as mesmas".[7]

O certo é que o fracasso não se deveu à falta de empenho do general. Seu combate à tortura era, aliás, consistente com outras posições tomadas durante o período em que esteve no Congresso Nacional. Assim é que se pronunciou sempre pela anistia sem limitações. "Já disse por mais de uma vez da tribuna que sou a favor da anistia ampla e irrestrita", declarou em 11 de setembro de 1946.[8] Aprovada, no entanto, anistia restrita, lutou para eliminar as restrições e minorar os sofrimentos das vítimas, na maior parte funcionários civis e militares forçados a aguardar as decisões de comissões nomeadas para examinar cada caso. Procurou fazer com que pudessem esperar os resultados reintegrados em seus postos e cargos, em vez de fazê-lo "sem anistia", pois, segundo ele,

> há soldados na miséria; há filhos de soldados que não frequentam escolas por não terem calçados nem pão para merenda; há sargentos envergonhados, empregados como

garis em Belo Horizonte; há oficiais do Exército, coronéis, majores, ou professores da Escola do Estado-Maior do Exército, cujos filhos estão, por favor, em casas de amigos.[9]

Tratava-se em grande parte das vítimas militares e civis do artigo 177 da Constituição de 1937, que permitia aposentadoria ou reforma "a juízo exclusivo do governo, interesse do serviço público ou por conveniência do regime".

A coerência de ideias do general Figueiredo estendia-se à concepção do papel do Exército no cenário nacional. Militar e cidadão, para ele ser soldado era instituir-se em garantia dos poderes públicos, "mas também das liberdades públicas organizadas, da livre manifestação de pensamento, da propaganda de ideias, das reivindicações populares pacíficas".[10]

A observador acostumado a plagas políticas menos agrestes, a atuação parlamentar do general Euclides Figueiredo parecerá sem dúvida rala, senão medíocre. Suas posições contra o arbítrio e a tortura comandados pelo governo, em defesa da anistia sem limitações, a favor de eleições populares, por uma força armada a serviço da garantia das liberdades públicas, são afinal apenas a reiteração de convicções e práticas democráticas elementares. O fato de que se possa ou se tenha de recorrer a ele como modelo de virtudes de homem público é revelador como comentário sobre a qualidade dos homens de governo de hoje. Sendo esta, porém, nossa amarga contingência, e à espera de melhores tempos, que se louve o general Figueiredo, pai.

Parte IV

Guerras

17.
Brasileiros, uni-vos![1]

A Guerra do Paraguai foi o fator mais importante na construção da identidade brasileira no século XIX. Superou até mesmo as proclamações da Independência e da República. A independência provocou forte mobilização em apenas alguns pontos do país, Rio de Janeiro, Bahia, Pará. As grandes lutas internas, desde a Confederação do Equador até as da Regência, foram localizadas e muitas vezes separatistas. A ideia e o sentimento de Brasil, até a metade do século, eram limitados a pequena parcela da população. A proclamação da República, por sua vez, foi o que se sabe. Em contraste, a guerra pôs em risco a vida de milhares de combatentes, produziu um inimigo concreto e mobilizou sentimentos poderosos. Indiretamente, afetou a vida de boa parte dos brasileiros, homens e mulheres, de todas as classes, e em todas as regiões do país.

A força de terra que lutou no Paraguai compunha-se de 135 mil soldados, dos quais 59 mil pertenciam à Guarda Nacional e 55 mil, aos corpos de voluntários. Pela primeira vez, brasileiros de todos os quadrantes do país se encontravam, se conheciam, lutavam juntos pela mesma causa. E muitos não o faziam por coerção. A preocupação em denunciar a coerção tem predominado nos estudos sobre os voluntários. Mas é preciso distinguir os vários momentos da guerra. Sem dúvida, à medida que o conflito se prolongava, reduzia-se o entusiasmo e surgiam resistências, aumentando, em consequência, o recrutamento forçado. Mas, no momento inicial, houve entusiástica e surpreendente resposta ao apelo do governo. Corpos de voluntários formaram-se em todo o país. Descrições das partidas desses voluntários indicam tudo, menos coerção.

Em Pitangui, interior de Minas, 52 voluntários despediram-se em meio a celebrações religiosas e cívicas a que não faltaram os discursos patrióticos, a execução do Hino Nacional e a entrega solene da bandeira ao primeiro voluntário, feita por uma jovem vestida de índia. Na Corte, que forneceu quatro corpos de voluntários, as despedidas, sempre acompanhadas da execução do Hino e exibição da bandeira, contavam ainda com a presença do imperador.

Alguns exemplos de voluntários são paradigmáticos. No interior da Bahia, um negro livre, Cândido da Fonseca Galvão, dizendo-se inspirado "pelo sacrossanto amor do patriotismo", reuniu trinta voluntários e se apresentou para "defender a honra da pátria tão vilmente difamada". Feito alferes honorário do Exército, cuja farda usava com orgulho, Galvão viveu o pós-guerra no Rio de Janeiro, dizendo-se príncipe Obá II d'África, segundo nos conta Eduardo Silva.

Em Teresina, a cearense Jovita Alves Feitosa, de dezessete anos, cortou o cabelo, vestiu roupa de homem e se apresentou como voluntário da pátria para bater-se contra os monstros paraguaios que tantas ofensas tinham feito a suas irmãs de Mato Grosso. Descoberta sua identidade, foi mesmo assim aceita como voluntária no posto de sargento. Nas capitais provinciais em que aportou o navio que a trouxe ao Rio de Janeiro, foi cercada de homenagens oficiais e populares. A retórica patriótica a transformou em heroína, Joana d'Arc nacional. Um negro pobre e uma mulher pobre, de descendência indígena, representantes dos mais baixos estratos da sociedade, queriam lutar por uma abstração que era a pátria. Algo de novo nascia no mundo dos valores cívicos.

A poesia popular e erudita, a música, popular e erudita, e as charges da imprensa ilustrada atestam o esforço de mobilização e o êxito alcançado. As revistas ilustradas da Corte, embora frequentemente críticas do governo, dos partidos e dos políticos, exibem farta produção de símbolos destinados a construir o sentimento de identidade. O Brasil aparece com frequência representado por um índio, unindo as províncias acima dos partidos e do governo. Alguns episódios são dramatizados, como o de dona Bárbara, a mãe espartana de Minas Gerais. Uma charge de H. Fleiuss na *Semana Illustrada* representou-a entregando ao filho um escudo gravado com as armas nacionais. A exemplo das mães espartanas, dona Bárbara adverte o filho de que deve voltar da guerra carregando o escudo ou carregado sobre ele. O texto que encima o quadro é o verso do Hino da Independência: "Ou ficar a pátria livre ou morrer pelo Brasil". Pela primeira vez, o verso de 1822 deixava de ser retórico e se tornava potencialmente trágico.

O tema do voluntário despedindo-se da mãe é poderoso e recorrente em várias poesias populares recolhidas por Pedro Calmon. Em uma delas, vinda de Santos, o filho diz: "Mamãe, eu sou brasileiro/ E a pátria me chama/ Para ser guerreiro". A lealdade à pátria aparece aí como superior à lealdade familiar. A mãe reconhece a precedência de outra mãe, que os positivistas mais tarde chamariam de mátria. O chamado da pátria também se sobrepõe ao da amada, inclusive na poesia erudita. Bernardo Guimarães, em "O adeus do voluntário", canta: "Dever de leal soldado/ Me arranca dos braços teus,/ Hoje a pátria que padece/ Me manda dizer-te adeus". O consolo do voluntário é poder um dia, depois da guerra, "às grinaldas dos amores, unir os lauréis da glória".

Episódio que ilustra bem a exaltação patriótica na Corte é o da presença no Rio, em 1869, em plena guerra, do compositor norte-americano Louis Moreau Gottschalk. Dotado de grande talento musical e publicitário, Gottschalk compôs a "Marcha solene brasileira" em que incorporou o Hino Nacional. Para sua execução, organizou um concerto monstro, com 650 músicos, recrutados de quase todas as bandas da cidade. Eram 44 rabecas, 65 clarinetas, 55 *saxhorns*, 60 trombones, 62 tambores. O pano de fundo do palco exibia as bandeiras do Brasil e dos Estados Unidos.

O Teatro Lírico ficou lotado, assim como as ruas adjacentes. Na apoteose final, Gottschalk executou a "Marcha solene" que fez acompanhar do troar de canhões nos bastidores. A plateia, em que sobressaía o imperador, entrou em êxtase cívico-estético. Era a consagração do Hino, já ouvido por milhares no campo de batalha e nas despedidas de voluntários. Entende-se por que, mais tarde, a população do Rio de Janeiro exigiu a manutenção do velho hino contra a tentativa republicana de substituí-lo.

A imprensa contribuiu também para forjar a imagem do inimigo, fator crucial na construção da identidade. A tarefa era fácil, porque o inimigo era inequívoco. Inimigos anteriores, como o português e o inglês, não se prestavam bem ao papel. O primeiro era parte de nós mesmos, o segundo aparecia esporadicamente, como na Questão Christie. López, ao contrário, invadira o país, matara centenas de brasileiros e comandava milhares de soldados leais até o fanatismo. Foi apresentado pelo governo, pela imprensa e por intelectuais, como ditador, cruel opressor de seu povo, símbolo da barbárie e da selvageria.

Angelo Agostini o representou em 1869, na *Vida Fluminense*, como o Nero do século XIX, de pé sobre uma montanha de ossos de paraguaios. A ele se opunha a civilização brasileira, marcada pela liberdade política e pelo sistema constitucional e representativo de governo. Até o discreto Machado de Assis mostrou-se escancaradamente patriótico: a guerra era pela pátria, pela justiça, pela civilização. Do lado paraguaio, naturalmente, houve esforço paralelo de despertar o sentimento patriótico. Também lá se tentou criar imagem negativa do inimigo. O jornal de campanha, o *Cabichuí*, representava os brasileiros como macacos, referência racista à grande presença de negros entre as tropas imperiais. Caxias era *El macaco-jefe*, o imperador, *El macacón*. Até hoje perdura, mesmo entre nossos antigos aliados argentinos, o estereótipo do brasileiro como macaco.

É inegável a força da guerra como elemento de formação da identidade brasileira (e paraguaia). Mas é de lamentar que, além dos milhares de mortos, o processo tenha custado ainda o preço da desumanização do outro. O inimigo, dos dois lados, deixou de ser gente: era monstro ou animal.

18.
Um voluntário na Guerra do Paraguai

Conhecemos razoavelmente a história militar, política e diplomática da Guerra do Paraguai. Os livros escolares nos informam sobre batalhas, generais e almirantes, exaltados também em estátuas, quadros e nomes de rua. Sabemos também um pouco sobre as consequências da guerra para as finanças públicas, para a política, para a abolição e para a formação de um espírito de corpo entre os oficiais do Exército. Mas sabemos muito pouco sobre a história social do conflito. Quem eram os combatentes, como foram recrutados, como era a vida nas trincheiras, como eram o tratamento dos soldados, sua alimentação, as doenças, o serviço de saúde, a relação entre eles e os oficiais, a disciplina, a convivência entre soldados de várias partes do país, de libertos com filhos de senhores, de negros, brancos, pardos e caboclos, como eram o relacionamento com o inimigo nos momentos de trégua, a reação à propaganda antiescravista e racista dos paraguaios, a vida depois do regresso no Exército e na vida civil, sobretudo a relação do liberto ex-combatente com seus parentes ainda escravos, com os ex-senhores?

Quase nada sabemos também sobre as consequências da guerra para a cultura cívica nacional. Cerca de 135 mil soldados lutaram durante cinco anos contra um inimigo externo, em terras estranhas, cerca de 50 mil pereceram no campo de batalha, mortos pelo inimigo ou em consequência de doenças. A traumática experiência deve ter alterado profundamente a ideia que os sobreviventes tinham de Brasil e de pátria, tanto aqueles que se apresentaram com entusiasmo no início como voluntários quanto os muitos outros que mais tarde foram levados quase à força para o campo de batalha, tanto os livres como os libertos. Esse vasto campo foi apenas arranhado por alguns estudos, vários de natureza mais panfletária que acadêmica.

Fonte preciosa de informação sobre a história social de qualquer guerra são diários, memórias e correspondência escritos por combatentes, sobretudo por praças. São raros esses documentos para a Guerra do Paraguai, sem dúvida em razão do baixo nível de escolaridade da tropa. De oficiais superiores, existe alguma coisa: as cartas e recordações de Taunay, os diários de Rebouças, as cartas de Benjamin Constant à mulher, as reminiscências de Dionísio Cerqueira, as memórias de Von Hoonholtz, as recordações de Rodrigues da Silva. São sem dúvida úteis, sobretudo para esclarecer aspectos militares, políticos e diplomáticos. Mas pouco nos dizem sobre o lado social. Para este, valem mais diários e memórias de praças e oficiais subalternos, de que existem raríssimos exemplos.

Um desses exemplos está agora disponível. Trata-se do diário de campanha de Francisco Pereira da Silva Barbosa, disponibilizado na internet por seus descendentes, juntamente com as memórias de sua vida civil.[1] Francisco Barbosa (1843-1931) não era exatamente um homem do povo. Era filho de fazendeiros de Barra Mansa, no Vale do Paraíba. Ao se dirigir à Corte com outros voluntários, pousou com eles na fazenda de José de Souza Breves, magnata do café e grande senhor de escravos. Mas alistou-se como praça e só foi promovido a alferes no fim de 1868, terminando a guerra como tenente comissionado. Aliás, uma das curiosidades desse voluntário era a resistência a promoções. Pediu mais de uma vez que fosse rebaixado de posto. Para alguns superiores não deve ter sido difícil atender a seu desejo, tantas foram as vezes que foi preso por indisciplina. Francisco Barbosa implicou, sobretudo, com um major fiscal do Corpo, de apelido Felix Gato, e com um tal de tenente Abreu, o "Jararaca". Os dois foram responsáveis pela maioria de suas prisões, mesmo depois de promovido a alferes. Como praça e oficial inferior comissionado, experimentou na carne todas as misérias a que estavam submetidos os soldados.

Infelizmente, há dois grandes silêncios no diário. Um deles é a razão pela qual se alistou. Não seriam as vantagens prometidas pelo decreto de 7 de janeiro de 1865 que convocou os voluntários (indenização de 300 mil-réis e 22 500 braças quadradas de terra). Ele não precisava delas. Espírito aventureiro? Patriotismo? Não há resposta. De qualquer modo, Francisco Barbosa alistou-se na Corte no 1º Corpo de Voluntários da Pátria em 17 de fevereiro de 1865, e regressou cinco anos mais tarde, em 20 de março de 1870. Em 5 de março de 1865, sem nenhum treinamento, o 1º Corpo embarcou para o Sul. O embarque contou com a presença do imperador e mereceu charge de Henrique Fleiuss na *Semana Illustrada*. Em 10 de junho, a tropa bisonha, malvestida e cansada de longa marcha, enfrentou os profissionais do coronel Estigarribia que invadira o Rio Grande do Sul por São Borja, deixando no campo de batalha os primeiros mortos pelas "jabuticabas" (balas de fuzil) e "melões" (balas de canhão) do inimigo.

O diário, que tem antes a forma de um relato continuado, segue comentando as batalhas, as marchas, os conflitos com oficiais, as doenças, a fome, a situação das mulheres e crianças paraguaias e o regresso à "bela Guanabara, a mais linda baía do mundo". Chama a atenção, sobretudo, a baixa qualidade do serviço médico e da alimentação. No combate de Estero Belaco, o autor perdeu um pedaço da orelha esquerda e levou uma "jabuticaba" no tornozelo. Ficou três dias no hospital sem ser atendido. Encheu-se de sarnas e os médicos registraram que baixara ao hospital devido a febres intermitentes, febres que mais tarde realmente teve. Os médicos deixavam-se ficar nos hospitais e no quartel-general, relegando os batalhões às mãos de estudantes de medicina. Doentes julgados aptos para a luta amanheciam mortos nas barracas. Além de sarnas e febres, os soldados, descalços, eram constantemente atormentados por frieiras. O próprio autor chegou ao Rio sem poder calçar botinas graças a uma frieira arruinada.

A alimentação dependia muitas vezes da captura de animais pertencentes ao inimigo. A pior situação verificou-se em outubro de 1869, quase ao final da guerra, quando o Exército de Lopes já fora completamente desbaratado. Depois de devorarem os cavalos e os cachorros, os soldados passaram a comer ervas, palmitos, farinha, milho seco, o couro das cangalhas. O autor sobreviveu graças a Albino, faxineiro que levara consigo, um gênio para farejar alimento. Soldados morreram de fome e oficiais desertaram para se apresentarem em outras unidades mais bem abastecidas. Ao mesmo tempo, em outras circunstâncias, reses e cavalos foram imolados às centenas e jogados rio abaixo para não alimentar o inimigo.

As informações sobre a população paraguaia ao final da guerra são dramáticas. Não se encontravam homens válidos. Milhares de mulheres e crianças escondiam-se nas matas para não serem forçadas a seguir o fugitivo Lopes. Seminuas, recebiam os soldados com festas, ganhavam roupas e marchavam fardadas junto com as tropas. Em São Joaquim, os Voluntários encontraram sessenta casebres em que Lopes trancafiara inimigos políticos, proibindo que fossem alimentados. Morreram todos de fome.

O 1º Corpo de Voluntários partiu com 728 homens. Voltou sob o nome de 23º, com 126 sobreviventes. No campo de batalha ficaram 602 Voluntários, 83% do contingente original. Francisco Barbosa, filho de fazendeiros, foi feito tenente honorário do Exército e recebeu o hábito de Cavaleiro da Ordem da Rosa. Sobre os outros 125 voluntários não há notícia.

O segundo grande silêncio do diário, mais desapontador que o primeiro, tem a ver com a ausência de qualquer comentário sobre a tropa, sobre a convivência entre livres e libertos, entre brancos, negros, pardos e caboclos. Silêncio proposital do autor, ou problema que se coloca apenas para o leitor de hoje?

19.
A guerra da Guerra

A historiografia da Guerra da Tríplice Aliança contra o Paraguai passa por momento de bem-vinda renovação, pelo menos no Brasil. Nos últimos anos, vários livros e artigos têm sido publicados, muitos como resultado de teses de doutoramento.[1] Outras teses e dissertações cozinham nos fornos dos programas de pós-graduação. Em matéria de fontes, ressalte-se, pela riqueza do conteúdo, a coleção de imagens da guerra — fotos, litografias, gravuras, óleos, aquarelas — coletadas por Miguel Angel Cuarterolo, publicada em Buenos Aires em 2000, sob o título *Soldados de la memoria*. O uso intenso da iconografia, uma das novidades da recente historiografia, já tinha sido feito também por Mauro César Silveira e André Toral.

No bojo dessa onda de renovação, e como parte dela, foi publicado em 2002, pela Companhia das Letras, o livro de Francisco Doratioto, *Maldita guerra: Nova história da Guerra do Paraguai*, robusto volume de 617 páginas. O autor é doutor em história das relações internacionais pela Universidade de Brasília e ensina no Instituto Rio Branco e nas Faculdades Integradas Upis. O texto vem acompanhado de abundantes referências e notas bibliográficas, mapas e ampla iconografia, além de uma cronologia bastante útil.

Doratioto destoa da historiografia recente, em geral temático-analítica, ao escrever seu livro no formato tradicional de uma narrativa cronológica à semelhança de textos clássicos como o de Tasso Fragoso. Mas o livro distingue-se dos anteriores à década de 1960 em pelo menos dois aspectos importantes. Metodologicamente, é muito mais sólido, é trabalho de historiador profissional, resultado de vasta pesquisa de fontes primárias, documentado abundantemente em setenta páginas de notas e referências. Substantivamente, foge do viés patriótico da historiografia antiga, brasileira, paraguaia ou argentina, boa parte dela escrita por militares. Exemplo paradigmático dessa historiografia é a *História do Exército brasileiro*, em dois volumes, publicada pelo Estado-Maior do Exército em 1972, em plena ditadura e com finalidade explicitamente propagandística. Tal tipo de literatura não admitia crítica aos chefes militares brasileiros. A primeira edição do livro de Victor Izeckson, feita pela Biblioteca do Exército, sofreu cortes em partes que criticavam Caxias. Doratioto não oculta os malfeitos, as crueldades, as incompetências, as picuinhas, os preconceitos dos comandantes aliados, sobretudo dos brasileiros, desde que comprovados por evidência documental devidamente identificada. Um dos episódios chocantes da guerra, por ele registrado, foi a ordem dada pelo conde d'Eu para que se degolasse a sangue-frio o coronel paraguaio Caballero, indignidade rivalizada pela de López que fez açoitar e arrastar durante dias, até a morte, o irmão, Venâncio López.

A narrativa tradicional não impede que o livro seja polêmico. Ele o é declaradamente. A guerra particular do autor é contra o que se chamou de visão revisionista da guerra. O revisionismo assumiu no Paraguai a forma de uma reconstrução da figura de López: de ditador autocrático e sanguinário pintado pelos contemporâneos, transformou-se em herói nacional e campeão da luta anti-imperialista. A ditadura de Stroessner apropriou-se dessa reconstrução. Na Argentina e no Brasil, o revisionismo centrou-se na interpretação da guerra como sendo produto do imperialismo inglês, do qual os dois países eram mero instrumento. No Brasil, ele manifestou-se também no esforço de vitimar o Paraguai e de satanizar os aliados, o Brasil aparecendo como Belzebu-mor.

Os dois principais representantes desse revisionismo, como é sabido, foram León Pomer, na Argentina, com o livro *A Guerra do Paraguai: A grande tragédia rio-platense*; e Júlio José Chiavenato, no Brasil. Durante muito tempo, o livro do último, *Genocídio americano*, de 1979, apesar de ausência de pesquisa documental sólida, tornou-se a principal referência sobre a guerra, inclusive nos cursos de graduação de história. O fenômeno talvez se explique por ter sido o livro uma espécie de antídoto à oficiosa *História do Exército*. No Paraguai, a exaltação de López serviu à ditadura, no Brasil a satanização da guerra e do comando brasileiro serviu de arma de combate à ditadura. Em nenhum dos dois casos a história foi servida. A revisão do revisionismo, acompanhada de respeito às fontes, é traço comum da historiografia recente, tanto no Brasil como no Paraguai. Ao escrever uma história geral da guerra dentro desse espírito, Doratioto fornece um excelente texto introdutório que poderá substituir com imensa vantagem, sobretudo nos cursos de graduação, a literatura revisionista.

O ponto central que costura a narrativa de Doratioto é o das razões da guerra. Em acordo com o ponto de vista que se torna hoje predominante, o autor volta à visão abundantemente corroborada pelos documentos da época: rivalidades nacionais, disputas de poder entre os Estados da bacia do Prata foram as causas principais do conflito. Na terminologia de hoje, a razão principal da guerra teria sido a luta pela consolidação dos Estados nacionais na conturbada região do antigo vice-reinado do Prata. Um Paraguai saído do isolamento a que o condenara Francia e o primeiro López, que procurava afirmar-se no cenário regional; uma Argentina com ambições amplas, mas ainda em luta pela unificação nacional, dividida entre Buenos Aires e a Federação; um Uruguai sem condições de se afirmar por suas próprias forças, fazendo um jogo perigoso entre Brasil e Argentina; e um Brasil preocupado em conter o avanço argentino, e refém das pressões dos criadores de gado rio-grandenses residentes no Uruguai.

No jogo de xadrez que se criou, estranhas alianças se formaram. Aliado natural do Paraguai contra a Argentina, o Brasil se viu ao lado da última contra o primeiro. A rivalidade entre Brasil e Argentina era tão grande que se manifestou durante a própria luta e continuou depois da guerra. Os comandantes navais brasileiros se recusavam a atacar Humaitá por desconfiança de que se tratasse de um estratagema de Mitre para destruir a esquadra imperial. Para muitos brasileiros e, certamente, para muitos argentinos, a aliança estava toda errada: Brasil e Argentina eram os dois principais inimigos.

A explicação do conflito como consequência das lutas pela consolidação dos Estados nacionais me parece mais adequada para os países platinos. O Brasil em 1865 já era um Estado nacional consolidado. A Guerra teve, a médio prazo, consequências para a estabilidade do regime monárquico, mas não creio que se possa dizer que se tenha originado de qualquer crise. A política intervencionista no Prata inaugurou-se exatamente quando os conservadores consolidaram sua hegemonia no fim da década de 1840 e se sentiram confiantes para agir no cenário explosivo das Repúblicas platinas. Nesse momento, definiu-se a política brasileira de conter a Argentina garantindo a independência do Uruguai e do Paraguai. A possível discordância de liberais e progressistas em relação a tal política não pode ser interpretada como crise do Estado. No que se refere à questão da escravidão, sem dúvida afetada pela guerra, ela se apresentava no início como forte argumento contra o conflito. Constitui mesmo um enigma o fato de o imperador ter pedido ao Conselho de Estado em 1867, antes mesmo de se discutir o uso de libertos como combatentes, que apreciasse os projetos de São Vicente relativos à libertação do ventre. O pedido deixou perplexos os conselheiros que achavam sumamente inoportuno, impolítico, na sugestiva expressão da época, discutir assunto tão sério enquanto durasse a guerra.

Sendo uma história geral, Doratioto não aprofunda vários aspectos que continuam a exigir maior atenção dos historiadores. Em um desses aspectos, poderia ter avançado mais do que fez. Trata-se da questão do uso de escravos brasileiros como combatentes. Impera nesse assunto grande confusão devida em boa parte a uma questão semântica. Praticamente todos os que têm se dedicado ao tema não fazem distinção entre negro, escravo e liberto, sobretudo entre os dois últimos termos. O exemplo mais gritante da confusão é o do livro de Jorge Prata de Sousa, cujo subtítulo é "Os escravos brasileiros na Guerra do Paraguai". Ora, a primeira frase da introdução diz que a finalidade do livro é estudar a participação dos "negros forros" na guerra. O livro inteiro fala de libertos e não de escravos. Doratioto contribui para aumentar a confusão ao falar da participação dos "escravos libertos" no conflito. Liberto não é escravo, foi escravo. O procedimento equivale a dividir os homens entre solteiros e solteiros casados, computando-se os casados como solteiros.

A legislação exigia a alforria como condição prévia para o engajamento de escravos. Os dados fornecidos por Paulo Duarte falam de aproximadamente 4 mil libertos em um total de cerca de 135 mil combatentes, isto é, 3% da tropa. A participação de negros, pardos, mulatos e caboclos, embora impossível de calcular, era naturalmente muito maior, fato que deu origem à campanha racista dos paraguaios contra os "macacos" brasileiros. Os poucos escravos que foram à guerra o fizeram por terem enganado os oficiais de recrutamento apresentando-se como libertos ou livres. Foram esses que alguns proprietários gananciosos tentaram reaver depois da guerra.

Isso significa que praticamente não houve combatentes escravos. A questão não é irrelevante. Não era irrelevante para o governo, que estava convencido do perigo e da inconveniência de se exigir de escravos que combatessem pela pátria que não tinham. Também não o era para os libertos. Saber-se livre, lutar talvez ao lado de proprietários, embora arrostando os perigos das batalhas, foi experiência que deve ter exercido poderosa influência no ânimo do liberto no sentido de reduzir ou de aumentar sua disposição de luta contra a escravidão. O estudo do impacto da guerra sobre os libertos, capítulo importante das relações entre ela e a escravidão, ainda está por ser feito.

Também faltam análises mais aprofundadas de muitas questões apenas afloradas por Doratioto. A historiografia existente cobre razoavelmente bem o lado militar e político da guerra, sofrivelmente a dimensão econômica. A história social do conflito, no entanto, apenas começa a ser esboçada, cabendo aqui destacar a contribuição original de André Toral. Penso em temas como a vida dos soldados na frente de combate, o relacionamento com o inimigo, as relações entre praças e soldados, entre livres e libertos, a presença maciça de mulheres, esposas e prostitutas nos acampamentos, as doenças que afligiam os combatentes — o cólera, as febres, a sarna, a frieira, a gangrena —, a fome que fustigava até as tropas aliadas, o impacto da guerra sobre os combatentes comuns, sobretudo os libertos, ao regressarem a suas famílias. Tudo isso constitui vasto campo de investigação que hoje pode ser feita profissionalmente, com pesquisa de arquivos e descoberta de novas fontes.

Maldita guerra, chama-se o livro de Doratioto, citando expressão usada pelo barão de Cotegipe. A mesma expressão foi usada por Caxias, que detestou cada momento de seu comando, chocado às vezes pelos "atos vergonhosos" praticados pela tropa. Seguramente, a expressão, falada ou pensada, ocorreu a muitas outras pessoas nos quatro países envolvidos.

Foram mais de cinco anos de conflito, marcados por batalhas sangrentas, combates corpo a corpo, barbaridades cometidas por todas as partes envolvidas, saques, degolas, fuzilamentos, epidemias, fome. Os aliados perderam cerca de 70 mil homens, 50 mil cabendo ao Brasil. As perdas do Paraguai são impossíveis de estabelecer, tal a divergência dos estudiosos sobre números, que variam entre 18,5% e 70% da população. De qualquer modo, a população masculina adulta foi dizimada.

Ao historiador de hoje cabe perguntar, como bem o faz Doratioto, pelas razões que motivaram os governos da época, aliados e paraguaios, a levar as populações de seus países a tragédia de tal magnitude, e analisar as consequências políticas, sociais, econômicas e demográficas do conflito. Como cidadão, ele talvez possa consolar-se com o fato de que, hoje, os mesmos quatro países trocaram a guerra pela cooperação dentro do Mercosul, deixando que suas cicatrizes se transformem em história.

20.
Diário de um pracinha da FEB

Sobre a FEB, abundam obras escritas por generais e oficiais superiores. Elas falam de comandantes, batalhas, táticas e estratégias e na grande maioria são autocongratulatórias. Oficiais da reserva também descreveram suas experiências e manifestaram suas opiniões, quase sempre carregadas de pesadas críticas. Até hoje, no entanto, foram pouquíssimas as praças da FEB — subtenentes, sargentos, cabos e soldados — que publicaram seus diários e memórias. Quase nada se sabe sobre a experiência do pracinha no campo de batalha. No entanto, até o surgimento da guerra eletrônica, foram sempre as praças que enfrentaram mais diretamente a violência da guerra. É a praça que sente fome e frio nas trincheiras, é ela que encara o inimigo no olho, é ela que vê o companheiro ao lado voar em pedaços, é ela que convive diariamente com a morte. Esse livro é um documento precioso porque ajuda a cobrir uma lacuna: é um livro escrito por um sargento da FEB.

Trata-se de um diário de campanha, escrito no calor da hora. Nele foram registrados os fatos e as emoções, tristezas, alegrias, medos e saudade de um pracinha. Posteriormente, o autor acrescentou informações guardadas na memória e emitiu opiniões sobre a guerra, talvez distintas das que mantinha na época. Para preservar o insubstituível valor documental do diário, a edição teve o cuidado de distinguir graficamente o que pertence ao texto original do que foi acrescentando mais tarde.

Em 10 de dezembro de 1942, quando defendia as cores do Gambá Futebol Clube, em um campo de futebol de terra batida no interior de Minas, Sebastião Boanerges Ribeiro foi surpreendido com a convocação para servir no 11º Regimento de Infantaria, sediado em São João del-Rei. Iniciava-se o recrutamento dos brasileiros para compor a força expedicionária que iria lutar na Itália ao lado dos aliados. A partir daquele momento, a vida do quarto dos sete filhos de modesto fazendeiro do interior de Minas foi radicalmente alterada. Da batalha cotidiana, dura mas pacífica, na fazenda de Santa Cruz, ele foi lançado na aventura violenta da guerra em país estranho, de onde só regressaria em 3 de maio de 1945. Da guerra lhe restaram a perda quase total da visão do olho direito e a amarga recordação do tratamento recebido do Exército brasileiro.

Sebastião Boanerges não completara o curso ginasial no Colégio de Santo Antônio, em São João del-Rei. Mas seu domínio do português era suficiente para lhe permitir redigir um diário. Ele deu início à tarefa em 19 de setembro de 1944, quando completava 23 anos, às vésperas do embarque do Segundo Escalão da FEB. Encerrou o diário logo depois do regresso ao Brasil e o manteve inédito até a recente publicação.

Além de falar sobre o cotidiano da guerra, o texto revela traços da personalidade do autor. Típico filho do interior de Minas, Sebastião Boanerges, sargento Boanerges na FEB, mostra-se uma pessoa profundamente ligada à família, à religião e à terra em que nasceu. Seus poucos momentos de alegria no campo de batalha não tiveram a ver com vitórias militares ou com temas patrióticos. Eles se resumiam à chegada de cartas da mãe, dos irmãos, de outros parentes, muitas delas escritas dois meses antes e provavelmente censuradas, como era prática comum na FEB. A religião está presente nas missas a que assiste, nos terços rezados, nas reuniões da Congregação Mariana, na grande dor sentida por ocasião da morte de frei

Orlando, o capelão franciscano do 11º RI. É a esperança de rever parentes, amigos e a terra natal que dá forças ao pracinha para enfrentar as violências da guerra.

A predominância de valores familiares e religiosos talvez explique a ausência no diário das palavras "pátria", "democracia", "fascismo" e "nazismo", apesar de se tratar de uma guerra travada oficialmente em nome da defesa da primeira contra os dois últimos. Parte da explicação da ausência está sem dúvida no fato de que o Brasil era na época, ele também, uma ditadura acusada de simpatias fascistas. Mas talvez a razão mais importante esteja no fato de que essas palavras eram abstrações muito distantes do cotidiano dos pracinhas antes de serem convocados e, sobretudo, de seu cotidiano no campo de batalha. No front, não havia nazistas, havia alemães, *tedeschi*, de carne e osso, todos, eles e os brasileiros, procurando matar antes de serem mortos. Talvez por esse motivo o autor tenha mais tarde desenvolvido, acrescentando-a ao diário, aversão pela guerra, todas as guerras, vendo-as como manifestação da estupidez humana.

Outro ponto que contribuiu para a visão negativa da guerra foi a atitude das autoridades militares brasileiras, sobretudo no Brasil. Na Itália, a FEB foi incorporada ao 4º Corpo do 5º Exército Americano, do qual recebeu armamento, fardamento e assistência. O diário registra, com gratidão, o excelente tratamento recebido no hospital americano de Livorno, onde o autor esteve internado por duas vezes, a primeira ao chegar, vítima de caxumba, a segunda quando foi ferido no olho na explosão de uma mina que arrancou o pé de um companheiro. O contraste é grande com a acolhida, ao regressar, no Hospital Central do Exército no Rio. O capitão médico, sem ao menos o examinar, declarou-o apto para o serviço, não obstante ter sido dispensado por duas juntas, uma brasileira, outra americana, na Itália. A única saída que lhe restou foi pedir licenciamento a fim de regressar ao mundo civil.

O regresso ao Brasil foi um choque doloroso. Ao chegar ao Rio de Janeiro em 25 de abril de 1945, juntamente com outros combatentes feridos em campo de batalha, não havia uma pessoa no aeroporto Santos Dumont para lhes dar as boas-vindas. Nem sequer lhes foram fornecidas instruções sobre alojamento. Saíram pela cidade arrastando o pesado "Saco A", em busca de hospedagem. Era assim, sentiram eles, que a pátria tratava os que convocara para lutar, arrancando-os do seio das famílias.

Documento raro, esse livro é também documento humano e humanista. Um cidadão simples, dedicado ao trabalho e à família, é arrastado para uma guerra cujas razões lhe escapavam ou não o convenciam. Na Itália, fica chocado com a destruição material e a miséria humana causadas pela guerra, enfrenta as agruras do front, a neve, as vigílias, as doenças, aprecia as poucas amenidades da retaguarda, sofre sob o fogo do inimigo e pelos erros dos próprios comandantes, vê companheiros serem mortos e é ele mesmo ferido em combate. O coração do pracinha, dele e das cerca de 20 mil outras praças que foram à Itália, alheio às preocupações de políticos e generais, sonha com o fim da carnificina, com o regresso à terra natal e ao seio da família. Para felicidade sua e dos seus, o pracinha da FEB Sebastião Boanerges Ribeiro voltou para casa, sorte que não coube a muitos outros.

Conclusão de 2006

Já se passaram mais de quarenta anos desde que, sob o impacto do golpe de 1964, escrevi o primeiro texto sobre Forças Armadas e política, e 27 anos desde a publicação do segundo capítulo incluído nesta coletânea. Pode-se perceber no conjunto de estudos agora reunidos o impacto da história política recente do país. Nos capítulos históricos transparece a preocupação inicial, gerada pelo golpe, de recuperar o tempo perdido no estudo das Forças Armadas. Os capítulos políticos são intervenções pontuais que acompanham o debate em torno da abertura e da redemocratização do país. Os textos da quarta parte, escritos na vigência da democracia, já fogem da preocupação política e se voltam para a dimensão social da história militar.

Entre os primeiros e os últimos trabalhos, muita coisa mudou no país e nas minhas preocupações. Em 1964, a pergunta que me fiz foi "por que não estudamos os militares?", na suposição de que um maior conhecimento da corporação teria contribuído para evitar o golpe. Hoje, pergunto por que continuar estudando os militares dentro das novas conjunturas nacional e internacional e em face de Forças Armadas cada vez mais dedicadas a tarefas profissionais em obediência aos parâmetros constitucionais.

Sem dúvida, reduziu-se o interesse de estudos feitos exclusivamente sob o ângulo político. Tais estudos foram determinados por uma conjuntura histórica específica. Eles tiveram grande importância. Marcaram o surgimento e o amadurecimento de um campo de pesquisa dentro da universidade, rompendo o veto antes existente. É possível mesmo que tenham contribuído para maior entendimento do pensamento e da mentalidade militar, com consequências positivas para a vida política. Certamente contribuíram para estabelecer a legitimidade do estudo dos militares dentro da universidade. A nova historiografia sobre o tema não precisa mais pedir licença. Mas, sintomaticamente, ela se afasta do viés político e trata o assunto como qualquer outro, utilizando as mesmas abordagens. Exemplo dos novos estudos é o livro *Nova história militar brasileira*, em que predominam abordagens de história social e cultural.[1] Nos novos estudos, os militares deixaram de ser entidades unidimensionais, dominadas exclusivamente pela política. Passaram a ser seres humanos multidimensionais como quaisquer outros.

Mas parece-me que mesmo sob a dimensão política os estudos sobre militares ainda se justificam. É verdade que os cenários internacional, latino-americano, com algumas exceções, e brasileiro são desfavoráveis a intervenções militares. A Guerra Fria é coisa do passado, o comunismo deixou de ser ameaça, real ou imaginada, a interligação das economias desencoraja aventuras isolacionistas. Na América do Sul, a grande rivalidade política e militar entre Brasil e Argentina deu lugar à cooperação que, no campo militar, se materializa em manobras conjuntas, navais e terrestres. Internamente, a democracia política se consolida, já tendo passado pelo teste da vitória de um partido de esquerda. Nas Forças Armadas, a nova geração de oficiais não traz mais a marca da memória de 1964 e abre-se para o contato com o mundo civil, inclusive universitário.

Mas nem tudo são flores. Episódio recente que levou à saída do ministro da Defesa mostrou que ainda há feridas abertas resultantes do período dos governos militares. Famílias de torturados e mortos ainda aguardam informações sobre o destino das vítimas. O comando das Forças Armadas, sobretudo do Exército, insiste na inexistência de documentos, ao mesmo tempo que resiste à abertura de arquivos. Obedecendo ao velho estilo conivente dos políticos, no conflito entre o ministro e o comandante do Exército, o presidente da República substituiu o primeiro e manteve o segundo. Essa ferida precisa ser tratada em nome da conciliação entre as Forças Armadas e parcela relevante da nação. Há direitos inalienáveis envolvidos. O exemplo do general Euclides de Figueiredo lembrado neste livro ainda é atual. Só a ampla informação servirá de cicatrizante. Não é querer muito, quando se leva em conta que as Forças Armadas da Argentina e do Chile foram muito além, vindo a público pedir desculpas à nação pelos excessos cometidos por alguns de seus membros durante o período ditatorial.

Há mais. Apesar dos indicadores positivos, seria imprudente supor que já estejamos imunes a retrocessos políticos. A permanência de imensas desigualdades sociais e econômicas, a despeito do clima de liberdade e participação vigente no país, constitui um claro alerta de que nossa democracia ainda é incompleta e precária. Os efeitos da desigualdade se manifestam de maneira contundente nas inúmeras e imensas favelas de nossas cidades, grandes e médias. Acoplada ao tráfico, a pobreza urbana tem gerado um clima generalizado de insegurança e violência que o sistema de segurança pública dos estados tem se mostrado incapaz de enfrentar eficazmente. A ação do governo federal, por sua vez, tem sido tímida e esbarra nos constrangimentos do sistema federativo. Não é difícil imaginar cenários em que haja pressão no sentido de uma ação mais incisiva das Forças Armadas. O artigo da Constituição que prevê o uso delas para a manutenção da ordem interna está longe de ter se tornado obsoleto. E as fronteiras entre uma intervenção constitucional e a inconstitucionalidade são tênues.

Mesmo excluindo a probabilidade de intervenções políticas, como redefinir o papel das Forças Armadas em regime democrático e em cenário de grandes mudanças internacionais? Se não é sensato nem realista defender, como fazem alguns, a inutilidade de forças armadas nas condições atuais, deve-se reconhecer que elas consomem recursos avultados e precisam ter seu novo papel discutido, justificado e definido. Reiterando o que disse em mais de um dos capítulos deste livro, a discussão, justificação e definição do papel das Forças Armadas em regime democrático cabem à sociedade e a seus órgãos de representação, tanto quanto a elas próprias. E tal discussão só pode ser feita eficazmente com a ajuda de pessoas que disponham de conhecimentos especializados.

Pode-se dizer mesmo que o debate sobre o papel das Forças Armadas hoje exige conhecimentos mais profundos e mais diversificados do que há quarenta anos. Como lidar com o novo cenário internacional em constante mutação? O fenômeno histórico dos Estados-nacionais, dentro do qual surgiram as modernas forças armadas, passa por rápidas mudanças. Torna-se difícil separar o que é interesse nacional do que é interesse de blocos, de áreas de comércio comum, de federações de nações. Reduzem-se os graus de liberdade dos governos nacionais. Os Estados-nacionais, enquanto ainda estados e nacionais, têm que aprender a navegar nessas águas revoltas e incertas. Um ponto central dessa navegação tem a ver com o papel que se deve atribuir às Forças Armadas. Devem ser preparadas para guerra externa? Contra quem? Contra vizinhos? Contra o Império? Devem tornar-se forças auxiliares das Nações Unidas na tarefa de policiamento do mundo? Devem dedicar-se a tarefas policiais de combate ao narcotráfico nas fronteiras e nas rotas internas? Devem preparar-se para o papel de guarda nacional para substituir as polícias estaduais em eventuais explosões de violência nas grandes cidades? Ou devem dedicar-se a tarefas sociais, como o combate à pobreza, ao analfabetismo, às desigualdades?

A lista de perguntas poderia ser ampliada. Diante de tanta complexidade e tanta incerteza, não se percebe esforço adequado para enfrentar o desafio. Entre os governantes, não há sinal de mudança substantiva na postura tradicional de conivência e omissão. Nota-se, apenas, desde a campanha de 2002, alguma sintonia entre as posições nacionalistas de setores do partido no poder e das Forças Armadas. Mas as discussões sobre o tema militar não têm ido além da esfera orçamentária e salarial, e de escaramuças em torno da abertura, ou da existência, dos arquivos da repressão. O Ministério da Defesa não dá sinais de ter se afirmado como centro de competência formulador de políticas no campo da estratégia. O Congresso mantém sua posição de omissão e incompetência em assuntos militares.

Corremos o risco de sermos surpreendidos pelos acontecimentos como em 1964. Por falta de vontade política, de competência, de capacidade de antecipação, de *virtù*, como dizia Maquiavel, podemos ser novamente atropelados pelas rodas da *fortuna*.

Notas

Parte II. História

2. As Forças Armadas na Primeira República: o poder desestabilizador [pp. 29-94]

1. O mais comum é considerar-se o Exército como porta-voz das classes médias. A tese foi exposta pela primeira vez em 1933 por Virgínio Santa Rosa em *O sentido do tenentismo* (Rio de Janeiro: Schmidt), retomada por Santiago Dantas em *Dois momentos de Rui Barbosa* (Rio de Janeiro: Casa de Rui Barbosa, 1949) e repetida por vários autores, entre os quais Nelson Werneck Sodré na *História militar do Brasil* (Rio de Janeiro: Civilização Brasileira, 1965).
2. Entre os poucos trabalhos sobre militares que dão importância a aspectos organizacionais estão os de José Murilo de Carvalho, "Um modelo para as relações civil-militares no Brasil" (mimeo., 1964) e "Organizational Roles, Belief System and Military Politics in Brazil" (mimeo., Departamento de Ciência Política da UFMG, 1970), e de Edmundo Campos Coelho, *Em busca de identidade: O Exército e a política na sociedade brasileira* (Rio de Janeiro: Forense Universitária, 1976). Para o texto de Goffman, ver Ervin Goffman, "The Caracteristics of Total Institutions", em Amitai Etzioni (Ed.), *Complex Organizations* (Nova York: Holt, Rinehart and Winston, 1961), pp. 312-40. Para um estudo não brasileiro com essa abordagem, ver, por exemplo, Morris Janowitz, *The Professional Soldier* (Nova York: Free Press, 1965).
3. Consultar, por exemplo, Glauco Carneiro, *História das revoluções brasileiras* (2 v. Rio de Janeiro: Edições O Cruzeiro, 1965); Hélio Silva, *1889: A República não esperou o amanhecer* (Rio de Janeiro: Civilização Brasileira, 1972); e dos mesmos autor e editora, *1922: Sangue na areia de Copacabana* (1964); *1926: A grande marcha* (1965); *1930: A revolução traída* (1966); e ainda de Edgard Carone, *A República Velha: Evolução política* (São Paulo: Difusão Europeia do Livro, 1971). Nesse volume, consultar os trabalhos sobre a implantação do sistema oligárquico e sobre o tenentismo.

4. Ver, sobre o assunto, Gaetano Mosca, *The Ruling, Class* (Londres; Nova York: McGraw Hill, 1930), p. 229. Consultar também o excelente trabalho de Alfred Vagts, *A History of Militarism* (Nova York: The Free Press, 1967), pp. 41-74.
5. Sobre o cadetismo, ver Rui Vieira da Cunha, *Estudo da nobreza brasileira. 1 — Cadetes* (Rio de Janeiro: Arquivo Nacional, 1966); e general Francisco de Paula Cidade, *Cadetes e alunos militares através dos tempos* (Rio de Janeiro: Biblioteca do Exército, 1961).
6. Assim aconteceu, por exemplo, com o pai do futuro marechal Setembrino de Carvalho, um simples funcionário público estadual, que foi nomeado capitão da Guarda para que o filho pudesse alistar-se cadete. Ver o depoimento do marechal em seu livro *Memórias: Dados para a história do Brasil* (Rio de Janeiro: [s.n.], 1950), pp. 24-5.
7. Ver marechal Estêvão Leitão de Carvalho, *Memórias de um soldado legalista* (Rio de Janeiro: Imprensa do Exército, 1961), tomo 1, p. 13.
8. E isso apesar de medidas discriminatórias introduzidas durante o Estado Novo que procuravam impedir o ingresso no oficialato de pessoas de classe baixa. Ver a respeito Nelson Werneck Sodré, *Memórias de um soldado* (Rio de Janeiro: Civilização Brasileira, 1967), p. 183.
9. Ver Henrique Boiteux, *Os nossos almirantes* (9. v. Rio de Janeiro: Imprensa Naval, 1915-1941), especialmente os três volumes, 1915, 1917, 1920.
10. Ver Um oficial da Armada, *Política versus Marinha* (Rio de Janeiro, Garnier, [s.d.]), p. 90; e Tobias Monteiro, *Funcionários e doutores* (2. ed. Rio de Janeiro: Livraria Francisco Alves, 1919), p. 14.
11. Decreto de 20 de novembro, em *Coleção de Leis do Império*, 1835.
12. Sessão de 11 set. 1877, *Anais da Câmara dos Deputados*, 1877.
13. Estêvão Leitão de Carvalho, "O voluntariado do Exército", *A Defesa Nacional*, v. 1, n. 2, nov. 1913, pp. 40-3.
14. Relatório do ministro Joaquim Marques Batista de Leão, p. 20.
15. Um Oficial da Armada, op. cit., p. 85.
16. Estêvão Leitão de Carvalho, "Outro aspecto do nosso voluntariado", *A Defesa Nacional*, v. 1, n. 5, fev. 1914, pp. 1402.
17. Uma rápida mas informativa descrição da vida aquartelada ao final do Império pode ser encontrada em coronel F. de Paula Cidade, "O Exército em 1889: Resumo histórico", em *A República Brasileira* (org. e ed. Biblioteca do Exército. Rio de Janeiro, 1939), pp. 229-304.
18. Um oficial da Armada, op. cit., p. 87.
19. Ver as leis de 18 de agosto de 1831 e 19 de setembro de 1850, que criam e reorganizam a Guarda Nacional, em *Leis do Império*, 1831, 1ª parte, pp. 49-74; e 1850, 1ª parte, pp. 237-59.
20. Relatório do Ministério da Guerra para 1909 (publicado em 1910), pp. 18-20.

21. *A Defesa Nacional*, v. IV, n. 140, jan. 1917, p. 114.
22. Ver Olavo Bilac, *A Defesa Nacional* (Rio de Janeiro: Biblioteca do Exército, 1965), pp. 106, 107, 70.
23. Houve na República uma verdadeira orgia de criação de corpos e oficiais da Guarda Nacional, evidência de que se perdera toda preocupação com o papel militar da instituição. Até 1916, tinham sido criadas legalmente 2976 brigadas, com 9784 corpos, correspondentes a um efetivo de paz de 4 511 540 homens, com 239 176 oficiais. Em tempo de guerra, o efetivo elevava-se a 10 120 397. Ver Castro Ayres, "A Guarda Nacional", *A Defesa Nacional*, v. VI, n. 63, dez. 1918, pp. 106-9.
24. Para uma breve história das Escolas Militares, com ênfase em seu ambiente cultural, ver Umberto Peregrino, *História e projeção das instituições culturais do Exército* (Rio de Janeiro: José Olympio, 1967). A parte referente à Praia Vermelha se acha às pp. 23-32.
25. Leitão de Carvalho, op. cit., tomo I, p. 32. Na época funcionava no Realengo uma escola preparatória, chamada Prática, depois Tática. Os alunos lá faziam três anos de estudos preparatórios antes de ingressar na Praia Vermelha.
26. General Tito Escobar, citado pelo coronel F. de Paula Cidade, "O Exército em 1889", op. cit., p. 251.
27. Ver F. de Paula Cidade, "Recrutamento de oficiais", *A Defesa Nacional*, v. II, n. 14, nov. 1914, pp. 49-52. O autor conta anedota do oficial que deu a seguinte ordem: "Senhor corneta, faça o obséquio de tocar refeição".
28. Ver F. de Paula Cidade, *Síntese de três séculos de literatura militar Brasileira* ([S.l.: s.n.], 1959), p. 266.
29. Um oficial da Armada, op. cit., p. 203. Para um breve histórico da Escola Naval, ver Prado Maia, *A Marinha de guerra do Brasil na Colônia e no Império: Tentativa de reconstituição histórica* (Rio de Janeiro: José Olympio, 1965), pp. 233-4.
30. Ver a respeito o depoimento de Leitão de Carvalho em suas *Memórias*, op. cit., tomo I, pp. 91-156. Leitão fez parte da última turma, a qual também pertenceram Bertholdo Klinger e Euclides de Oliveira Figueiredo. Todos eles se distinguiram posteriormente por sua atuação no Exército e na política.
31. Juarez Távora, *Uma vida e muitas lutas*. Rio de Janeiro: José Olympio, 1973. v. I, p. 94.
32. Aspecto interessante e ainda não devidamente examinado é o da filiação religiosa dos militares do Exército. O velho Exército imperial era totalmente católico. A influência positivista mudou radicalmente o panorama no período que vai da última década do Império até mais ou menos a terceira década da República, quando a quase

totalidade dos oficiais que saem das Escolas Militares da Praia Vermelha e do Realengo é materialista. Começa então uma reação de retorno ao catolicismo, que já voltara a predominar ao fim da década de 1930. O positivismo e o ateísmo correspondem exatamente ao período dos movimentos reformistas dentro do Exército. Sobre o início da recatolicização, ver Juarez Távora, op. cit., pp. 89-91. Durante o Estado Novo, chegou-se a proibir a entrada de não católicos (bem como de judeus, pretos, operários) nas Escolas Preparatórias então criadas para substituir os Colégios Militares, e na Academia Militar. Ver Nelson Werneck Sodré, op. cit., pp. 183-4.

33. Sobre os efeitos da Missão no Exército, ver coronel J. B. Magalhães, *A evolução militar do Brasil* (Rio de Janeiro: Biblioteca do Exército, 1958), pp. 349-60.
34. General Eurico Gaspar Dutra, *O Exército em dez anos de governo do presidente Vargas*. Rio de Janeiro: DIP, 1941, p. 27.
35. Ver Joseph L. Love, *Rio Grande do Sul and Brazilian Regionalism* (Stanford: Stanford University Press, 1971), p. 117.
36. O fato de termos computado apenas as três Armas tradicionais em 1972 deve ter reduzido o número de tenentes para esse ano. Mas a redução não deve mudar muito o panorama e as novas Armas não incluídas indicam também maior complexidade técnica do Exército e incluem um número muito pequeno de praças, o que lhes conferia pequena capacidade mobilizatória interna.
37. Janowitz, op. cit., pp. 64-8.
38. Leitão de Carvalho, op. cit., tomo I, p. 220.
39. Lei 1860, de 4 jan. 1908. *Leis da República*, 1908, p. 32.
40. É sintomático, por exemplo, que enquanto os tenentes do Exército se empenhavam na jornada de 15 de novembro, parte de seus colegas da Marinha se achava em viagem, a bordo do *Almirante Barroso*, sob o comando de Custódio José de Mello. Entre os comandados de Custódio achava-se o segundo-tenente e neto do imperador, d. Augusto. Ver Custódio José de Mello, *O governo provisório e a Revolução de 1893* (São Paulo: Cia. Editora Nacional, 1938).
41. O problema do controle da guarnição já se apresentara quando da criação do Batalhão Naval, depois de fuzileiros. Uma das razões da criação desse corpo foi o policiamento de bordo, isto é, o controle dos marinheiros. Parece, no entanto, que nunca foram utilizados com essa finalidade. Mas também não aderiram aos marinheiros na revolta de 1910, nem estes a eles, no movimento que logo se seguiu. Sobre as finalidades da criação do Batalhão, ver Visconde de Ouro Preto, *A Marinha d'outrora* (Rio de Janeiro: Domingos de Magalhães, 1894), pp. 98-9.

42. Ver, a respeito, José Maria dos Santos, *Bernardino de Campos e o Partido Republicano Paulista* (Rio de Janeiro: José Olympio, 1960). O autor mostra especialmente o papel de Quintino Bocaiúva em prolongar artificialmente os efeitos da Questão Militar com o fim de provocar a derrubada do governo pela força. Sobre os entendimentos entre Senna Madureira e Julio de Castilhos, ver Coronel Souza Doca, "A Questão Militar", em *A República Brasileira*, op. cit., p. 29.
43. Apud A. Ximeno de Villeroy, *Benjamin Constant e a política republicana* (Rio de Janeiro: [s.n.], 1928), pp. 155-6.
44. Juarez Távora, *À guisa de depoimento sobre a Revolução Brasileira de 1924*. São Paulo: O Combate, 1927. v. 1, p. 89. Ver também J. Nunes de Carvalho, *A Revolução no Brasil: 1924-1925* (Buenos Aires: Talleres Gráficos Argentinos de L. J. Rouse, 1925); Asdrúbal Gwyer de Azevedo, *Os militares e a política* (Barcelos, Portugal: Cia. Editora do Minho, 1926). Todos defendiam o direito dos militares de intervir na política, mesmo contra as autoridades civis e militares.
45. Juarez Távora, op. cit., p. 93.
46. *A Defesa Nacional*, XVIII, 202, 203, 204, out., nov., dez. 1930, p. 1. Devido ao movimento armado, os três últimos números do ano foram englobados em um só.
47. Ver general Estêvão Leitão de Carvalho, *Dever militar e política partidária* (São Paulo: Cia. Editora Nacional, 1959).
48. *A Defesa Nacional*, I, 1, out. 1913, p. 1.
49. Bertholdo Klinger, "Os militares e a política", *A Defesa Nacional*, XVIII, 202, 203, 204, out., nov., dez. 1930, pp. 15-7.
50. General Góis Monteiro, *A Revolução de 30 e a finalidade política do Exército*. Rio de Janeiro: Andersen Editores, 1934, pp. 156, 163.
51. Apud Leitão de Carvalho, op. cit., p. 261.
52. Ver Ernesto Senna, *Deodoro, subsídios para a história: Notas de um repórter* (Rio de Janeiro: Imprensa Nacional, 1913), p. 41. O livro contém excelente documentário sobre os acontecimentos em torno da proclamação da República. Devemos-lhe boa parte das informações aqui usadas.
53. Depoimento de Raimundo de Abreu Filho em Ernesto Senna, op. cit., p. 227.
54. Ibid., p. 38. A situação chegava a ser constrangedora para Benjamin Constant, que se achava presente, e que tentava remediar um pouco as coisas acrescentando sempre que Deodoro se referia ao Exército: "e também a Armada". Ernesto Senna, op. cit., p. 89.
55. Representativa da situação de desorientação geral é a história do oficial da Marinha que se achava ao lado do quartel-general com as tropas do governo e perguntou ao contra-almirante Vandenkolk: "Chefe, de que lado está o inimigo?". O episódio é relatado em José Maria dos Santos, op. cit., p. 83.

56. Ver, a respeito, José Maria dos Santos, op. cit. O autor mostra as hesitações e divergências no PRP sobre o problema da aliança com os militares. O acordo de Benjamin Constant com os republicanos civis só se deu em 7 de novembro. Ver Ernesto Senna, op. cit., pp. 99-100.
57. A luta dos republicanos civis, sobretudo paulistas, pela reconquista do poder, é descrita em June E. Hahner, *Civilian-Military Relations in Brazil, 1889-1898* (Columbia: University of South Carolina Press, 1969).
58. Sobre essa aliança informal, ver Joseph L. Love, op. cit., pp. 117-8. Além do grande número de militares provenientes do Rio Grande do Sul, as lutas da primeira década da República colocaram lado a lado no campo de batalha vários oficiais e líderes republicanos. Gaúchos e amigos de Hermes e Pinheiro Machado eram os generais Dantas Barreto e Mena Barreto, ambos ministros da Guerra do primeiro. Também gaúcho era Setembrino de Carvalho, chefe de gabinete de Mena Barreto em 1911.
59. Apud Hermes da Fonseca Filho, *Marechal Hermes: Dados para uma biografia* (Rio de Janeiro: [s.n.], 1961), p. 120.
60. Sobre esses episódios, ver os depoimentos de Setembrino de Carvalho em suas memórias, que dá a perspectiva do governo, e do general Dantas Barreto, já então violentamente anti-Pinheiro Machado, no livro *Conspirações* (Rio de Janeiro: Livraria Francisco Alves, 1917).
61. Na disputa presidencial de 1921 travada entre este e Nilo Peçanha, foram divulgadas cartas, supostamente redigidas pelo político mineiro, em que o ex-presidente, marechal Hermes da Fonseca, era chamado de "sargentão sem compostura".
62. A atitude quase fatalista de Hermes fica clara na descrição do episódio por Hermes da Fonseca Filho, op. cit.
63. Ver João Alberto Lins de Barros, *Memórias de um revolucionário* (Rio de Janeiro: Civilização Brasileira, 1953), p. 19.
64. Ver Lourival Coutinho, *O general Góis depõe* (Rio de Janeiro: Livraria Coelho Branco, 1956), p. 52.
65. Ver descrição pormenorizada do processo, principalmente para 1930, em Juarez Távora, op. cit.
66. Leitão de Carvalho, op. cit., pp. 193-4.
67. General Bertholdo Klinger, *Narrativas autobiográficas*. Rio de Janeiro: O Cruzeiro, 1950, v. 5, p. 151.
68. Ibid., p. 171.
69. Ver general Tasso Fragoso, "A Revolução de 1930", *Revista do Instituto Histórico e Geográfico, Brasileiro*, 211, abr.-jun. 1951, p. 36.
70. Custódio José de Mello, op. cit., tomo II, pp. 206-7. Custódio já discordara antes do aumento de soldo dos militares decretado logo depois da proclamação da República. Segundo ele, a medida daria a impressão de

que o movimento fora feito em benefício da classe. Custódio José de Mello, op. cit., p. 24.
71. Um oficial da Armada, op. cit., pp. 88-9. Para um ponto de vista mais próximo dos marinheiros, ver Edmar Morel, *A Revolta da Chibata* (2. ed. Rio de Janeiro: Editora Letras e Artes, 1963). Ver também sobre o assunto o depoimento do mediador entre os revoltosos e o governo, o deputado e oficial da Marinha José Carlos de Carvalho, em *O livro de minha vida: Na guerra, na paz e nas revoluções, 1847-1910* (Rio de Janeiro: Jornal do Comércio, 1912).
72. Pandiá Calógeras, *Problemas de administração*. São Paulo: Cia. Editora Nacional, 1938, p. 58.
73. Edgard Carone, *A República Velha: Instituições e classes sociais*. São Paulo: Difusão Europeia do Livro, 1970, p. 361.
74. Tobias Monteiro, op. cit., p. 114.
75. Pode-se fazer um interessante paralelo entre o papel do Exército e o do Rio Grande do Sul na Primeira República. Por uma série de razões, um e outro constituíam fatores desequilibradores do sistema da política dos Estados. Ambos não eram bem aceitos no círculo interno do poder, mas também não podiam ser relegados a segundo plano, como os estados de segunda classe. Em situações de crise do sistema, a posição dos dois era crucial, pois se tornavam fiéis da balança. Acresce-se o fato já mencionado das afinidades que entre ambos existiam, não só pelo grande número de militares localizados no Rio Grande do Sul, mas também circunstância de que o recurso principal de que dispunha esse estado era a força armada de seus provisórios. O choque entre essa força e o Exército seria em algum momento inevitável. Mas no jogo da política dos estados era possível o estabelecimento de alianças temporárias. O poder dessas alianças iria depender do grau de unidade interna, seja da política rio-grandense, seja do Exército. Foi grande em 1930, quando as facções estaduais se uniram e encontraram apoio em uma parcela do Exército e ausência de oposição na outra parcela. Sobre o papel desequilibrador do Rio Grande do Sul, além da obra de Joseph Love, veja-se também Barbosa Lima Sobrinho, *A verdade sobre a Revolução de Outubro* (São Paulo: Unitas, 1933), pp. 253-72.
76. Olavo Bilac, op. cit., p. 83.
77. Sobre as Ligas e sua vinculação burguesa, ver Edgard Carone, op. cit., pp. 162-8, 313-5.
78. Sobre a Defesa Social Brasileira, ver o depoimento de Leitão de Carvalho, um de seus criadores, em *Memórias*, op. cit., tomo III, pp. 296-302. O texto citado está à p. 301.
79. Ver, a respeito, John D. Wirth, *The Politics of Brazilian Development, 1-1954* (Stanford: Stanford University Press, 1970).

80. Sobre as reformas nos Exércitos francês e prussiano, ver Alfred Vagts, *A History of Militarism* (Nova York: Meridian, 1959), esp. capítulos 4 e 5.
81. Sobre posições políticas dos positivistas brasileiros, inclusive militares, ver, por exemplo, Tocary Assis Bastos, *O positivismo e a realidade brasileira* (Belo Horizonte: Edição da Revista Brasileira de Estudos Políticos, 1965).

3. Forças Armadas e política: 1930-45 [pp. 95-148]

1. Agradeço a colaboração de Vanda Maria Costa Aderaldo, Lúcia Lahmeyer Lobo e Marcos Luís Bretas da Fonseca. Este trabalho baseou-se fundamentalmente em material das fontes abaixo indicadas, com as respectivas abreviações. *Arquivos*: Arquivo do Exército (AE); Arquivo da Marinha (AM); Arquivo Nacional: Arquivo Góis Monteiro (AN-GM); CPDOC: Arquivo Getúlio Vargas (GV); Arquivo Osvaldo Aranha (OA); Arquivo Bertoldo Klinger (BK); Arquivo A. Amaral Peixoto (AAP); Arquivo Pedro Ernesto (PE); Arquivo Agamenon Magalhães (AGM); e Coleção de Documentos Avulsos (CDA). *Revistas*: Boletim do Exército (BE); *Revista Militar Brasileira* (RMB); *A Defesa Nacional* (DN); *Nação Armada* (NA); *Revista do Clube Militar* (RCM). *Entrevistas*: Foram utilizadas várias entrevistas feitas pelo setor de História Oral do CPDOC, pelo Projeto de Memória Militar do Clube Militar, pelo Centro de Memória Social Brasileira e pelo próprio autor, que vão indicadas no local oportuno.
2. A primeira citação está em artigo de jornal, seção Crônica Militar, assinada por "Cadete", em OAj 31.05.14. A segunda em Azevedo Amaral, "O Exército e a Educação Nacional", *Nação Armada*, 4, mar. 1940, p. 29.
3. Nossa ênfase será no Exército. A Marinha apresenta problemas distintos que merecem desenvolvimento à parte.
4. Sobre esse ponto, ver o primeiro capítulo deste livro, "As Forças Armadas na Primeira República: o poder desestabilizador", e também Edmundo Campos Coelho, *Em busca da identidade: O Exército e a política na sociedade brasileira* (Rio de Janeiro: Forense Universitária, 1976).
5. *Relatório* do ministro da Marinha Protógenes Guimarães, 1931-4, p. 16. Segundo o ministro revolucionário, a Marinha vivia em seu mundo à parte e se manteve leal ao governo deposto até o último momento.
6. Ver depoimento sobre a não adesão de oficiais da 3ª RM em Estevão Leitão de Carvalho, *Dever militar e política partidária* (São Paulo: Cia. Editora Nacional, 1959), pp. 133-4; sobre o Movimento Pacificador, ver general Bertoldo Klinger, *Narrativas autobiográficas* (Rio de Janeiro: O Cruzeiro, 1950), v. V, p. 151.
7. A participação dos sargentos é salientada por Juarez Távora em *Uma vida e muitas lutas* (Rio de Janeiro: Civilização Brasileira, 1973), v. 1; e em

entrevista de Jeová Mota ao CPDOC. Em documento enviado a Osvaldo Aranha, sargentos mencionam o fato de muitos deles terem assumido as posições dos oficiais presos na 3ª RM (OA 38.00.00/3). Em outro documento, *Proclamação ao Exército*, de 1931, oficiais revolucionários afirmam que as tropas do Sul e Nordeste foram em grande parte comandadas por subalternos e sargentos, porque 3/4 dos oficiais tinham sido demitidos de seus postos (GV 31.06.01/1). Daí o grande número de comissionados durante a revolução, e os problemas que isso criou posteriormente. Alguns desses problemas são mencionados em cartas do coronel Lúcio Esteves a Osvaldo Aranha (OA 31.07.04/9) e do primeiro-tenente A. Etchegoyen ao mesmo (OA 31.07.25/7).
8. Ver principalmente a conhecida série de livros de Hélio Silva.
9. Sobre o 25º BC, ver telegramas de Landri Sales a Osvaldo Aranha (OA 31.06.04/5, 6, 8). Sobre o 21º BC, o dossiê composto principalmente de telegramas de Lima Cavalcanti a OA (OA 31.10.29/5); o relatório de H. Ricardo Hall em GV 32.02.01; o esboço de decreto em GV 31.11.10/12. Ver ainda as memórias de Paulo Cavalcanti, *O caso eu conto como o caso foi, da Coluna Prestes à queda de Arraes* (São Paulo: Alfa Ômega, 1978), pp. 90-4.
10. Ver BK j 32.03.01, que inclui recortes de jornais e os Boletins diários do QG da Circunscrição Militar de Mato Grosso.
11. Relatório do capitão Raimundo da Silva Barros ao general Daltro Filho (AN-GM). O relator, que era informante do comandante, achava imprudente deixar que a revolta explodisse, "a menos que se fuzile sumariamente este pessoal todo, para o que estou pronto a executar a ordem". A popularidade de Fulgêncio Batista entre os sargentos brasileiros é atestada pelo fato de muitos deles trazerem seu retrato nas malas e armários. Ver carta de Delfino Correa a Bertoldo Klinger em BK 34.03.23. Sobre o movimento cubano, veja Louis A. Perez Jr., "Army Politics and the Collapse of the Cuban Officer Corps: The Sergeants' Revolt of 1933", *Journal of Latin American Studies*, v. 6, n. 3, maio 1974, pp. 59-76.
12. Depoimento do tenente Hector Araújo ao autor em 20 mar. 1980. O tenente Hector assentou praça em 1938 como soldado voluntário.
13. Várias dessas associações foram criadas pelos sargentos, e o próprio ministro da Guerra criou em 1934 uma Previdência dos Subtenentes e Sargentos do Exército, destinada a conceder empréstimos, assistência médica, pensões para herdeiros, financiamento de construção de casas etc. Góis Monteiro preferiu criar uma associação oficial a correr o risco de aprovar as dos próprios sargentos, que tendiam a se politizar. Quando aprovava, exigia a inclusão de dispositivo explícito nos estatutos proibindo discussões de caráter político ou religioso nas reuniões. Foi o que aconteceu com a União Social dos Sargentos da 55ª RM. Ver AE, Gabinete do Ministro, Cx. 1141.

14. Ver carta dos sargentos Jeová Gentil da Silveira e Oscar Comin (OA 38.44.00.00/5).
15. Dizia ainda o documento que os sargentos tinham sido a tábua de salvação de Floriano Peixoto e de Artur Bernardes, e que Getúlio, uma vez no poder, cedera à influência do ministro da Guerra e não quisera receber um memorial da Associação dos Sargentos que pedia melhorias para a classe (OA 38.00.00/3).
16. "Circular Secreto", documento enviado por entidade fundada por 412 sargentos. A revolta estava marcada para 6 de setembro de 1933, quando todos os oficiais seriam presos. AN-GM.
17. Manifesto de 1934, feito pelo Bloco Socialista Revolucionário (AN-GM). Em Cuba, ao final de 1933, muitos sargentos, cabos e soldados tinham sido promovidos a oficiais. No início do ano de 1934, o velho Exército foi formalmente dissolvido e criado um novo em que predominavam os novos oficiais vindos das fileiras. Veja Louis A. Perez Jr., op. cit.
18. Em GV 31.03.28.
19. Dutra acabara de transferir para o Rio Grande do Sul o escrevente da diretoria da Aviação, Urbano Burlier Filho, presidente do Círculo dos Sargentos, por ter ele, em nome do Círculo, pedido a revogação do Aviso de 1937 que, segundo o memorial, levaria à exclusão de 50% dos sargentos. A alegação de Dutra para a punição foi que o Círculo não era sindicato e não podia fazer reivindicações ao ministro. AE, Gabinete do Ministro, Cx. 1142. Sobre a posição de Bertoldo Klinger, veja sua carta ao primeiro-tenente Emanuel Adacto Pereira de Melo em BK 33.11.25.
20. "Pacto de Honra. Absolutamente Secreto". Datado de 24 fev. 1931 (AN-GM).
21. O documento reconhecia também o fracasso das várias Legiões. No Rio Grande do Sul elas nem se estabeleceram, em Minas Gerais adquiriram conotação distinta. E concluía: "Praticamente já perdemos a Revolução" (GV 31.05.02/1).
22. GV 31.06.01/1.
23. O governo nomeou Juraci Magalhães e José Bina Machado como seus representantes para se reunirem com as duas partes e tentarem um acordo. Ver ata de uma destas reuniões em CV 32.05.3 1/1.
24. Refere-se aos tenentes comissionados (ex-sargentos) como analfabetos que atravancavam os quartéis ameaçando a ordem e as instituições e causando temor às autoridades (OA 31.04.03/8).
25. Segundo depoimento de Jeová Mota ao CPDOC.
26. BK j 31.11.14 e 3 1.11.28.
27. O Clube tentou ampliar seu âmbito de ação transformando-se em União Socialista Nacional, em 1932, com características federativas. O projeto não foi adiante. Em 1934, Juarez voltou a tentar reunir os tenentes

interventores em torno de um Partido Nacional Revolucionário, a fim de evitar que os revolucionários perdessem o controle da situação federal nas eleições que estavam por acontecer. Também não foi adiante (GV 34.11.30/2). Em 1933, Juarez já reunira os interventores no Recife e tentara organizar a União Cívica Nacional, também sem maiores consequências (OA 33.03.22/4). Flores se referiu aos membros do Clube como aqueles "malucos de 3 de Outubro" (OA 32.06.06/5).

28. "O Destacamento Mariante no Paraná Ocidental (Reminiscências)", jun. 1925 (AN-GM).
29. O apelido de cidadão-mendigo surgira quando Rabelo foi interventor em São Paulo e em um famoso decreto mandou tratar assim os mendigos da cidade. Ximeno escreveu a Osvaldo Aranha expondo suas posições políticas no momento (OA 33.02.22/1). Tanto Rabelo como Rondon e Horta Barbosa se filiariam mais tarde à Sociedade de Amigos da América, de caráter antifascista, e defensora do rompimento das relações com o Eixo.
30. "Organização Militar das Massas da ANL" (AN-GM). Ver ainda vários documentos sobre a organização militar da ANL em CPDOC-CDA/ANL.
31. Agildo Barata reconheceu, em resposta a um questionário de Robert Levine, que a ANL atraíra o apoio de muitos militares por seu programa nacionalista e por proclamar a necessidade de ampliar grandemente os efetivos do Exército (CDA/ANL 64.12.00).
32. O decreto nº 1351 de 7 de fevereiro de 1891, que regulava as promoções, mandava que metade das vagas de alferes ou segundos-tenentes fossem preenchidas por praças.
33. Antes da Lei do Serviço Militar de 1939 e, em menor escala, também depois, havia ainda muitos que fugiam ao serviço, ou procuravam transferir-se para os Tiros de Guerra e para as Escolas de Instrução a fim de evitar o quartel. Em 1938, por exemplo, o número de insubmissos ainda era muito grande. Na 1ª Zona de Alistamento Militar (1ª, 2ª, 6ª, 7ª, 8ª, e 9ª KM), de 40 074 convocados, 28 753 foram insubmissos, tendo sido, ao final, descontados os isentos, incorporados apenas 6398. No Relatório referente ao ano de 1939, o ministro mencionou a persistência da rejeição ao serviço militar, principalmente por parte de pessoas mais cultas, e dizia que apenas pequena parcela dos 400 mil alistáveis era de fato alistada e sorteada. Ver Relatório da Diretoria de Recrutamento em 15 jan. 1940, AE, Gabinete do Ministro, Armário 20, Caixa 66; e Relatório do ministro da Guerra, 1940, pp. 12-3. Uma carta enviada a Osvaldo Aranha, reclamando da mistura de soldados de várias classes sociais no quartel, indica bem as dificuldades com o recrutamento de pessoas da classe média. O missivista (anônimo) pede que sejam criados batalhões separados por classe social (OA 44.03.17/1).

34. José Afonso Mendonça de Azevedo, *Elaborando a Constituição Nacional*. [S.l.: s.n.], 1933, esp. pp. 877-924. Relatório para 1939, p. 12.
35. Sobre a origem social dos oficiais, ver Alfred Stepan, *Os militares na política* (Rio de Janeiro: Artenova, 1975), p. 28. Os dados se referem aos alunos matriculados na Escola Militar entre 1941 e 1943. Sobre os alunos do Curso Preparatório, ver *Anais do Exército Brasileiro*, 1938, pp. 272-4. Sobre os novos sargentos provenientes das camadas sociais superiores, ver OA 38/44.00.00/5, em que dois dos novos sargentos dizem ter conquistado "grau mais elevado no conceito civil e lá, entre as camadas mais altas da sociedade, construíram seus ninhos de amor, de paz e descanso".
36. Ver discussão das implicações do novo modelo para os sargentos em coronel F. de Paula Cidade, "Amparo aos sargentos, pelo seu aproveitamento no Serviço Público Civil", RMB, ano XXX, n. 2, abr. 1942, pp. 229-32. O autor sugere exatamente o que está no título: aproveitar no serviço público civil os sargentos reformados por determinação da nova lei.
37. Para um entre muitos possíveis exemplos, ver tenente-coronel Ascânio Viana, "As elites civis e a defesa nacional", DN, XX, n. 320, jan. 1941, pp. 193-7.
38. Veja, por exemplo, capitão Sérgio Marinho, "Forças Armadas, partidarismo e política", DN, XXII, n. 254, jul. 1935, pp. 806-9.
39. José Afonso Mendonça de Azevedo, op. cit., p. 512.
40. Boletim do Exército n. 40, de 3 out. 1942; para matrícula no Colégio Militar, BE n. 18, de 1 maio 1943, p. 1455. Um Grupo de Brasileiros, "Relatório secreto do Ministério da Guerra ao Chefe do Estado Novo", Rio de Janeiro, nov.-dez. 1941 (AN-GM). Trata-se de comentários em duas partes ao Relatório. A partir de 1940, os relatórios tornaram-se secretos e até hoje o ministério não estabeleceu critérios de liberação de documentos não ostensivos, razão pela qual não tivemos acesso ao texto original.
41. Para uma visão de como funcionava na prática tal política, ver Nelson Werneck Sodré, *Memórias de um soldado* (Rio de Janeiro: Civilização Brasileira, 1967), pp. 182-90. Eram discriminados judeus, filhos de mulher separada, pretos, filhos de estrangeiros e mesmo filhos de pai artesão. Dutra, em carta a Getúlio Vargas de 4 mar. 1940, dizia da importância de se exigir a nacionalidade brasileira, não só dos candidatos, mas também dos pais, a fim de "nacionalizar em suas origens os quadros de oficiais". Minutas do Gabinete do Ministro.
42. BE n. 52, de 28 dez. 1946, p. 4261; general José Pessoa, "O problema da formação do corpo de oficiais e os nossos institutos de ensino militar", RMB, XXXI, 1 e 2, jan.-jun. 1943, pp. 5-13. José Pessoa fora comandante da Escola Militar do Realengo e era considerado uma autoridade em ensino militar. Era também conhecido por sua oposição ao Estado Novo.

43. "Política social do Exército. Plano elaborado de ordem do Exmo. Sr. ministro da Guerra pelo capitão Severino Sombra", AN-GM. Ver também série de artigos de Severino Sombra, "Um programa pedagógico militar", DN, XXIII, 260, 264, 265, 266 (1936). Sombra era redator da Seção de Pedagogia da DN. O currículo da EM 1940 de fato reintroduziu o ensino da sociologia. Ver Jeová Mota, *Formação do oficial do Exército* (Rio de Janeiro: Ed. Cia. Brasileira de Artes Gráficas, 1976), p. 342. Informação de entrevista com o general João Evangelista Mendes da Rocha acrescenta que durante o Estado Novo foi proibido a oficiais e praças fazerem cursos civis fora do Exército.
44. Editorial, "A execução da reforma", DN, XXI, 241, jun. 1934, pp. 283-6.
45. Ver Góis Monteiro, "Ideias para a substituição da Emenda n. 2", AN-GM; e carta de Góis ao irmão, deputado Manuel de Góis Monteiro, em 17 dez. 1935, pedindo que combatesse a emenda no Congresso; e, também dele, um *Memorandum* de 21 dez. 1935, AN-GM. O protesto de Góis contra a emenda foi quase passional. Admitia medidas severas para combater a ameaça comunista nas Forças Armadas e deixara isto claro na reunião de generais com o ministro a 3 de dezembro. Mas a abolição da garantia da patente, segundo ele, desmoralizava, "canificava" o corpo de oficiais e acabaria por destruir o Exército que era um organismo moral. Ao desmoralizar o oficialato, ela realizava o objetivo pretendido pelo bolchevismo. Até mesmo o general Meira de Vasconcelos, conhecido integralista, escreveu a Góis em 26 maio 1936 reprovando a emenda, reconhecendo que o ministro se excedera (AN-GM). Houve em 1936 boatos de movimento no Exército no sentido de pedir a revogação da emenda. O comandante da 1ª RM, general Eurico Dutra, negou a existência do movimento e defendeu abertamente a medida (AN-GM). Mas no geral pode-se dizer que a reação foi negativa, tanto que a Constituição autoritária de 1937 aboliu o dispositivo.
46. Exemplo dessa influência é uma lista de generais e coronéis que Góis enviou a Getúlio em 1934, com observações sobre cada um tendo em vista a possibilidade de promoção. Dos 45 coronéis, 25 foram por ele considerados medíocres. Desses, somente dois foram promovidos a general, e quatro anos mais tarde. Dos fortemente recomendados, todos foram promovidos. À exceção dos dois medíocres, todos os outros onze promovidos até final de 1940 tinham sido apreciados positivamente. AN S.P.E. n. 1556.
47. Entrevista ao autor do general João Evangelista M. da Rocha. A mesma informação consta de entrevista do coronel Kardec Leme ao *Centro de Memória Social Brasileira* em 29 jul. 1974: "A espionagem, a *delação* e todo um esquema de intimidação se exerce, procurando sempre manter a oficialidade à margem dos debates e dos problemas da pátria", diz ele, referindo-se ao ano de 1942.

48. Depoimento do general Tório Beredro de Souza Lima. Clube Militar. Projeto de Memória Militar.
49. Em 1932, foi aberto um crédito de 40 mil contos anuais por doze anos para renovação da esquadra, que logo depois foi modificado para 60 mil em oito anos. Dificuldades de câmbio fizeram com que o crédito não fosse utilizado até 1936, quando foi dado início a amplo programa de construção naval. Ver Relatórios dos ministros de 1932, 1933-4, 1936 e 1937-9. Dificuldade adicional no aparelhamento da Marinha veio da reação argentina ao plano de arrendamento de seis destroieres usados americanos, com pagamento de apenas 1/10 do preço (OA 36.10.13/1, 37.08.14/1).
50. Sobre o *Lend Lease*, ver, por exemplo, dossiê da missão Souza Costa (GV 42.01.30), e Getúlio a Martins (GV 42.03.17). Sobre as relações em geral com os Estados Unidos nesta época, ver Frank D. MacCann, Jr., *The Brazilian American Alliance, 1937-1945* (Princeton: Princeton University Press, 1973).
51. Ver dossiê da FEB em GV 44.06.00, especialmente carta de Mascarenhas a Getúlio; e Martins a Getúlio (GV 45.10.09/2).
52. Martins a Getúlio (GV 45.10.09/2).
53. Ver CV 40.11.04 e também, como exemplo, correspondência do general E. Santo Cardoso com Osvaldo Aranha (OA 32.12.12/1); de Góis com Aranha (OA 34.07.19); de João Gomes com Getúlio (AE Correspondência do ministro, em 26 nov. 1935). Ver ainda DL reservados, em AE Minutas do Gabinete do Ministro, 24 nov. 1944.
54. É abundante a documentação sobre a crise. Ver dossiê em GV 35.04.09/3 e GV 35.04.10. Ver ainda, *Diário do Poder Legislativo*, ano II, v. 2, 1935. A citação é do discurso de Paulo Dias Martins, pp. 206-11. É sintomático que em 1943 houve aumento dos militares sem controvérsia.

    Informação curiosa sobre os debates de 1935 pode ser encontrada em carta de C. M. Thompson Flores a Osvaldo Aranha. Segundo Flores, no documento elaborado por solicitação dos ministros militares justificando o pedido de aumento, havia comparação de salários militares com os de funcionários civis, especialmente do Tesouro, procurando mostrar que os últimos ganhavam mais. Em represália, o diretor das Rendas Internas do Tesouro, Paulo Martins, ao lhe serem pedidas sugestões de novas fontes de recursos para cobrir os novos gastos, relacionou a enorme lista de artigos de consumo popular, o que provocou a grande reação, comparada na época à Revolta do Vintém no Império. Segundo o missivista, o tamanco salvou o Tesouro de uma sangria (OA 35.05.03/1).
55. Discurso por ocasião da transferência do cargo, em *Anais da Câmara dos Deputados*, 1935, p. 497. Comentando a atitude de Góis na ocasião, Ildefonso Simões Lopes disse em carta a Osvaldo Aranha: "Só há duas

hipóteses: ou é anormal, inconsciente, ou é um perverso, devorado por uma ambição ilimitada" (OA 35.04.26/4).

56. Uma das razões fundamentais da falta de preparação era o sistema de promoção, que não permitia carreira regular, premiadora do mérito. Para promoções acima do posto de capitão, os militares precisavam de apoio político, de não se afastarem do Rio de Janeiro nem da vista dos membros da Comissão de Promoção. Eram frequentes os pedidos feitos a políticos civis em posição de poder no sentido de intercederem junto ao presidente a favor de promoções. O Arquivo Osvaldo Aranha, por exemplo, contém vários desses pedidos. Sobre o problema, ver, por exemplo, capitão Paulo de Andrade, "Uma sugestão à margem do problema das promoções no Exército", NA 73, dez. 1945, pp. 10-7; e capitão Felinto Abaeté Cavalcanti, "O problema do Exército", DN, XIX, 218, mar. 1932, pp. 134-5.

57. O discurso de Leitão está em GVj 40.03.19/6. Dutra, ao assumir o ministério, lançara a campanha "rumo à caserna", indicando a orientação profissionalizante que adotaria. Ver Editorial, "Seis anos na Pasta da Guerra", NA, 37, dez. 1942, pp. 3-8. Sobre as realizações do governo na área do Ministério da Guerra, ver general Eurico Gaspar Dutra, *O Exército em dez anos de governo do presidente Vargas* (Rio de Janeiro: DIP, 1941).

58. OA 31.03.31/4.

59. OA 31.03.12/9 e OA 31.03.26/3.

60. GV 31.06.01/1. A hipótese sobre o motivo pelo qual o documento aceitava o parlamentarismo é de Florêncio de Abreu em carta a Getúlio Vargas (GV 3 1.05.18).

61. OA 32.07.14/2.

62. OA 32.07.26 e OA 32.09.01/2. Ver de Góis especialmente as "Notas sobre as operações do Destacamento do Exército do Leste" (GV 32.07.21/2) e, do mesmo, "Memória n. 3" (GV 32-08.09/1). Nas negociações para o armistício, Góis teria dito ao coronel Vila Bela que 10% da nação estava com os revoltosos (BK 34.01.15). O coronel Euclides Figueiredo, comandante da 2ª Divisão de Infantaria em Operações no Vale do Paraíba, do lado paulista, discorda da avaliação de Góis, dizendo que, no início da luta, várias defecções verificadas em corpos comprometidos com a revolta tinham deixado a Divisão impossibilitada de avançar em direção ao Rio. Segundo ele, a causa da derrota foram os 5 mil a 8 mil soldados e farta munição de Mato Grosso prometidos por Klinger e não fornecidos, além da falta da colaboração prometida por Minas Gerais e Rio Grande do Sul. Ver *Contribuição para a História da Revolução Constitucionalista de 1932* (São Paulo: Martins Editora, 1977), esp. pp. 299-302.

63. Sobre efetivos e gastos orçamentários, ver Quadros 6 e 8. Sobre a compra de armamentos há amplos dossiês em OA 32.07.14/6 e OA 32.12.12/1. Em

26 de agosto de 1932, o presidente do Banco do Brasil calculava os gastos em 1,1 milhão de libras. Foram comprados cerca de oitenta aviões, o que tornou a Arma de Aviação, criada em 1926, uma realidade. Houve preocupação inclusive com a fabricação nacional de material bélico e estratégico, tendo o ministro solicitado a incorporação ao Exército de algumas fábricas.
64. O documento foi enviado a Getúlio e Osvaldo Aranha. Ver GV 34.01.18/2 e 34.01.00/3, e OA 34.01.29/2.
65. "Voto do general Góis na Reunião dos Generais, presidida pelo ministro da Guerra, de 3 de dezembro de 1935" (AN-GM).
66. Leitão, ao comentar os planos de Góis de 1934, concordou plenamente com esse ponto, dizendo que na realidade as polícias militares não tinham outra missão senão enfrentar o Exército (carta a Góis em 15 fev. 1934, AN-GM). As revistas militares da época estão cheias de comentários no mesmo sentido. Ver, por exemplo, Editorial, "Polícias Militarizadas", DN, XVIII, 206, fev. 1931; e tenente-coronel G. P. Gerper, "Exército e Polícias", DN, XXI, 243, ago. 1934, pp. 430-2.
67. Sobre a crise, ver a abundância de documentos nos dossiês GV 37.01.04/1, GV 37.10.01/1 e GV 37.05.01. Ver também o relatório do general Daltro Filho em GVj 37.11.04/2.
68. Carta de José Soares Maciel Filho a Osvaldo Aranha (OA 37.07.12/2).
69. Carta de Carlos Oliveira Viana a Osvaldo Aranha (OA 37.09.04/4) e de Alfredo E. de Souza Aranha ao mesmo (OA 37.09.06/2); e de Maciel Filho ao mesmo (OA 37.09.01).
70. Ver telegrama de Benedito Valadares a Getúlio Vargas (GV 37.10.27/2) indicando o apoio dos estados ao golpe. O apoio do interventor paulista foi comunicado em outro telegrama (GV 37.11.03). Daltro Filho informou sobre o apoio da 3ª RM em telegrama a Getúlio (GV 37.11.11/2); o apoio do PRP está em documento a Getúlio (GV 37.12.11). O protesto do general Pantaleão Pessoa está em GV 37.11.23/1.
71. Ver o programa de reformas, a ser anunciado conjuntamente com a decretação do Estado Novo, comunicado por Getúlio a Osvaldo Aranha dois dias antes do golpe (OA 37.11.08/2).
72. Ver especialmente a posição de Roberto Sisson, ex-secretário da ANL, exilado no Uruguai. Em conversa com o embaixador Luzardo em Montevidéu e em entrevistas a jornais, ele apoiou Vargas nos pontos de seu governo que coincidiam com o programa da ANL, principalmente no desenvolvimento da siderurgia nacional e no nacionalismo em geral. Propôs uma aliança com a burguesia nacional pela democracia (GV 39.04.03). Por suas consequências políticas, as entrevistas de Sisson provocaram a reação de outro membro da ANL, participante das revoltas de 1935, major Alcedo Batista Cavalcanti. Apoiar Vargas, segundo Alcedo, era trair

o programa da ANL que era a defesa da democracia (Aliança Nacional Libertadora), carta do major Alcedo Batista Cavalcânti ao jornal *El Día* de Montevidéu, publicado em 13 abr. 1939 (AN-GM). Alcedo foi logo depois expulso do Partido Comunista, acusado de trotskista, provocador e traidor, e criticado por não apoiar a União Nacional Democrática e por adotar como lema a "Derrubada imediata de Getúlio". Ver "Fora os traidores", *A Classe Operária*, 7 set. 1939 (AN-GM).

73. Ver *Relatório* do ministro da Marinha, especialmente os referentes aos anos de 1936 e 1937-9. A declaração de Leite de Castro está no *Correio da Manhã* (OAj 31.06.02). A solução do problema da siderurgia, segundo o general, representaria a "emancipação econômica do Brasil".
74. Aviso 128 de 28 nov. 1939, em *Anais do Exército Brasileiro*, 1939, pp. 31-4. Ver também Departamento do Material Bélico, Relatório das realizações da Diretoria do Material Bélico no ano de 1939. O diretor, general A. Sílio Portela, sugeria neste relatório a criação de um centro de indústrias básicas em Belo Horizonte, que foi posteriormente implantado e se tornou a atual cidade industrial de Contagem (p. 30). Ver também general Artur Sílio Portela, "A cooperação da indústria civil na defesa nacional", NA 13, dez. 1940, pp. 17-9.
75. Ver John D. Wirth, *The Politics of Brazilian Development, 1930-1954* (Stanford: Stanford University Press, 1970).
76. Capitão Sérgio Marinho, "Forças Armadas, partidarismo e política", DN, XXII, 254, jul. 1935, pp. 806-9.
77. Em esboço manuscrito de discurso, de agosto de 1945, Getúlio falava contra os ricos e os "tubarões da indústria e do comércio", do apoio do povo, especialmente das "classes proletárias", contra os golpistas que queriam derrubá-lo (GV 45.08.00/2). Em esboço de manifesto por ocasião da renúncia, repetiu as mesmas ideias. Por ter feito política de amparo aos trabalhadores, disse, "transformei-me em motivo de inquietação para os poderosos, para os dominadores do momento" (GV 45.10.29/2).
78. O episódio é narrado em carta de Manuel do Nascimento Vargas Neto a Getúlio (GV 45-11.05). O missivista informava ainda que, nos cinemas, os filmes de Getúlio eram aplaudidos, ao passo que os de Dutra eram vaiados.

4. Vargas e os militares: aprendiz de feiticeiro [pp. 149-70]

1. Foram abreviadas algumas partes já tratadas no primeiro capítulo deste livro.
2. Sobre Góis Monteiro, ver de sua autoria *A Revolução de 30 e a finalidade política do Exército* (Rio de Janeiro: Andersen Editores, 1930); Lourival Coutinho, *O general Góis depõe* (Rio de Janeiro: Livraria Editora Coelho

Branco, 1956); e as análises mais recentes de Peter Seaborn Smith, *Goes Monteiro and The Role of the Army in Brazil* (Bundoora, Austrália, 1979); e Marcos Luiz Bretas, "O general Góis Monteiro: a formulação de um projeto para o Exército", trabalho apresentado no VIII Encontro Anual da Associação Nacional de Pós-Graduação e Pesquisa em Ciências Sociais, 1984. O arquivo particular de Góis encontra-se no Arquivo Nacional.

3. Embora não formulados sistematicamente, os três modelos indicados podem ser deduzidos de vários documentos e manifestos que apareceram na época. Ver, por exemplo, para a posição legalista, o manifesto produzido em 1931 pelo movimento União da Classe Militar, inspirado pelo então coronel Bertholdo Klinger, com o apoio de vários generais. O documento está no CPDOC, BKj 31.11.14 e 31.11.28. Para a posição reformista, ver, ainda de 1931, a Proclamação ao Exército, lançada por um autoproclamado Comitê Revolucionário, e o Pacto de Honra, ambos de responsabilidade de elementos tenentistas. A Proclamação está no CPDOC, GV 31.06.01.1, o Pacto de Honra no Arquivo Nacional, arquivo de Góis Monteiro. Finalmente, a carta de Prestes foi publicada no *Diário da Noite* de 27 mar. 1931. Pode ser encontrada em GV 31.03.28.

4. Além de discursos e mensagens ao Congresso, Dutra não deixou nada escrito. Não existem também muitos estudos sobre ele. A biografia escrita por Osvaldo Trigueiro do Vale, *O general Dutra e a redemocratização de 45* (Rio de Janeiro: Civilização Brasileira, 1978), é o que há de mais recente.

5. Esta parte do trabalho baseou-se primordialmente em depoimentos de vários dos principais líderes militares que atuaram na época. Partes desses depoimentos foi concedida ao programa de história oral do CPDOC e pode lá ser encontrada. Estão nesse caso os dos generais Henrique B. D. Teixeira Lott, Nelson de Mello, Antônio Carlos da Silva Muricy. Alguns deles foram transformados em livros, a saber: Aspásia Camargo e Walder de Góis, *Meio século de combate: Diálogo com Cordeiro de Farias* (Rio de Janeiro: Nova Fronteira, 1981); Juracy Magalhães, *Minhas memórias provisórias: Depoimento prestado ao CPDOC* (Rio de Janeiro: Civilização Brasileira, 1982). Ver ainda o depoimento de José Américo de Almeida, já citado, e o de Afonso Arinos publicado em Aspásia Camargo, Maria Tereza Teixeira e Maria Clara Mariani, *O intelectual e a política: Encontros com Afonso Arinos* (Brasília: Senado Federal; CPDOC; FGV, 1983). A visão dos militares da corrente nacionalista pode ser encontrada em depoimentos colhidos pelo Centro de Memória Social Brasileira do Conjunto Universitário Cândido Mendes, sob a orientação de Hélio Silva. Foram particularmente úteis os depoimentos do brigadeiro Francisco Teixeira, do general Nelson Werneck Sodré, de quem se poderá consultar também as *Memórias de um soldado* (Rio de Janeiro: Civilização Brasileira, 1967),

do general Tácito Lívio de Freitas, do coronel Ademar Scaffa, da Aeronáutica, um dos encarregados do IPM sobre o assassinato do major Rubens Vaz, do coronel Alan Kardec Lemme, e ainda, com outra perspectiva, dos generais Amaury e Riograndino Kruel. Algumas informações foram transmitidas pessoalmente ao autor pelo almirante Ivo Corseuil, chefe do serviço de informação no governo Goulart, e pelo general João Evangelista Mendes da Rocha. Sobre a atuação dos sargentos, o autor colheu depoimentos de Antônio Garcia Filho, líder dos sargentos, por eles eleito deputado federal, e do tenente QOA Hector Araújo, que viveu a experiência de passar de sargento a oficial. Consultar ainda as memórias já publicadas de Juarez Távora, *Uma vida e muitas lutas* (Rio de Janeiro: José Olympio, 1974), v. 2; e do general Jayme Portela de Mello, *A Revolução e o governo Costa e Silva* (Rio de Janeiro: Guavira, 1979). Alguns dos mais importantes documentos da época guardados no CPDOC foram reunidos em Adelina Maria Alves Novaes e Cruz et al. (Orgs.), *Impasse na democracia brasileira, 1951-1955* (Rio de Janeiro: Editora da Fundação Getúlio Vargas, 1983).
6. A quase unanimidade se dava entre a elite política. Entre a população a situação era outra, como as eleições iriam demonstrar. Mesmo entre os promotores da candidatura Eduardo Gomes havia muitos que reconheciam que ela não era popular, que não conseguia sensibilizar as massas.
7. Sobre o Clube Militar no período não há muitas análises, mas existem amplas referências nos depoimentos mencionados anteriormente. Um dos poucos estudos existentes é o de Antônio Carlos Peixoto, "Le Clube Militar et les Affrontements au Sein des Forces Armées (1945-1964)", em Alain Rouquie (Org.), *Les Partis Militaires au Brésil*. Paris: Presses de la Fondation Nationale des Sciences Politiques, 1980, pp. 25-39. Nesse mesmo volume, veja o capítulo de Alain Rouquié, "Les Processus Politiques dans les Partis Militaires au Brésil: Stratégie de Recherche et Dynamique Institutionelle" (pp. 9-24), no qual se apresenta a ideia de partido militar que se aproxima do que chamamos de facção, e que é útil para dar conta das implicações políticas das divisões entre os militares.
8. Sobre as punições de militares e civis depois de 1964, ver Marcus Faria Figueiredo, *Política de coerção no sistema político brasileiro*. Tese de mestrado, Iuperj, 1977.

7. Euclides da Cunha e o Exército [pp. 188-204]

1. Ver, por exemplo, Umberto Peregrino, *Euclides da Cunha e outros estudos* (Rio de Janeiro: Record, 1968). Entre os autores não militares, quem maior atenção deu ao assunto foi Walnice Nogueira Galvão na introdução ao livro

por ela organizado, *Euclides da Cunha* (São Paulo: Ática, 1964). Walnice baseou-se no trabalho de Jeovah Motta, *Formação do oficial do Exército* (Rio de Janeiro: Cia. Brasileira de Artes Gráficas, 1976).
2. É o que reconhece, por exemplo, Umberto Peregrino, op. cit., pp. 25 e 29-69.
3. Judith Ribeiro de Assis e Jeferson Ribeiro de Andrade, *Anna de Assis: História de um trágico amor* (Rio de Janeiro: AM Produções Literárias LTDA., 1988), pp. 250-3.
4. O melhor trabalho recente sobre A Escola e seus alunos é o de Celso Castro, *Os militares e a República: Um estudo sobre cultura e ação política* (Rio de Janeiro: Zahar, 1995). Ver também Jeovah Motta, op. cit.; e Umberto Peregrino, *História e projeção das instituições culturais do Exército* (Rio de Janeiro: José Olympio, 1967). Uma visão geral do papel político da Forças Armadas, especialmente do Exército, durante a Primeira República, pode ser encontrada em José Murilo de Carvalho, *Forças Armadas e política no Brasil* (Rio de Janeiro: Zahar, 2005), pp. 13-61.
5. Ver "Reminiscências da Escola Militar da Praia Vermelha, de 1882 a 1889", depoimento do general Afonso Monteiro em Gen. F. de Paula Cidade, *Cadetes e alunos militares através dos tempos* (Rio de Janeiro: Biblioteca do Exército, 1961), pp. 50-62.
6. Apud Celso Castro, op. cit., pp. 61 e 53.
7. Ver ibid., pp. 76-9.
8. Essa interpretação foi desenvolvida por Celso Castro, op. cit., pp. 133-42.
9. Os positivistas brasileiros o declararam fundador da República. Ver a biografia escrita por Raimundo Teixeira Mendes, *Benjamin Constant: Esboço de uma apreciação sintética da vida e da obra do fundador da República brasileira* (2 v. Rio: Apostolado Positivista do Brasil, 1913). Sobre as ideias políticas de Constant, ver A. Ximeno de Villeroy, *Benjamin Constant e a política republicana* (Rio de Janeiro: [s.n.], 1828).
10. Ver depoimento de Raimundo de Abreu Filho em Ernesto Senna, *Deodoro: Subsídios para a história. Notas de um repórter* (Rio de Janeiro: Imprensa Nacional, 1913), p. 227. Esse livro tem excelentes informações sobre os acontecimentos do dia 15 de novembro.
11. Marechal Estevão Leitão de Carvalho, *Memórias de um soldado legalista* (Rio de Janeiro: Imprensa do Exército, 1961), tomo I, p. 32.
12. OC, I, pp. 554, 555, 575.
13. OC, I, pp. 583, 651.
14. A presença discreta de Euclides na Escola é reconhecida por um de seus maiores admiradores, Francisco Venâncio Filho. Ver desse autor *A glória de Euclides da Cunha* (São Paulo: Cia. Editora Nacional, 1940), p. 13.

15. Cândido Rondon, "Euclides da Cunha", Suplemento Literário de *A Manhã*, v. VIII, 19 ago. 1942, p. 73.
16. Apud Umberto Peregrino, op. cit., pp. 14-5.
17. Hastimphilo de Moura, *Da Primeira à Segunda República* (Rio de Janeiro: Pongetti, 1936), p. 41.
18. *Gazeta de Notícias*, 5 nov. 1888, p. 2.
19. *Annaes do Parlamento Brazileiro*, sessão de 5 de novembro de 1888 (Rio de Janeiro: Imprensa Nacional, v. VII, nov. 1888), pp. 2-3.
20. *Annaes do Senado do Império do Brazil*, sessão do dia 5 de novembro de 1888 (Rio de Janeiro: Imprensa Nacional), p. 440.
21. *O Paiz*, 5 nov. 1888.
22. *Revista Illustrada*, 10 nov. 1888, p. 3.
23. Apud Rodrigo M. F. de Andrade, "Euclides da Cunha visto por Gastão da Cunha: Notas de um diário inédito". *O Jornal*, 4 jan. 1925, pp. 4-5. Segundo a mesma fonte, o plano completo dos alunos era delirante: tomar a Escola, invadir São Cristóvão e prender o Imperador.
24. Afrânio Peixoto, *Poeira da estrada* (Rio de Janeiro: Francisco Alves, 1921), pp. 13-4.
25. A filha de Benjamin Constant, Bernardina, anotou em seu diário no dia 25 de novembro de 1889: "Veio hoje de manhã cá agradecer a papai o ter sido alferes-aluno o sr. Euclides, que teve baixa em consequência de ter quebrado as armas em presença do ministro, por ocasião de exercício, por estar excitado em razão de excesso de estudo". Ver Celso Castro e Renato Lemos (Org., intr. e notas), *O diário de Bernardina: Da Monarquia à República, pela filha de Benjamin Constant*. (Rio de Janeiro: Zahar, 2009), p. 95.
26. Carta ao cunhado Otaviano, 5 de julho de 1909, em *Correspondência*, p. 414.
27. Carta ao general Sólon, 10 de janeiro de 1895, em *Correspondência*, p. 67.
28. Carta a Porchat, 15 de dezembro de 1983, em *Correspondência*, p. 57.
29. Para esses episódios, ver Umberto Peregrino, *O exercício singular da comunicação na vida e na obra de Euclides da Cunha* (Rio de Janeiro: Tempo Brasileiro, 1983), pp. 89-90.
30. Expressão usada em carta ao dr. Brandão, 28 de abril de 1896, em *Correspondência*, p. 96.
31. O Exército, por seu lado, não guardou boas lembranças de Euclides. Não agradaram em nada aos militares do Exército as duras críticas feitas à corporação em *Os sertões*. Para essas críticas, ver Umberto Peregrino, op. cit., pp. 64-9.
32. Depoimento de Moreira Guimarães, *Dom Casmurro*, ano X, maio 1946, p. 23.
33. Carta a Porchat, 7 de junho de 1892, em Walnice Nogueira Galvão e Oswaldo Galotti (Orgs.). *Correspondência de Euclides da Cunha*. (São Paulo: Edusp, 1997), p. 31.

34. Carta a Porchat, 27 de março de 1895, em *Correspondência*, p. 71.
35. Carta a Otaviano, 3 de agosto de 1909. *Correspondência*, p. 419.
36. *Correspondência*, p. 404.

Parte III. Política

9. Militares e civis: um debate para além da Constituinte [pp. 214-34]

1. Eram membros do grupo, além do autor, Alfred Stepan, Eliézer Rizzo de Oliveira, Augusto Varas e Andrés Fontana. Não puderam comparecer Alain Rouquié e Adam Przeworski. De maneira informal, participaram também dos debates Edmundo Campos Coelho, Geraldo Cavagnari, João Quartim de Moraes e Antônio Carlos Peixoto. Joan Dassin representou o SSRC.
2. Ver José Murilo de Carvalho, "Os militares, a Constituinte e a democracia", *Presença*, n. 8, ago. 1986, pp. 38-44. Sobre o tema militares e constituição, ver também o número especial de *Política & Estratégia*, v. III, n. 3, jul.-set. 1985, especialmente as contribuições de Edmundo Campos Coelho, João Quartim de Moraes, Walder de Góes e Oliveiros S. Ferreira.
3. A única resenha sistemática dos estudos sobre militares no Brasil foi feita por Edmundo Campos Coelho. Ver "A instituição militar no Brasil: Ensaio bibliográfico", *Boletim Informativo e Bibliográfico de Ciências Sociais — BIB*, n. 19, 1985, pp. 519.
4. No caso brasileiro, o texto já clássico que deu origem a esta versão é o de Virgínio Santa Rosa, *O sentido do tenentismo* (Rio de Janeiro: Schmidt, 1933). Para a América Latina, a versão mais influente é a de José Nun, "The Middle-Class Military Coup", em C. Véliz (Ed.), *The Politcs of Conformity in Latin America* (Londres: Oxford University Press, 1967), pp. 66-118.
5. Contribuiu para a superação do falso problema a influência sobre o pensamento marxista brasileiro de autores como Gramsci, Poulantzas e Althusser, que recuperaram o político como campo dotado de certa autonomia. Da descoberta do Estado como objeto de análise em suas características próprias para o estudo dos militares como parte do Estado, era um pulo.
6. Ver os discursos de campanha de Rui Barbosa reunidos em *Contra o militarismo* (Rio de Janeiro: Jacinto Ribeiro dos Santos Editor, 1910). Rui Barbosa condenou com veemência, em um dos discursos, o que ele mesmo tinha feito durante a monarquia: "Hoje as facções paisanas açulam os generais a meterem debaixo dos pés o regime constitucional" (p. 43). Raul Pompeia defendia o governo de Floriano e a participação dos militares na política. Sílvio Romero, depois de alguns anos de experiência republicana, pediu nova intervenção militar como única solução contra o domínio das oligarquias estaduais. Olavo Bilac, como é sabido, fez a

campanha pelo serviço militar obrigatório. Virgínio Santa Rosa defendeu o programa de reformas dos tenentes.

7. Trata-se do Núcleo de Estudos Estratégicos (NEE). Entre seus principais pesquisadores, a maioria já com trabalhos relevantes na área, estão Eliézer Rizzo de Oliveira, João Quartim de Moraes, Renato Dagnino, Geraldo Cavagnari e Wilma Peres Costa. Fora da universidade, merece referência a revista *Política & Estratégia*, publicada em São Paulo pelo Centro de Estudos Estratégicos Convívio, da Sociedade Brasileira de Cultura, já em seu quinto ano de circulação.

8. Bom ponto de partida, aqui, são os estudos de Roberto DaMatta, particularmente os publicados em *Carnavais, malandros e heróis* (Rio de Janeiro: Zahar, 1979). O percurso oposto, ou seja, a importação de valores da sociedade para dentro da organização militar, especificamente valores e comportamentos familiares, foi explorado em um trabalho pioneiro de Vanda Maria Ribeiro Costa, "Com rancor e com afeto: Rebeliões militares na década de 30", *Política & Estratégia*, v. IV, n. 2, abr.-jun. 1986, pp. 174-200.

9. No que se refere à política externa, dá-se um fenômeno curioso. O Itamaraty possui, sem dúvida, quadro civil capacitado. Seu forte *esprit de corps*, comparável aos dos militares, pôde mantê-lo a salvo da invasão de militares em seus quadros. Por outro lado, o forte civilismo parece ter também impedido que desenvolvesse capacidade específica na área de estudos estratégicos, deixando aos militares tais estudos e talvez mesmo as decisões.

10. Alcindo Sodré, A *gênese da desordem*. Rio de Janeiro: Schmidt, 1932, p. 8. Que eu saiba, o texto de Sodré foi o único protesto mais elaborado feito na década de 1930 contra a participação militar na revolta e na política que se seguiu. Sintomaticamente, o autor volta sempre ao exemplo imperial, como já o fizera Rui Barbosa, para condenar a prática republicana.

11. Ver Alfred Stepan, *Os militares: Da abertura à Nova República* (Rio de Janeiro: Paz e Terra, 1986), pp. 21-39. Ver também Michael J. Fitzpatrick, "Oversight and Control of Intelligence Systems" (mimeo., 1986), para uma descrição dos controles dos sistemas de informação dos Estados Unidos, Rússia e Índia. Sobre o SNI, ver ainda Ana Lagoa, *SNI: Como nasceu, como funciona* (São Paulo: Brasiliense, 1983).

12. Veja Marcelo Tognozzi, "Defesa interna muda", *Jornal do Brasil*, 27 set. 1987, p. 4.

13. Ver Mirian Guaraciaba, "Regime civil mantém espionagem que militar montou", *Jornal do Brasil*, 27 set. 1987, p. 5. Para uma análise mais geral da permanência da presença militar no novo regime, ver Walder de Góes, "A crise do regime e a sucessão de 1985", em Góes; Walder de Aspásia Camargo, *O drama da sucessão e a crise do regime* (Rio de Janeiro: Nova Fronteira, 1984), pp. 134-49.

14. Exemplo da dificuldade em debater o tema da indústria de material bélico foi dado em recente seminário organizado por Clóvis Brigagão no Rio de Janeiro, entre 7 e 8 de maio de 2005. Dos 32 convites enviados, menos da metade foi aceita. O Exército não mandou representante. Dos que compareceram, civis e militares, só o representante do IBGE concordou com a demanda por maiores informações. Confessou, no entanto, que o próprio IBGE não as possuía. Os outros calaram o bico e prestaram muita atenção.

12. "Eu chamo o Velho!" [pp. 242-5]

1. O capítulo é uma referência ao estilo do então presidente Figueiredo, em particular à frase que, em um de seus rompantes, disse referindo-se ao ministro da Guerra: "Eu chamo o Pires!".

14. O cólera das legiões [pp. 251-3]

1. O capítulo refere-se a declaração do ministro de Guerra, ameaçando a oposição com a cólera das legiões.

16. General Figueiredo, pai [pp. 256-61]

1. O capítulo faz um contraste com a atuação do presidente Figueiredo, filho do general Euclides Figueiredo.
2. *Anais*, 1946, v. IV, p. 21.
3. Ibid.
4. Ibid., p. 24.
5. Ibid., v. IX, p. 380.
6. *Diário*, 28 ago. 1947, pp. 5202-4.
7. Ibid., 8 nov. 1947, p. 7826.
8. *Anais*, v. XXV, p. 158.
9. Ibid., p. 159.
10. Ibid., v. VII, pp. 70-1.

Parte IV. Guerras

17. Brasileiros, uni-vos! [pp. 265-9]

1. Capítulo escrito em parceria com Pedro Paulo Soares.

18. Um voluntário na Guerra do Paraguai [pp. 270-3]

1. Disponível em: <www.geocities.com/cvidalb2000/diario.html> e <www.geocities.com/cvidalb2000/vidacivil.html>. Acesso em: 23 nov. 2000.

19. A guerra da Guerra [pp. 274-80]

1. Ver, por exemplo, os livros: Ricardo Salles, *Guerra do Paraguai: Escravidão e cidadania na formação do Exército*, 1990; Mauro César Silveira, *A batalha de papel: A Guerra do Paraguai através da caricatura*, 1996; Jorge Prata de Sousa, *Escravidão ou morte*, 1996; Wilma Peres Costa, *A espada de Dâmocles: O Exército, a Guerra do Paraguai e a crise do Império*, 1996; Victor Izeckson, *O cerne da discórdia: A Guerra do Paraguai e o núcleo profissional do Exército brasileiro*, 1997; André Toral, *Adeus, chamigo brasileiro: Uma história da Guerra do Paraguai*, 1999; e a Maria Eduarda C. M. Marques (Org.), *A Guerra do Paraguai 130 anos depois*, 1995.

Conclusão de 2006 [pp. 285-9]

1. Celso Castro, Victor Izecksohn e Hendrik Kraay (Orgs.). *Nova História Militar Brasileira*. Rio de Janeiro: FGV; Bom Texto, 2004.

Publicações originais

"Forças Armadas e política: 2019". Inédito.
"As Forças Armadas na Primeira República: o poder desestabilizador". In: FAUSTO, Boris (Org.). *História geral da civilização brasileira*. Rio de Janeiro; São Paulo: Difel, 1977. Tomo III, v. 2, pp. 181-234.
"Forças Armadas e política: 1930-45". *A Revolução de 30. Seminário Internacional*. Brasília: Editora UnB, 1982, pp. 109-87.
"Vargas e os militares: aprendiz de feiticeiro". In: D'ARAÚJO, Maria Celina (Org.). *As instituições brasileiras na era Vargas*. Rio de Janeiro: Ed. Uerj; FGV, 1999, pp. 55-81.
"*Fortuna* e *virtù* no golpe de 1964". *Tempo Brasileiro*, n. 158, jul.-set. 2004, pp. 15-25.
"Juarez Távora e a modernização pelo alto". Conferência feita no Instituto Histórico e Geográfico do Brasil, 27 maio 1998.
"Euclides da Cunha e o Exército". *Revista Brasileira da Academia Brasileira de Letras*. Disponível em: <http://www.academia.org.br/abl/media/REVISTA%20BRASILEIRA%2063-prosa-03.pdf>.
"Os militares, a Constituinte e a democracia". *Presença*, n. 8, set. 1986, pp. 38-44.
"Militares e civis: um debate para além da Constituinte". In: CAMARGO, Aspásia; DINIZ, Eli (Orgs.). *Continuidade e mudança no Brasil da Nova República*. São Paulo: Vértice; Rio de Janeiro: Iuperj, 1989, pp. 137-57.
"Intervenção militar começou no Império". *Jornal do Brasil, Ideias Livros*, 26 mar. 1894, p. 1.
"O Exército e os negros". *Jornal do Brasil*, 21 maio 1988, p. 11.
"Eu chamo o Velho!". *Folha de S.Paulo*, 14 jun. 1984, p. 3.
"1964 visto por um araponga". *Folha de S.Paulo*, caderno "Mais!", 4 abr. 2004, pp. 13-4.
"O cólera das legiões". *Jornal do Brasil*, 19 dez. 1993, p. 11.
"Luz amarela". *O Globo*, 27 out. 2015.
"General Figueiredo, pai". *Jornal do Brasil*, 1983.
"Brasileiros, uni-vos!" *Folha de S.Paulo*, caderno "Mais!", 9 nov. 1997, p. 5.
"Um voluntário na Guerra do Paraguai". *Folha de S Paulo*, caderno "Mais!", 8 jul. 2001, p. 11.
"A guerra da Guerra". *Folha de S.Paulo, Jornal de Resenhas*, 8 mar. 2003, p. 5.
"Diário de um pracinha da FEB". In: RIBEIRO, Sebastião Boanerges. *Diário de campanha*. Belo Horizonte: Edição do autor, 2004, pp. 9-11.

© José Murilo de Carvalho, 2005

Todos os direitos desta edição reservados à Todavia.

Grafia atualizada segundo o Acordo Ortográfico da Língua Portuguesa de 1990, que entrou em vigor no Brasil em 2009.

capa
Bloco Gráfico
preparação
Silvia Massimini Felix
revisão
Valquíria Della Pozza
Huendel Viana

4ª reimpressão, 2023

Dados Internacionais de Catalogação na Publicação (CIP)

Carvalho, José Murilo de (1939-)
 Forças Armadas e política no Brasil / José Murilo de Carvalho. — São Paulo : Todavia, 2019.

 Edição atualizada e revisada.
 ISBN 978-65-80309-17-7

 1. Forças Armadas. 2. Exército. 3. Ciência política — Brasil. 4. Democracia. 5 Estado de direito. I. Título.

CDD 320.981

Índice para catálogo sistemático:
1. Situação política no Brasil : Forças Armadas 320.981

Bruna Heller — Bibliotecária — CRB 10/2348

todavia
Rua Luís Anhaia, 44
05433.020 São Paulo SP
T. 55 11. 3094 0500
www.todavialivros.com.br

fonte
Register*
papel
Pólen natural 80 g/m²
impressão
Geográfica